Ingeborg Tetzlaff

W0109562

Drei Jahrtausende Provence

Vorzeit und Antike, Mittelalter und Neuzeit

DuMont Buchverlag Köln

Umschlagvorderseite: Arles, Kreuzgang von St. Trophime (Foto: Anthony Verlag, Starnberg)
Umschlagklappe vorn: Le Thoronet, Madonna, 12. Jh. Kopie, Original in Privatbesitz
    (Foto: B. Heiderich, Aachen)
Umschlagrückseite: Vincent van Gogh: Straße mit Zypressen, gemalt im Mai 1890 in Saint-Remy,
    Collection: State Museum Kröller-Müller, Otterlo
Frontispiz: Arles, um 1800

© 1985 DuMont Buchverlag, Köln
2. Auflage 1985
Alle Rechte vorbehalten
Satz und Druck: Rasch, Bramsche
Buchbinderische Verarbeitung: Bramscher Buchbinder Betriebe

Printed in Germany   ISBN 3-7701-1717-4

Kunst-Reiseführer in der Reihe DuMont Dokumente

Zur schnellen Orientierung – die wichtigsten Orte und Sehenswürdigkeiten der Provence auf einen Blick:
(Auszug aus dem ausführlichen Ortsregister S. 319–324)

In der vorderen Umschlagklappe: Übersichtskarte der Provence

In der hinteren Umschlagklappe: Karte der Römerstraßen in der Provence

Inhalt

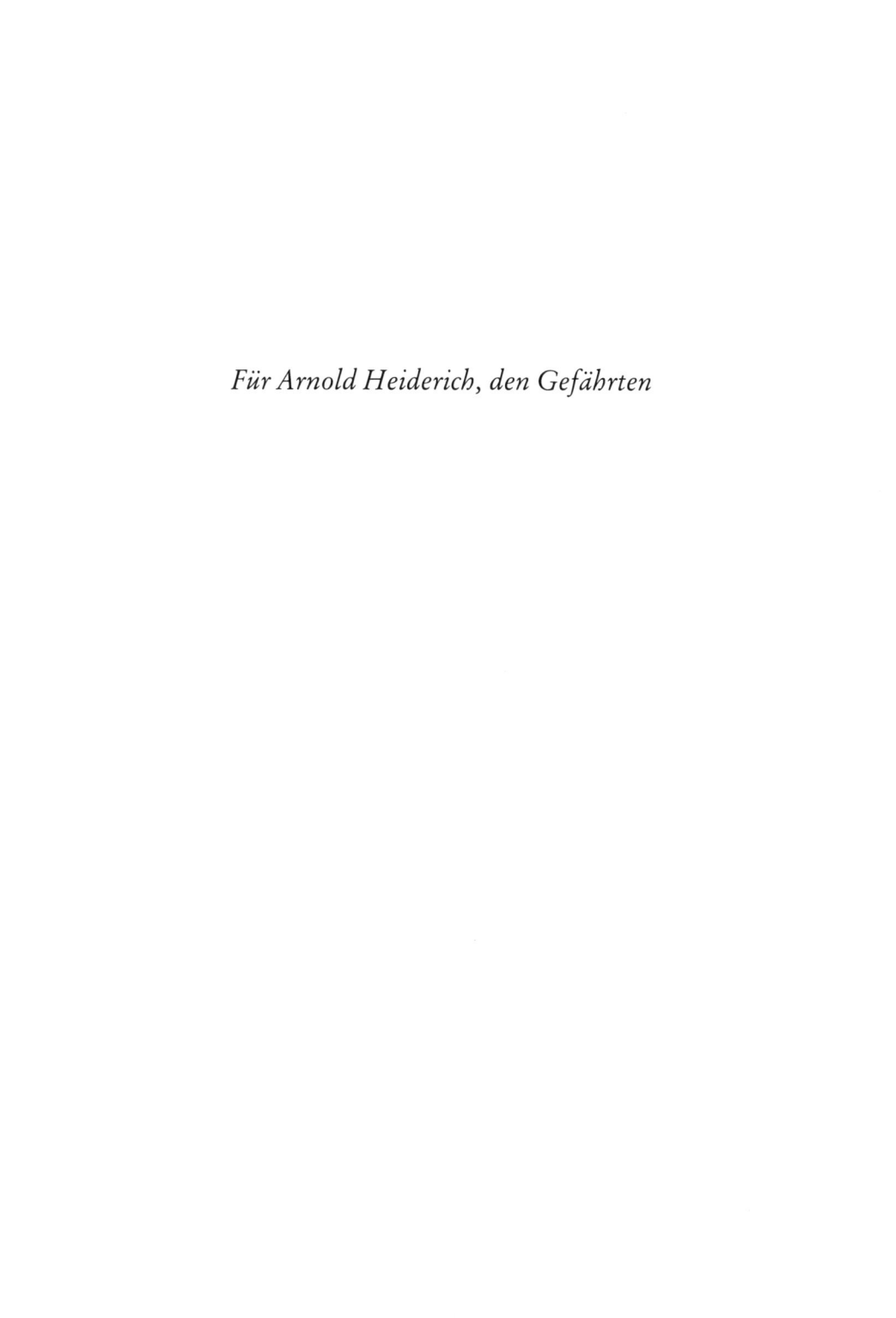

Für Arnold Heiderich, den Gefährten

Die Provence – Wegkreuz der Völker

Die Kultur der Provence ist uralt. Früher als anderswo haben sich Menschen hier angesiedelt, früher sind sie anderen Stämmen begegnet, haben fremde Einflüsse aufgenommen, sie verarbeitet und den eigenen Daseinsformen angepaßt. Ihre Geographie hat das Schicksal der Provence bestimmt. Ein mächtiger Strom, die Rhône, durchfließt dies Land von Nord nach Süd und fächert sich an seiner Mündung ins Mittelmeer zu einem breiten Delta aus; ein großer Fluß, die Durance, durchquert es von Ost nach West, und viele kleinere und kleine Flüßchen, Bäche und Rinnsale ziehen ihnen, von den angrenzenden Gebirgen kommend, entgegen. Sie alle tragen seit Jahrtausenden Schmelzwasser zu Tal und machten bis in die Neuzeit den Strom, zumal wenn der Mistral, eisig vom Zentralmassiv herabwehend, seine Fluten peitschte, zu jenem das Land verwüstenden Wasserungeheuer, das die Volksphantasie in dem alles verschlingenden Drachen Tarasque personifizierte. Nach der Legende hat die heilige Martha, aus Palästina an die Ufer der Rhône gekommen, das Untier mit einem Kruzifix gebändigt und dann vom Volk steinigen lassen.

Es gibt jedoch auch eine sehr viel ältere Sage, ein Märchen der Zigeuner in der Camargue, in dem das Ende der Tarasque anders erzählt wird. Danach ist sie von der Seherin Martha getötet worden, jener Prophetin und Isis-Priesterin, die, wie Plutarch in seinem Leben des Marius berichtet, den römischen Feldherrn bei seinem Kampf gegen die eindringenden Teutonen beriet. Die fremde Seherin soll, um das geplagte Land von dem Drachen zu befreien, nach einundzwanzigtägigem Fasten und Beten, begleitet von einem großen singenden Vogelschwarm ans Ufer gegangen sein und das Ungeheuer mit magischen Zeichen beschworen haben heraufzukommen, um es dann eigenhändig mit einem goldenen mondsichelförmigen Messer zu enthaupten. Das klingt schon sehr viel heidnischer, ja, beinah urzeitlich, und urzeitlich ist ja auch die Gestalt der vielen Drachen, die durch die Märchenwelt der Provence geistern.

Nicht nur die Rhône selbst, sondern ebenso die ungeheure, gefahrenbergende Sumpflandschaft ihres gewaltigen Deltas, die sich auch heute noch über Arles hinaus bis nach Tarascon erstreckt, ehemals aber weit größere Ausmaße besaß, ist in dieser Drachengestalt verkörpert. Noch den Griechen der Antike schien das weglose, nebelbrauende und bodenlose Mündungsgebiet der Rhône so unheimlich, daß sie dort den Eingang zur Unterwelt vermuteten. Die Sümpfe der Camargue, um deren Trockenlegung man seit Jahrhunderten bemüht ist und die nun rascher denn je fortschreitet, trennen im Süden die Provence vom Meer. Sie mußten von allen im Norden umgangen werden, die auf dem Landweg die Iberische Halbinsel erreichen wollten. Wo die Sümpfe im Osten enden, bildet das Mittelmeer die natürliche südliche Grenze – eine offene Grenze, offen für alles, was vom Meer kommt und zu ihm hinstrebt.

An den Ufern der Flüsse und der Meere haben zuerst schweifende Horden gesiedelt. Jedes lebendige Wasser schenkt Muscheln, Fische und Kleingetier immer von neuem, spendet einen Vorrat an Nahrung, den der Primitive nicht zu erschöpfen vermochte. An die Ufer der Flüsse aber kommt auch das Wild zur Tränke, hier kann der Jäger ihm auflauern und es fast mühelos erlegen. Wenn dann noch ein mildes Klima wie das der Provence, eine üppige Vegetation durch ausreichende Bewässerung und der Schutz nicht zu hoher Felsen hinzukommen, so darf man die Anwesenheit des Urmenschen in solcher Umgebung fast mit Sicherheit annehmen. In der Provence sind denn auch wie in der ähnlich begünstigten Dordogne eiszeitliche Höhlen mit Tierbildern gefunden worden – über ein halbes Dutzend bisher, was nicht ausschließt, daß noch sehr viel mehr unentdeckte vorhanden sein können. Frühes Seßhaftwerden der Nomadengruppen, oder doch ihre regelmäßige Wiederkehr zu bestimmten Orten, ist also in der Provence schon für die Zeit vor 20 000 Jahren verbürgt. Die Malereien, Zeichnungen und Felsgravierungen in den weitverzweigten Höhlen an den Ufern der Rhône und der Ardèche bezeugen es.

Besitzen diese Arbeiten des eiszeitlichen Menschen, deren Bezug zu Jagd- und Vermehrungszauber und zum Religiösen schlechthin nicht mehr zu bezweifeln ist, ein Alter zwischen 30 000 und 10 000 Jahren, so sind die Dolmen, Menhire und Ganggräber der Provence erheblich jünger. Aus den letzten Jahrtausenden vor unserer Zeitrechnung stammend, sind sie Zeugnisse eines voll ausgebildeten Glaubens und eines Kultes, der, vom Osten kom-

Steinzeitlicher Dolmen
im Ardèche

mend, über den ganzen Mittelmeerraum und bis hoch hinauf in den äußersten Norden verbreitet war. Der Gestalt seiner uralten Mutter- und Todesgöttin, zum strengen Idol abstrahiert, dessen Gesichtszüge allem Menschlichen entfremdet sind, begegnen wir heute in halbmeterhohen Stelen, wie sie das Musée Calvet in Avignon bewahrt. Im Gegensatz zu dem Kult der eiszeitlichen Stämme, die jagend und fischend an den Flußläufen entlang zogen, ist dieser Kult schon über das Meer in die Provence gekommen, wie die sogenannte Feengrotte (s. S. 22f.), ein steinzeitliches Ganggrab bei Arles, beweist. Sie lag im Mündungsgebiet der Rhône ursprünglich auf einer Insel, die später versandete. Und Inseln waren es, die steinzeitliche Kolonisatoren für ihre ersten Siedlungen bevorzugten, wie aus vielen derartigen Funden hervorgeht.

Von nun an blieben das Meer, die Mündung der Rhône ins Meer und die Wege an den Flüssen entlang für einige Jahrtausende bestimmend für das kulturelle und politische Schicksal der Provence. Sie ist die natürliche Landbrücke zwischen den beiden großen Halbinseln, der hispanischen und der italienischen, ein Durchzugsgebiet also für Kaufleute und Heere und seit der Römerzeit eine Region, die beherrscht werden mußte, wollte man beide Halbinseln besitzen.

Die Kaufleute kamen zuerst. Griechen aus Kleinasien, Ionier, gingen um 600 v. Chr. dort an Land, wo sich heute der alte Hafen von Marseille befindet, und gründeten hier ihre erste Kolonie auf provençalischem Boden: das *Massalia* des Altertums. Sie hätten keine Griechen sein müssen, wenn sie es nicht verstanden hätten, diese erste Landnahme einer Gruppe von Abenteurern durch eine poetische Sage zu verschönen und mit einem Schein des Rechts zu umkleiden. Es heißt, ihr Anführer Protis habe dem Fürst der ligurischen Urbevölkerung einen Besuch gemacht und das gerade an dem Tag, an dem dieser seinen Kriegern ein Fest gegeben habe, die sich um die Hand seiner Tochter Gyptis bewarben. Ligurischer Sitte gemäß hatte das Mädchen am Ende der Mahlzeit mit einem vollen Becher in den Händen zu kommen und ihn dem Mann ihrer Wahl anzubieten. Protis, der schöne fremde Grieche, ist ein zufälliger Gast unter zahlreichen Geladenen, ist einer von vielen. Und nun tritt das Mädchen ein, zögert, geht auf ihn zu, reicht ihm die Trinkschale. Er ist der Erwählte, die Hochzeit wird gefeiert. Und Gyptis, die Ligurerin, bringt Protis, dem Griechen, den Hügel als Mitgift in die Ehe, auf dem sich heute die Kirche Notre-Dame-de-la-Garde als Wahrzeichen über Marseille erhebt und auf dem wohl schon früh in der Antike ein weißer Göttertempel über dem Meer leuchtete.

Eine liebenswerte Sage. Immerhin – sie spiegelt die guten Beziehungen zwischen den Ureinwohnern der Provence und den fremden Siedlern. Tatsächlich waren diese Beziehungen offenbar meist friedlicher Natur. Denn die Griechen wollten nicht herrschen und das Land besitzen, sie wollten vor allem Handel treiben. Und ihre rasch aufeinander folgenden Städtegründungen, die Gründungen von *Arles, Nizza, Antibes* und *Agde,* dienten vor allem diesem Zweck. Daß sie daneben auch die unruhigen Geister ihrer griechischen Mutterstädte, die eigenwillige starke Jugend, für die kein Platz in der alten Polis war, aufnehmen sollten, war ein weiteres Motiv für ihr Entstehen, das von klugen Orakelsprüchen einer weisen Priesterschaft gelenkt wurde.

Für das friedliche Nebeneinander der ionischen Siedler und der ligurischen Stämme, die hier seit langem seßhaft waren, spricht nicht zuletzt die Übernahme der griechischen Schrift durch die Ureinwohner. Im antiken *Glanum* (Farbt. 4, 6; Abb. 21) bei Saint-Rémy, das um ein keltisches Wasserheiligtum entstanden ist, wurden, wie die Ausgrabungen bewiesen, auch Griechen seßhaft. Für sie bedeutete der geschützt liegende kleine Ort am nördlichen Fuß der Alpilles sicherlich einen willkommenen Umschlagplatz für ihren Handel flußauf- und flußabwärts. Dieses ›Glanon‹ der griechischen Kaufleute, das sogar eigene Münzen prägte, war ebenso von hellenisierten Kelten bewohnt, die ihre Grabstelen längs der großen Straßen mit Inschriften in griechischen Buchstaben schmückten.

Aber im Jahr 125 v. Chr. war Massilia gezwungen, die Römer zu Hilfe gegen die einheimische Bevölkerung zu rufen. Sie kamen, nahmen die keltisch-ligurische Hauptstadt, das *Oppidum Entremont*, zerstörten es und gründeten in seiner unmittelbaren Nachbarschaft *Aix*, das antike *Aquae Sextiae*, das schon damals durch seine Thermalquellen berühmt wurde. Sie schlugen ebenso zwanzig Jahre später die eindringenden Teutonen zurück, und schon am Ende des 1. Jahrhunderts v. Chr. konnte Augustus das Land auf römische Art verwalten und mit römischer Zivilisation durchdringen. Für das Weltreich wurde die Provence, wie ihr Name sagte, ›die Provinz‹ schlechthin, ein jahrhundertelang unumstrittener Besitz, den erst die Völkerwanderungszüge im 5. und 6. Jahrhundert gefährdeten. Aber noch unter den Merowingern und während der arabischen Invasionen des 8. und 9. Jahrhunderts bewahrte das Land in Verwaltung und Kultur weitgehend römischen Charakter. Das ist ein rundes Jahrtausend, und so ist es nicht verwunderlich, daß Spuren dieser grandiosen Zivilisation in fast jeder provençalischen Stadt in Stein zu sehen und in Sprache, Rasse und Lebensart der Bevölkerung unverkennbar sind. Wenn der Name Marius noch heute in der Provence populär ist, ja, in Frankreich für den Mann aus Marseille steht, so geht das auf jenen ersten *Marius* (Abb. 36) zurück, der im 2. Jh. v. Chr. die germanischen Barbaren, die Teutonen, besiegte und zurückwarf und damit das Land für das römische Imperium gewann.

Die Verflechtung mit römischem Geist und römischer Zivilisation ist hier so eng gewesen, daß auch das aufkommende Christentum römische Züge annahm. Was wir in Arles an frühchristlichen Zeugnissen sehen und von heiligen Bischöfen lesen, besitzt nicht weniger Eindringlichkeit als die frühchristlichen Darstellungen in der Stadt des heiligen Petrus selbst. Mit dem Verfall des römischen Weltreichs und der Isolierung der Provence durch die ganz Westeuropa bedrängenden Araber entstand dann jene eigentümlich-schwerfällige, symbolträchtige Kunst der Merowinger- und Karolingerzeit, die mehr als ein Jahrtausend unbeachtet blieb, uns Heutige jedoch wieder merkwürdig anzieht. Auf Streifzügen durch die Provence entdecken wir sie längs der uralten Wanderwege und Straßen, versteckt in Kapellen, Kirchen und Klöstern, wo ehemals heidnische Heiligtümer standen. Es gibt sie, besonders im Bergland, an den Hängen des Mont Ventoux oder im Luberon häufiger als anderswo, weil Armut und konservative Gesinnung auch das Älteste verehrend bewahrten und unverändert bestehenließen.

Im hohen Mittelalter hat dann die Provence noch einmal besondere kulturelle Bedeutung gewonnen. Und wieder war es durch ihre geographische Lage bedingt, daß sie zum Vermitt-

Troubadours   *1 Bernhard von Ventadour   2 Jaufre Rudel   3 und 4 Perdigon   5 Marcabru   6 Der Mönch von Montaudon   7 Pons von Chapteuil   8 Albertet*

Darstellungen zu den Chansons von Guillaume d'Orange: Guillaume, als Kaufmann verkleidet, erobert Nîmes; Guiberts Hochzeit; Guillaume tötet vor Paris den Riesen Isoré. Nach Handschriften des 13. und 14. Jh. Nationalbibliothek, Paris

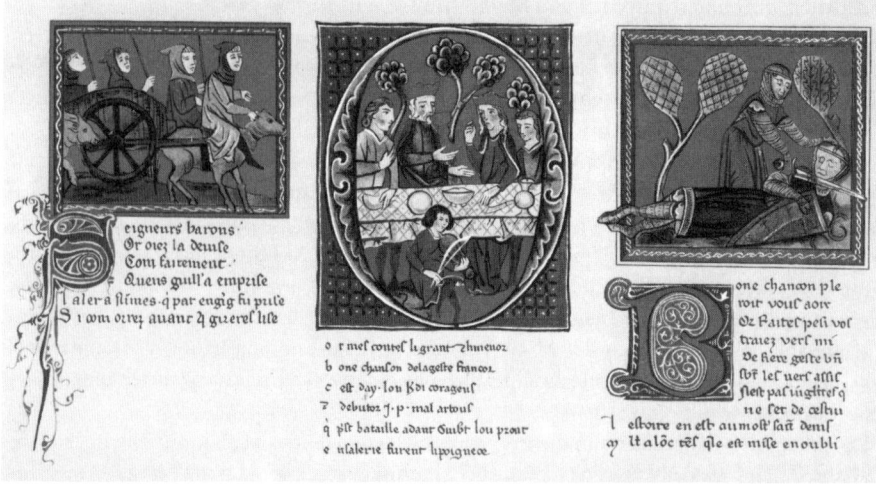

*Spielleute im Kreise
vornehmer Zuhörer.
Nach einer Hand-
schrift des 14. Jh.
Nationalbibliothek,
Paris*

ler zwischen Süd und Nord und West und Ost wurde. Vom arabischen Spanien erreichten naturwissenschaftliche Kenntnisse und das Geistesgut der griechischen Antike über die Provence die Klöster des christlichen Abendlandes und die Liebeslyrik andalusischer Fürstenhöfe die Burgen und Schlösser des Adels. Minnesang, höfischer Frauendienst und verfeinerter Lebensstil kamen aus dem islamischen Spanien in die Grafschaft, die weitgehend unabhängig blieb, entwickelten hier neue Formen und verbreiteten sich dann über das westliche und südliche Europa. Der provençalische Troubadour wurde zum Inbegriff des ritterlichen Sängers der verehrenden treuen Liebe zu einer unerreichbar hochgestellten Dame.

Mehr noch als das Ideal eines christlichen Rittertums haben jedoch die großen Orden und ihre Klostergründungen die Kultur des hohen Mittelalters geprägt. Es ist uns heute fast unvorstellbar, in welchem Ausmaß die Menschen jener Jahrhunderte von religiösen Ideen ergriffen und beherrscht werden konnten und zu welchen Opfern für ihr Seelenheil sie fähig waren. Zu den Tausenden, die sich zu Mönchtum und Entsagung auf Lebenszeit entschlossen, kamen die Zahllosen, die auf mühevollen Pilgerfahrten Buße taten und Vergebung für ihre Sünden suchten. Neben einer Unmenge kleinerer und größerer Wallfahrtsorte wurden das ganze Mittelalter hindurch vor allem drei geweihte Stätten aufgesucht: Jerusalem, Rom und das Grab des heiligen Jakob im äußersten Nordwesten Spaniens, in Galicien. Einer der großen Pilgerwege dorthin führte, von Nordosten kommend, durch die Provence (s. S. 124f.). Da die Sümpfe der Camargue im Rhônedelta umgangen werden mußten, wurden die Klöster von *Saint-Trophime* (Abb. 75) in Arles und *Saint-Gilles-du-Gard* (Abb. 65) zu Stationen für die Pilger nach *Santiago de Compostela*. Ihr romanischer plastischer Schmuck gehört zum Schönsten, was Frankreich aus dem großen 12. Jahrhundert erhalten blieb.

Die Zisterzienserklöster *Sénanque* (Abb. 88–90), *Silvacane* (Abb. 87) und *Le Thoronet* (Farbt. 19, Abb. 91) und die kleine Stadt *Aigues-Mortes* (Farbt. 27, Abb. 93) am Meer sind

13

Die dritte Bildtafel der
›Neun Proben‹. Nach
einer Handschrift vom
Anfang des 15. Jh.
Nationalbibliothek,
Paris

andere Denkmäler jener tief gläubigen Epoche. Aigues-Mortes hat Ludwig der Heilige erbaut, um von dort zum 7. Kreuzzug aufzubrechen, und seine unversehrt erhaltene Mauer mit ihren Türmen und Wehrgängen vermittelt eindrucksvoll das Bild einer Stadt im 13. Jahrhundert. Obwohl ringsum von Sümpfen umgeben und so schon von der Natur selbst geschützt, erweckt Aigues-Mortes nicht anders als des ›guten Königs René‹ Burg am Rhôneufer in Tarascon (Farbt. 26, Abb. 96) den Eindruck steter Verteidigungsbereitschaft in kriegerischer Zeit.

Francesco Petrarca und
Kaiser Karl IV., 19. Jh.

Chanson ›Aliscans‹: Rainoart, von Guiborc gewaffnet (oben), und Heeresabteilung mit dem keulentragenden Rainoart an der Spitze. Nach einer Handschrift des 13. Jh. Stadtbibliothek, Bern

Das 14. Jahrhundert ist dann das Jahrhundert des Exils der Päpste in der Provence. *Avignon* (Farbt. 28) wurde dadurch vorübergehend zu einem Zentrum im europäischen Kräftespiel. Sieben Päpste haben hier regiert, und wenn man diese von vielen Wirren und Schwierigkeiten bedrohte Zeit von Rom aus als die »zweite babylonische Gefangenschaft der Kirche« ansah, so schien es doch Petrarca, der als Augenzeuge dem päpstlichen Hof angehörte, eher ein selbstgeschaffenes Babylon an Korruption und Sittenlosigkeit. Er hat sich vernichtend darüber geäußert.

Die Kultur jenes 14. Jahrhunderts, in dem die Päpste in Avignon und seiner Umgebung herrschten, ist denn auch nicht mehr rein provençalisch bestimmt. Der Einfluß Italiens, vom Klerus über die Seealpen getragen, ist nun an der Rhône unverkennbar. Die großen künstlerischen Aufgaben werden jetzt Italienern übertragen. Dieser Einfluß erlischt wohl mit der Rückkehr der Päpste nach Rom am Anfang des 15. Jahrhunderts, doch mit der zunehmenden Zentralisierung Frankreichs um den Königshof in Paris verlagerte sich auch das kulturelle Leben dorthin. Der Adel, die Besitzenden, die geistige Elite strebt nach Paris; in der Provence bleibt zurück, was nicht Talent, Macht, Geld oder Initiative genug besitzt, um in der Weltstadt Fuß zu fassen. Gewiß, man behält sein Stammschloß im Süden und kehrt für die Sommermonate dorthin aufs Land zurück, verschönert es auch gelegentlich zeit- und standesgemäß, aber man stiftet nicht mehr Klöster und Kirchen, läßt nur ausnahmsweise noch einen schönen Bau errichten, und wenn man es tut, so könnte er ebensogut anderswo in Frankreich stehen.

Beim Boulespiel. Stich von J. Rigaud (1681–1734). Musèe du Vienne

Die Provence wird in diesen Jahrhunderten mehr zur Provinz, als sie es jemals zur Römerzeit war, und dies ist durchaus im Sinne der Herrschenden in Paris, die in jahrhundertelangen brutalen Religionskriegen den provençalischen Geist zermürbt und aufgerieben haben. Selbst die Sprache des Landes, die Sprache der Troubadoure, soll diesen Zentralisierungsbestrebungen erliegen. Auch die Revolution ändert nichts an dieser Haltung, wenn auch ihr Kampflied aus Marseille stammt. Und Napoleon wird mit Haß und Hohn überschüttet, als man ihn rhôneabwärts als Gefangenen nach Elba brachte. An den Ufern hielt man Steine für sein Schiff bereit.

In der Mitte des 19. Jahrhunderts haben dann Mistral und seine Freunde versucht, die provençalische Sprache neu zu beleben und literaturfähig zu machen. Es ist ihnen nur in beschränktem Maß gelungen. Des Nobelpreisträgers Frédéric Mistrals liebenswürdige ›Mirèio‹ ist erst unter dem französischen Namen ›Mireille‹ berühmt geworden. – Und Alphonse Daudet, 1840 in Nîmes geboren, auch er ein Provençale, der seine Heimat zu seinem Lebensthema machte, ging früh nach Paris und lebte und starb dort. Seine ›Briefe aus meiner Mühle‹ sind in Paris geschrieben worden, sind Ferienerinnerungen an einen Aufenthalt bei Freunden auf einem Schloß bei Fontvieille. Die Mühle, die heute mit Erinnerungen an ihn gezeigt wird, hat er wohl kaum je betreten. – Ein anderer Provençale des 19. Jahrhunderts, Paul Cézanne aus Aix, ist allerdings aus Paris in seine Vaterstadt zurückgekehrt und hat dort noch 36 Jahre gelebt und gemalt (Farbt. 45). Für seine Mitbürger scheint er jedoch nur der etwas schrullige Erbe eines reichen Vaters gewesen zu sein, der es sich leisten konnte, auch ohne besonderes Talent seiner Liebhaberei nachzugehen. Das große Musée Granet in Aix besitzt kein einziges wesentliches Werk von ihm.

Es ist, als ob die Zeit stehengeblieben sei in diesem alten Kulturland, durch das die ›Straßen des Herakles‹ und die Pilgerstraße nach Santiago de Compostela führte. Wir verdanken jedoch dieser jahrhundertelangen Vernachlässigung der Provence in einem auf Paris bezogenen Frankreich die Unversehrtheit und reine Schönheit ihrer Kunstwerke aus frühen Epochen. Was das antike und das frühchristliche Rom hinterließ, was das frühe Mittelalter schuf, blieb unverändert von späteren Hinzufügungen erhalten und wurde als kostbarer Besitz gehütet. In der Provence findet man wundervoll polierte antike Marmoraltäre in entlegenen Dorfkirchen, und römische Säulen umgeben frühchristliche Taufbecken. In Klosterräumen schauen unvermittelt steinerne Keltenköpfe vom Gesims, und das geheimnisvolle urzeitliche Hufeisenzeichen ist in den Baustein einer Kirchenmauer gehauen. Daß aus einem prähistorischen Menhir neben einem Dolmengrab ein christlicher Heiliger wird, indem man nur ein paar Buchstaben seines Namens austauscht, und aus einem heidnischen Quellnymphenheiligtum eine Marienkapelle, das ist hier ganz selbstverständlich. Die Vergangenheit stirbt nicht in der Provence, sie wandelt nur ihr Gesicht.

Arles, mittelalterliche Bebauung der Arena durch schutzsuchende Bürger, im 19. Jh. abgerissen

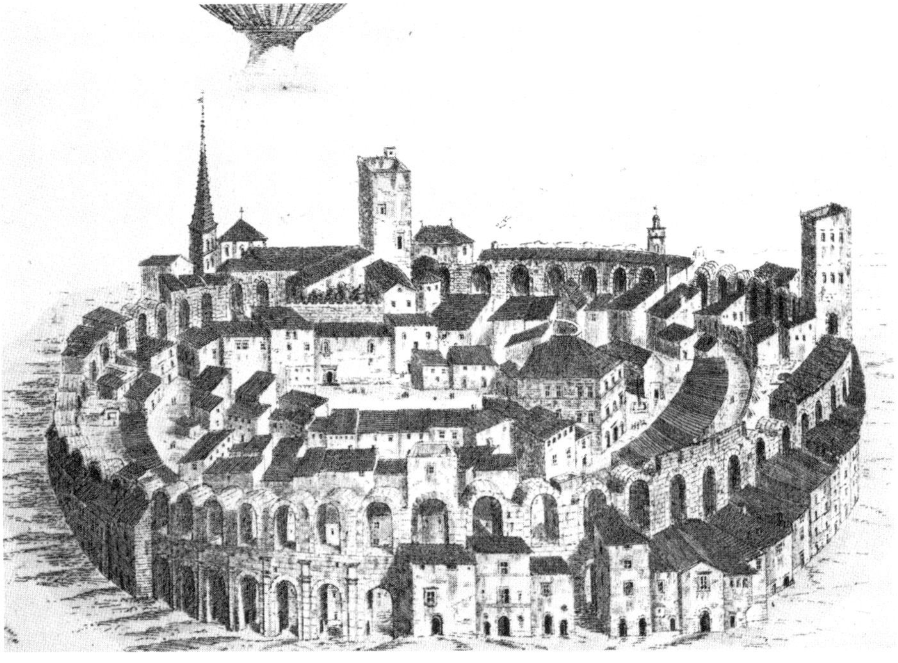

Bevor die Römer kamen

Die Jäger- und Sammlerkulturen

Während der Frühzeiten der Menschheit hat ausschließlich die Natur ihre Lebensweise, ihre Aufenthaltsorte, ihre Erfindungen, ja sogar die Zahl der Überlebenden bestimmt – die Natur und das Klima, nicht anders, als es noch heute bei primitiven Kulturen der Fall ist. In der Provence waren es vor allem die vielen kleineren und größeren Flußläufe in den niedrigen, waldreichen Gebirgen, die zum Bleiben einluden. Hier gab es vorspringende Felsdächer und tiefe Höhlen, die Schutz gegen schlechte Witterung boten, und ausreichend Wild, das zur Tränke ans Wasser kam. Wenn wir es auch im Paläolithikum, zur Zeit des Neandertalers, in der ein zum Faustkeil grob behauener Stein das erste Werkzeug bildete, nur mit schweifenden Horden zu tun haben, die von der Großwildjagd und dem Sammeln wildwachsender Pflanzen lebten und keinen festen Wohnsitz haben konnten, so finden sich doch die Spuren ihres Daseins links der Rhône vorwiegend in den Tälern der Ouvèze, der Durance und der Nesque, auf dem Plateau des Mont Ventoux und im Luberon, in Gegenden also, die nicht nur das begehrte Material für Faustkeile besaßen, sondern die auch wildreich waren. Die Moustérien genannte Epoche der Zwischeneiszeit, die wir uns vor 100 000 bis 50 000 Jahren zu denken haben, ist gerade in diesen Gebirgen und Tälern sehr gut mit Funden vertreten, wie die kleinen örtlichen Museen von Sault, in Apt oder Cavaillon recht eindrucksvoll zeigen.

Lebhafter als diese ersten Spuren menschlichen Erfindungsgeistes würden uns allerdings die Tierbilder interessieren, die von den Jägerstämmen der vierten Eiszeit, im sogenannten Solutréen, in den Tiefen der Höhlen bei trübem Fackelschein in die Felswände geritzt oder auf sie gezeichnet wurden. Es gibt sie in der Provence, wenn sich auch sieben von acht rechts der Rhône in den Départements Ardèche und Gard befinden. Aber nicht einmal die bei Vallon in den unbeschreiblich großartigen Felsformationen des Ardèchetals gelegene Höhle Ebbou ist bisher für den Laien zugänglich. Er kennt die Fingermalerei mit rötlichem Lehm in *La Baume*, ihre Mammuts, ihre ›Schlange‹ und den meisterhaften Wildpferdkopf dort nur aus Abbildungen und kann sich, ohne die Örtlichkeit gesehen zu haben, von dem in die Wand geritzten Steinbock in Ebbou nur eine unvollkommene Vorstellung machen. Daß Jagd- und Fruchtbarkeitszauber, im Schoß der Mutter Erde ausgeübt, die Leben und Nahrung für alle schenkt, indem sie immer neues Leben weckt, diese Tierbilder entstehen ließ, wird heute nicht mehr bezweifelt. Darüber hinaus scheinen in den schwer zugänglichen Teilen dieser geheimnisvollen Höhlen auch Initiationsriten und andere Kultübungen vollzogen, vielleicht auch Gelübde abgelegt worden zu sein, wie die farbigen Handabdrücke an den Felswänden von mehr als zwanzig Höhlen in Frankreich, Spanien und Italien vermuten lassen.

Wenn, wenigstens nach dem bisher Bekannten zu urteilen, die Periode der eiszeitlichen Großwildjäger in der Provence nicht sonderlich gut durch Funde belegbar ist, so gilt das nicht mehr für die darauf folgende Übergangszeit, das Mesolithikum, das wir uns etwa 8000 Jahre v. Chr. vorzustellen haben. Das milder gewordene Klima hatte die Lebensbedingungen geändert. Die großen Tiere, vor allem Ren und Mammut, waren verschwunden, die Menschen auf Kleinwildjagd und Fischfang angewiesen. Noch immer war das Rhônedelta mit seinen sich weit nach Norden hinaufziehenden Sümpfen unbewohnbar, die Ufer des großen Stromes durch Überschwemmungen nicht regelmäßig zu passieren, der Jäger und Sammler auf die bewaldeten Höhenzüge angewiesen. Hier fand sich der Silex in Mengen, aus dem das nun immer kleiner, aber auch immer präziser werdende Werkzeug geschlagen werden konnte, mit dem Tiere erlegt, ihre Felle und Knochen verarbeitet wurden.

Das Ende des Mesolithikums ist dann durch die Konfrontation der letzten Jäger mit den ersten Ackerbauern und Hirten bestimmt. Die Neuankömmlinge waren die natürlichen Feinde der Jäger- und Sammlerkultur. Bauern wünschen seßhaft zu sein und die von ihnen urbar gemachte Erde als ihren unantastbaren Besitz betrachten zu können; Hirten, zwar Nomaden, die den Jahreszeiten entsprechend ihre Weidegründe wechseln, wollen diese ihre Herden nicht bedroht sehen. Die Jägerstämme, die bisher kein Land und doch zugleich alles Land besaßen, wichen vor diesen Vertretern einer neuen Ordnung zurück. Aber die uralte biblische Tragödie von Kain und Abel wiederholt sich nun auch hier. Der seßhafte, um seinen Besitz bangende Ackerbauer Kain erschlägt den schweifenden Jäger und Hirten Abel.

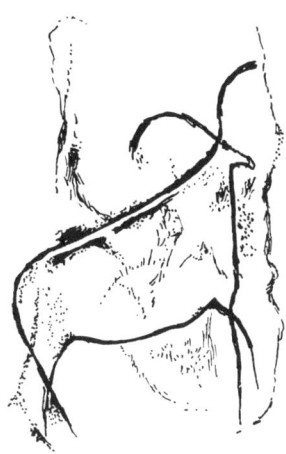

Gravierter Pferdekopf in der prähistorischen Höhle La Baume Latrone (Gard), Paläolithikum

Gravierter Steinbock in der prähistorischen Höhle von Ebbou (Ardèche), Paläolithikum

19

Mit dem Besitz kommt der Krieg in die Welt, die bisher keinen Mord kannte. Ein französischer Forscher, Escalon de Fonton, hat darauf hingewiesen, daß man aus den Zeiten der Jäger- und Sammlerkulturen keine Skelette von Menschen gefunden hat, die eines gewaltsamen Todes durch Menschenhand gestorben sind. Der Jäger besaß noch keine Feinde.

Die Hirten- und Bauernkulturen

Die großen Kulturveränderungen entwickeln sich langsam, und das Alte besteht noch lange neben dem Neuen. Die ›neolithische Revolution‹, d. h. der Übergang von der Jäger- und Sammlerkultur zu einer Bauern- und Hirtenkultur, beginnt ungefähr um das 6. Jahrtausend v. Chr. und vollzieht sich in der Provence allmählich im Lauf der nächsten vier Jahrtausende. Der Mensch entdeckt seine Fähigkeit, Töpfe zu formen und zu brennen, um darin kochen und Vorräte speichern zu können, er erfindet das Flechten von Körben und die Technik des Webens. Hat die Altsteinzeit nur das grob zugehauene Silexwerkzeug gekannt, so lernt man es nun mit Hammer und Meißel aus härteren Steinen, aus Serpentin oder Diorit, herzurichten und sorgfältig zu schleifen.

Offenbar hat es im Vaucluse und auf dem Luberon große Werkstätten dafür gegeben, die sogar ihre Schaber, Pfeilspitzen und Klingen weithin exportierten. Jean-Paul Clébert berichtet darüber in seinem Buch ›Provence Antique‹, daß zwischen Murs und Gordes auf den steinigen Feldern gröbere und feinere Pfeilspitzen, zerbrochene Klingen und Schaber aus Flint, sichtlich als Ausschuß weggeworfen, aber auch unversehrte Exemplare zu finden seien. Daß hier für den Handel produziert wurde, ist bei so vielen Funden selbstverständlich. Aber das gleiche gilt für andere Orte im Luberon. Im Museum von Apt kann man die ganze Entwicklung dieses steinzeitlichen Handwerks lückenlos verfolgen.

Anfang Januar 1985 konnte die ›Frankfurter Allgemeine Zeitung‹ über eine Entdeckung in der Provence folgendes berichten: »Töpferarbeiten, behauene Feuersteine und Knochenreste, die von einer jungsteinzeitlichen Jägerzivilisation hinterlassen wurden, sind bei Aushubarbeiten in Saint-Paul-Trois-Châteaux im südfranzösischen Département Drôme entdeckt worden. Die Funde sind rund 5000 Jahre alt und nach Meinung der Wissenschaftler eine der bedeutendsten Ausgrabungen aus dieser Epoche in Europa. Die Archäologen stießen auf diesem Gelände unter anderem auf etwa 150 runde Gräben von einem halben bis zwei Meter Durchmesser, deren Verwendung nicht klar ist.«

Auf dem Plateau des Ventoux und im Luberon hat man ferner Beisetzungen der Menschen jener Zeit in Höhlen gefunden und weiß daher, daß sie einer langschädeligen Rasse angehörten mit länglichen Augenhöhlen und einer schmalen Nase.

Besonders die wasserreichen, nicht sonderlich tiefen, aber von schützenden Felswänden umgebenen Seitentäler des Luberon mußten die Menschen der Frühzeit anziehen, und zahlreiche, in ihnen gemachte Funde bestätigen diese Vermutung. Das Vallon de l'Aiguebrun, das ›Tal des braunen Wassers‹, im Luberon, in dem auch der vollkommen gegliederte romanische Turm des alten Priorats von Saint-Symphorien (Abb. 48) steht, ist vor Jahrtausenden bewohnt gewesen und ähnelt insofern den Lebensbedingungen im Tal der Vézère in der Dordogne, das auch schon die schweifenden Jäger der Urzeit anzog. Doch ist es um vieles herber und großartiger. Seine Felsen türmen sich zu ungeheuren, steil abfallenden Blöcken, und wenn man zwischen Bonnieux und Apt die D 113, die das Dorf Buoux berührt, wählt und seitwärts den Fußweg zum alten Fort de Buoux einschlägt, so wird man bald vor einer Felswand stehen, deren Übermaß einem den Atem verschlägt (Abb. 1). Hier springt ein steinernes Dach mehr als 35 Meter über die darunter ausgewaschene Wand vor, einen Raum von 800 qm überwölbend und einstmals eine Nekropole der Bronzezeit schützend, von der noch einige in den Stein gehauene Gräber zu sehen sind. Doch ist dies nur eine von mehreren Grabstätten in diesem auch landschaftlich höchst eindrucksvollen Tal, das von dem schon in der Frühzeit bewohnten Fort überragt wird. Die Beisetzungen in seinen verschiedenen Höhlen reichen, wie die Funde ergaben, bis ins Mesolithikum zurück. Das sehr sehenswerte Fort Buochs hat seit der Steinzeit bis ins 17. Jahrhundert als gut zu verteidigende Fliehburg gedient (Geheimtreppe!) und wurde erst 1660 auf Befehl Ludwigs XIV. geschleift.

Bei Thor in der Ebene wurde außerdem ein Grab unter einem Hügel entdeckt, eine Bestattung, wie sie erst in der Jungsteinzeit aufkam, sich dann aber rasch über ganz Europa verbreitete. Hier lag der Tote schon auf einer Steinplatte aufgebahrt, während zwei andere Platten, hinter seinem Kopf und zu seinen Füßen, Grabbeigaben trugen. Eine sechseckige Kammer war für ihn aus kleinen Steinen errichtet worden, deren Wölbung ein großer Stein oben abschloß. Darüber war der künstliche Hügel, der tumulus, aufgeschüttet. Die Vorstellung vom ›Lebenden Leichnam‹, dem man eine würdige Wohnung bereiten und den man symbolisch mit dem Lebensnotwendigen versehen muß, ist nun schon deutlich erkennbar.

Besonders interessant ist in diesem Zusammenhang die Beisetzung von *Coustellet* in einem Brunnenschacht, der nur diesem Zweck diente. Er befindet sich an der Nationalstraße 100, zwischen Cavaillon und Apt, in einer Gegend, die an jungsteinzeitlichen Funden reich ist. Auf dem Grund dieses 6,5 Meter tiefen Schachtes fand man zwei Skelette in Hockerstellung, d. h. in der Haltung des Kindes im Mutterleib, die man zweifellos als günstig für eine künftige Wiedergeburt ansah. Außerdem Opfer- und Grabbeigaben: Scherben von Gefäßen, eine Silexklinge, Hunde- und Rinderknochen.

Dies Brunnengrab oder andere ähnliche scheinen die Volksphantasie eigentümlich beschäftigt zu haben; denn die Erinnerung an sie oder vielleicht eher noch an die Entdeckung eines von ihnen ist in verwandelter Form lebendig geblieben. In dem provençalischen Märchen von *Jean de l'Ours* verrät ein geisterhaftes »nacktes weißes Männlein«, ganz offenbar ein ›Unterirdischer‹, in einem verwunschenen, menschenleeren Schloß dem Bärensohn, daß er nur eine Kaminplatte abzuheben brauche, um in einen tiefen Schacht zu gelangen, auf dessen Grund eine schöne Prinzessin auf Erlösung warte. Jean de l'Ours läßt zuerst seine beiden starken Gefährten an einem Seil hinab, doch jeder von ihnen fürchtet sich in dem engen, dunklen, bodenlos scheinenden Schacht so sehr, daß er verlangt, hinaufgezogen zu werden, und auf die Braut verzichtet. Nach ihnen wagt der Bärensohn das Abenteuer. Drunten findet er zuerst die Gerippe der vor ihm dabei Umgekommenen »und ihre zerbrochenen Waffen«. Ein steinerner Windhund, auf einer Felsplatte ruhend, scheint diese Toten zu bewachen, erhebt sich jedoch, um Jean die Hand zu lecken, und legt sich dann wieder an seinen Platz. In der Tiefe des nun weiträumigen und von einem bleichen Schein erleuchteten Berges hat dann der Held drei furchtbare Drachen zu erschlagen, von denen einer immer gefährlicher und schrecklicher ist als der vorher getötete, bis es ihm gelingt, die Prinzessin zu befreien. Als er später, von seinen Gefährten verraten, die zwar die Prinzessin hinaufziehen, ihn selbst aber drunten umkommen lassen wollen, sich nicht mehr zu helfen weiß, ist es der steinerne Windhund, der plötzlich zu sprechen beginnt und ihm sagt, wie er aus dem Brunnenschacht aufsteigen kann.

Es lohnt sich, in diesem Märchen, dessen Anfang und Ende hier ohne Bedeutung ist, den Bezügen zu sehr alten provençalischen Überlieferungen nachzugehen. Die Erinnerung an die Riesenechsen der ältesten Urzeit hat sich hartnäckig im Bild der Drachen behauptet; die an die Jungsteinzeit im tiefen Schacht des verwunschenen Schlosses, auf dessen Grund die Gerippe mit ihren zerbrochenen Waffen liegen. Der seltsame steinerne Hund jedoch, der die Toten bewacht, ist niemand anders als der antike Kerberos, der Hüter der Unterwelt, dessen mythische Gestalt die Griechen in die Provence brachten und der von Herakles, nachdem er »durch den Mund der Unterwelt« ins Schattenreich hinabstieg, gebändigt wurde. Nach altem Glauben, den auch die Römer übernahmen, läßt er keinen, der einmal das Totenreich betrat, ins Licht zurückkehren. Jean de l'Ours, der bis zu der gewaltigen Eisenstange, die seine Waffe ist, viele Züge des unbesiegbaren Herakles besitzt, bliebe für immer in der Tiefe des Berges gefangen, ließe ihn nicht der steinerne Hund freiwillig passieren und hülfe er ihm nicht sogar dabei, wieder ins Leben hinaufzugelangen.

Das Brunnengrab von Coustellet scheint ins Ende der Jungsteinzeit zu gehören, die für die Provence ungefähr zwischen 2500 und 2000 v. Chr. anzusetzen ist. Neben dem jetzt bis zur Vollkommenheit polierten Stein, aus dem – neben Knochen, Fischgräten usw. – Werkzeug und Waffen hergestellt wurden, gab es nun auch schon die ersten Metallgegenstände, von ägyptischen und kleinasiatischen Händlern ins Land gebracht. Das gewohnte Material vermochten sie natürlich noch nicht zu verdrängen. Bis Kupfer und Bronze sich allgemein durchsetzen konnten, vergingen viele Jahrhunderte, schon deshalb, weil jedes Metall und seine Verarbeitung für Hirten und Bauern unerschwinglich gewesen sein muß. Aus Bronze konnte wohl eine Kultaxt, eine kostbare Prunkwaffe als Abzeichen herrscherlicher Würde oder ein Gegenstand für rituelle Verwendung sein, aber keinesfalls etwas für den alltäglichen Gebrauch.

Aus dieser Epoche, in der die Jungsteinzeit sich ihrem Ende zuneigte, stammt die Gruppe der fünf monumentalen, von Menschenhand im Fels errichteten Grabgewölbe nicht weit von der Straße zwischen Arles und Fontvieille hinter Montmajour an bzw. unter der kleinen Montagne des Cordes. Die größte und bedeutendste von den vier rechts der Straße von Arles gelegenen ist die sogenannte *Feengrotte*, die leider auf privatem Gelände liegt, mitten in einem sehr großen eingezäunten Besitz, der sie jedem Fremden unzugänglich macht und das offenbar auch tun soll. Sie scheint deshalb vorläufig vor allem Fachleuten vorbehalten zu sein, wird auch auf Karten und in Führern nicht erwähnt. Mit ihrem plattengedeckten, an

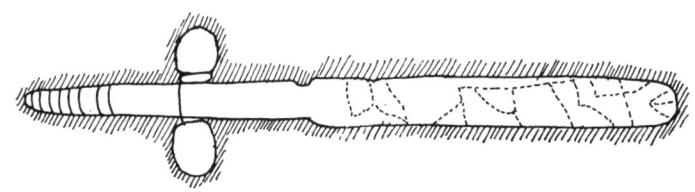

Grundriß der Feen-
grotte, Arles

Kreta und Mykene erinnernden mächtigen unterirdischen Gang, dessen Grundriß sie auch den Namen ›Schwert des Roland‹ verdankt, muß sie höchst eindrucksvoll sein. Ihre Gesamtlänge beträgt 42 Meter. Allein der schlauchartige Vorraum zieht sich über 9,60 Meter hin. Sibylle von Cles-Reden schreibt über dies Hypogäum in ihrem Buch ›Die Spur der Zyklopen‹: »Die lang bekannte ›Feengrotte‹, zu der sechs Stufen hinabführen, besteht aus einer 25 Meter langen Galerie, deren vorderer Teil etwas schmaler ist, während sie rückwärts drei Meter weit wird. Nahe dem Eingang öffnen sich rechts und links zwei Seitenkammern. Dieses Grab hat naturgemäß keine Funde mehr erbracht, ein anderes aber wurde 1886 geöffnet und erwies sich als unberührt. Es enthielt 100 Skelette, denen schöne Glockenbecher, zahlreiche Callais-Perlen, etwas Goldschmuck und Pfeilspitzen aus Flint mitgegeben worden waren.

Die Gräber von Arles wurden häufig mit ähnlichen Felsgrüften auf den Balearen verglichen und auch von diesen abgeleitet. Sie sind aber sicherlich älter . . . Die Verwandtschaft der ‹Grotten von Arles› mit den balearischen Gräbern mag eher auf eine Kolonisierung der Inseln von der Rhônemündung aus als auf den umgekehrten Ablauf weisen, denn die Beigaben aus den südfranzösischen Gräbern stammen noch aus der Steinkupferzeit. Woher aber die Siedler an der Rhônemündung kamen, ist schwer zu sagen. Die Form ihrer Mausoleen läßt eher an östliche als an iberische Vorbilder denken.«

Der französische Wissenschaftler Fernand Benoît sagt über die ›Feengrotte‹ und die in ihrer unmittelbaren Nachbarschaft liegenden unterirdischen Grabanlagen: »Dieser Vorraum fehlt den vier anderen Hypogäen; aber der vorkragende Schnitt der Wände, die sich oben einander nähern, um die Decke zu tragen, die vollkommene Regelmäßigkeit des Grundrisses, die Wölbung der Tore, die Geschicklichkeit, einen unterirdischen Gang zu bohren, mit einem Wort, das Können, das sich in diesen Bauten zeigt, beweist Meisterschaft in der Wissenschaft der Felsbaukunst.«

Wir haben uns diese fünf steinzeitlichen Grabstätten zur Zeit ihrer Erbauung in einer Sumpf- und Wasserlandschaft zu denken, aus der einzig die felsigen Höhen, auf denen sie lagen, herausragten. Noch heute kann man im Frühling die rechteckigen Wasserspiegel der Reisfelder im Süden aufblinken sehen, wenn man die leichte Anhöhe zu dem Dolmengrab von *Coutignargues* hinaufgestiegen ist, dem einzigen der vier links der Straße am Mont de Cordes gelegenen, das zugänglich ist. Das dritte liegt in einem für die Aufzucht schwarzer Stiere eingezäunten Gelände verborgen, das vierte ist selbst den Bewohnern des nahen Bauernhofes unbekannt. Wahrscheinlich wurde es von dem undurchdringlichen Macchiagebüsch überwuchert, das stellenweise das sonst spärlich bewachsene Felsplateau bedeckt, in dessen Gestein man noch uralte Karrenspuren finden kann, die auf Montmajour zuführen, dessen hochgetürmte edle Silhouette am westlichen Horizont sichtbar ist.

Man findet das Dolmengrab von Coutignargues, wenn man, von Fontvieille kommend, links in einen zu zwei Bauernhöfen führenden Weg einbiegt, hinter dem ersten Hof auf der rechten Seite. Da es von einem hohen Drahtzaun umgeben ist und auf einer Anhöhe liegt, kann man es gut vom Weg aus sehen. Aber gerade dieses Grab unterscheidet sich wesentlich von den vier anderen und ist so oft von Schatzsuchern durchstöbert worden, daß man seine ursprüngliche Monumentalität nur ahnen kann. Neben ihm liegt in Stücke geschlagen ein ursprünglich drei Meter hoher Menhir von eindeutig phallischem Charakter. Er muß sehr lange noch in christlicher Zeit aufrecht gestanden haben, sonst wäre wohl kaum aus ›Coutignargues‹ schließlich ein Heiliger, nämlich Saint Coutignardes, geworden.

Im allgemeinen sind *Menhire* in der Provence sehr selten erhalten. Doch findet man am *Abri Meunier* bei Saint-Martin-d'Ardèche ein Menhirpaar, was ungewöhnlich ist. Von Bourg-Saint Andéol (Ardèche), besser noch von Pont-Saint-Esprit aus ist es leicht erreichbar. Enrico Atzeni hat darüber in seinem Aufsatz ›Vornuraghenzeit‹ im Katalog der Karlsruher Ausstellung ›Kunst und Kultur Sardiniens vom Neolithikum bis zum Ende der Nuraghenzeit‹ (1980) berichtet: »Als Beispiel dafür, daß die Steinmale wie Grabwächter vor den Beisetzungsorten stehen, sei das Menhirpaar, bestehend aus einem männlichen und einem weiblichen Steinmal, im Abri Meunier bei Saint-Martin d'Ardèche genannt.«

Dagegen sind *Dolmen* in der Provence häufiger. Ein großer, doch wenig eindrucksvoller liegt im *Luberon.* Um ihn zu sehen, fährt man auf der D 3 von Bonnieux acht Kilometer in Richtung Ménerbes. An der Wegkreuzung, von der es noch drei Kilometer bis Ménerbes sind, zweigt nach rechts die D 103 nach Cavaillon (17 km) ab. Auf dieser wenig befahrenen Nebenstraße überquert man sehr bald eine kleine Brücke, parkt dann unmittelbar hinter dem ersten Gehöft rechts (750–1000 m) und geht 80 bis 100 Meter auf der Straße zurück, bis man auf der Seite des Bauernhofs ein 30 bis 40 Zentimeter hohes kurzes Mäuerchen sieht. Unmittelbar hinter ihm liegt die große Deckplatte des Dolmen, zu dem man hinabsteigen kann. Seine Seitenwände sind wie die einer borie geschichtet, den Eingang bilden große Steinplatten wie bei anderen jungsteinzeitlichen Dolmen.

Sehr viel eindrucksvoller als dieser ist jedoch der ›La Pierre de la Fée‹ genannte Dolmen bei *Draguignan,* ein monumentales Vorzeit-Grabmal, dessen gewaltige Deckplatte, 25 Quadratmeter groß, auf drei Stützen ruht: zwei wuchtigen Eingangspfeilern und der ebenso mächtigen Rückwand (Abb. 4).

Daß die Hypogäen auf dem Mont de Cordes bei Montmajour schon sehr früh allgemein bekannt waren, ja, daß vielleicht die Erinnerung an sie überhaupt nie verloren ging, scheinen die Volksmärchen zu beweisen, die sich um die geheimnisvolle, mit Zauberkräften begabte Gestalt der ›Goldenen Ziege‹ gebildet haben, die ungeheure Schätze in einem Berg besitzt und hütet. Um die Schicksale der Menschen, die, von Besitzgier ergriffen, sich daran zu bereichern versuchten, ist ein ganzer Sagenkranz gesponnen, in dem die – selbst verzauberte und auf »die ewige Ruhe« wartende – ›Goldene Ziege‹ abwechselnd grausame, gütige oder auch nur gerechte Züge annimmt, immer jedoch Macht ausübt – also genau das, was man von alters her von den toten Ahnen annahm. Außerhalb ihres Berges zeigt sie sich Lebenden manchmal auf einem schildförmigen Felsen, dessen gleichmäßiges Rund eine viertel Meile beträgt, also der typische tumulus der Jungsteinzeit ist. Der in ihre unterirdische Halle eintretende Jüngling sieht an der Wand ein goldgefaßtes Elfenbeinhorn, einen goldenen Helm, ein goldenes Schwert und einen goldenen Schild, und er hört die Stimmen der unsichtbaren, hier gefangen Gehaltenen, einen wahren Geisterchor. Daß er in eines jener unterirdischen weiträumigen Fürstengräber eingedrungen ist, in dem Menschen der Jungsteinzeit und des heraufkommenden Metallzeitalters ihre großen Toten mit kostbaren, oft weither importierten Prunkwaffen und wertvollem Gerät beisetzten, wird hier ganz einsichtig und ebenso, daß die ›Feengrotte‹, die man später auch das ›Schwert des Roland‹ nannte, mit den Sagen von der Goldenen Ziege in Zusammenhang steht. »Mein Vater hat sie früher in Montmajour bei Arles gesehen«, sagt denn auch der junge Held Guihen einmal, »sie hielt sich dort gern in den Ruinen auf…«

Ein zweites Zentrum der Megalithkultur liegt westlich von *Grasse*. Jean-Paul Clébert bezeichnet es in seinem 1966 erschienenen Buch ›Provence Antique I‹ als noch nicht ganz erforscht, was sich inzwischen geändert haben könnte. Vieles, was dort gefunden wurde, wird in dem Museum von Grasse aufbewahrt. Clébert schreibt, es handele sich in diesem Gebiet vornehmlich um Dolmen und Menhire: »Diese außergewöhnliche Gruppe umfaßt das Gebiet von Grasse, Saint-Vallier-de-Thiey, Escragnolles, Mons, Sainte-Cézaire und Cabris.« Er nennt dann bei Saint-Vallier-de-Thiey die Tumuli von Caillassou Brunado und Sainte-Jeanne, die Dolmen La Verdoline, Degoutay und La Para. Diese, nicht näher bezeichneten, seien nicht leicht ohne Führer zu finden. Die tumuli dagegen lägen dicht bei dem kleinen Marktflecken. »An dem alten Weg, der von Saint-Vallier nach Cabris führt, befindet sich ‘la Pierre Druidique’, genannt La Caisso Brunado, ein Halb-Dolmen mit zur Seite geneigtem Mauerwerk. Drei Kilometer von Saint-Cézaire-sur-Siagne, an der Straße von Saint-Vallier nach Cabris, sind mehrere, halb mit Erde bedeckte Dolmen, die einen von den anderen einige hundert Meter entfernt. Die interessantesten sind die der Puades, La Graou und Prignon. Erwähnen wir noch den Mégalithe des Pounches bei Mons und den Tumulus de la Colette bei Escragnolles« (Clébert). Ein Menhir, unbearbeitet wie die von Carnac, steht rechts an der Straße von Agay nach Valescure (etwa 1–1,5 km vor dem Golfplatz). Er ist ausgeschildert und weist auf einige andere, etwas entfernt stehende hin, zu denen auch er ursprünglich gehörte. Man hat durch seine Verlegung auf die Gruppe aufmerksam gemacht.

Zum Totenkult jenes 2. Jahrtausends v. Chr., in dem die Kultur des polierten Steinwerkzeugs und der aus riesigen Felsplatten gefügten Dolmen ihren Höhepunkt erreichte, in dem es aber auch schon bearbeitetes Kupfer und bald auch Bronzegerät gab, gehören die geheimnisvollen Stelen mit dem entpersönlichten, mundlosen, stilisierten Gesicht, die man in unserem Jahrhundert an verschiedenen, sehr früh bewohnten Orten der Provence gefunden hat. Das *Musée Calvet* in Avignon besitzt dreizehn solcher, höchstens einen halben Meter hohen Stelen, im Schloß von Lourmarin befindet sich ebenfalls eine, doch auch in anderen Museen kann man ihnen begegnen. Über ihre Beziehung zum Totenkult besteht kein Zweifel mehr, man hat sie zwischen Knochenresten und in Beisetzungsgrotten gefunden, und sie

Kalksteinstele der steinzeitlichen Totenkultur, Fundort Orgon

scheinen ›Wächter‹ zu sein, keinesfalls Erinnerungsmale. Es ist die ›Große Göttin‹, die Mutter der Lebenden und der Toten, unter deren Schutz man die Verstorbenen, zur Wiedergeburt Bestimmten stellen wollte – entsprechend unserer Sitte, sie unter den Schutz des Kreuzes zu stellen. Das Bild der Göttin erfuhr wohl einige Variationen, gelegentlich wird die Brust angedeutet, sie trägt eine Halskette oder einen großen Stern, immer aber spricht Ernst und Hoheit aus den strengen Zügen. Sehr eigentümlich und von großartiger Symbolik ist der Umstand, daß Augen und Nase stets klar ausgeprägt sind, niemals aber der Mund angedeutet wurde. Die Toten sind stumm. Und auch ihre Hüterin ist stumm.

Symbole begleiten die Ahnen in ihre unterirdischen Wohnungen. Beim Hypogäum von Castellet sind sie in einen nahen Felsen graviert worden, aber sie finden sich auch an anderen Orten in der Provence aus den letzten Jahrtausenden vor Christi Geburt: Sonnenräder und -kreise und Sinnbilder der Zeugung. Zu ihnen gehört das geheimnisvolle, hufeisenförmige Zeichen, das der Volksmund später in den Pferdehufabdruck heiliger Reiter verwandelt hat. Ursprünglich war es, wie heute vermutet wird, ein Geschlechtssymbol und deutete die weibliche Fruchtbarkeit an wie – mit wenigen Ausnahmen – die Menhire die männliche. Eine solche prähistorische Hufeisenform findet der Besucher der Alyscamps in Arles, wenn er die Kirche Saint-Honorat auf dem üblichen Rundgang verläßt, an der Mauer links vom Weg in einen der Bausteine gemeißelt. Sie hat hier wohl kaum eine symbolische und gewiß nicht die ursprüngliche geschlechtliche Bedeutung, könnte aber ein Hinweis darauf sein, daß man an diesem Ort schon lange vor Römerzeit und Christentum begrub und heilige Zeichen in den Stein ritzte.

In jenem 2. Jahrtausend vor unserer Zeitrechnung, in dem das Metall allmählich den Stein aus seiner Bedeutung für den nun immer seßhafter werdenden Menschen verdrängte, ist auch eine Wohnform entstanden, die sich bis heute in der Provence zumindest als Hirtenhütte und Geräteschuppen erhalten hat: die ›borie‹. Auf dem Plateau de Vaucluse und an den

Hängen des Luberon kann man immer wieder diese seltsamen fensterlosen Häuser sehen, die mörtellos aus flachen Steinen zu einer falschen Kuppel aufgeschichtet sind. Ihr Grundriß ist meist quadratisch, manchmal jedoch auch rechteckig oder rund. Die großen Felsplatten bilden die einzige Türöffnung, der Rauch des Herdfeuers kann durch die Fugen zwischen den Steinen abziehen, der Schutz gegen Regen ist vollkommen. Dunkel, urtümlich und zeitlos stehen sie vereinzelt oder in Gruppen in der Wildnis oder im Weideland. Bei Gordes gibt es ein ganzes ›schwarzes Dorf‹ solcher bories (Abb. 3) und auf dem Plateau bei Sivergues südlich von Apt stehen ebensolche Steinhütten, ›les Claparèdes‹ genannt (Abb. 2). In einigen, schon weitgehend verfallenen hat man Funde gemacht, die ihre Jahrtausende alte Vergangenheit bewiesen, andere wiederum sind erst vor wenigen Jahrhunderten oder gar Jahrzehnten errichtet worden. Schutzhütten und Zufluchtsorte in Notzeiten sind sie wohl immer gewesen, nicht anders als die ihnen ähnlichen, wenngleich aus gewaltigen Quadern erbauten Nuraghen Sardiniens und die Talayots der Balearen, die ihnen vielleicht zum Vorbild gedient haben, jedenfalls aber ungefähr gleichzeitig entstanden sind. In der Provence bestimmte das vorhandene Steinmaterial die weniger wehrhafte, doch auch weniger dauerhafte Bauweise, dafür ließ sich eine borie schneller und leichter aufschichten. Die falsche Kuppel, die das abfallende Dach ersetzt, aus immer weiter vorkragenden Platten gefügt, die dann oben ein größerer Deckstein in der Spitze verschließt, ist ihnen allen gemeinsam.

Wenn man nach ihrer Bauweise urteilen darf, so dienten die provençalischen bories nicht der Verteidigung wie z. B. die sardischen Nuraghen. Ein friedlicheres Volk scheint hier gelebt zu haben, das kriegerischen Auseinandersetzungen eher auswich, als daß es sie suchte. Bei seinem Eintritt in die abendländische Geschichte um das Jahr 1000 v. Chr. entwickelte es jedenfalls eine Strategie des Rückzugs, die seine künftigen Siedlungsformen bestimmte.

Das schwarze Dorf bei Gordes, in dem auch in unserer Zeit noch zahlreiche bories erbaut wurden, vermittelt eindringlich das Bild einer solchen steinzeitlichen Siedlung. In der von Thymian-, Rosmarin und Lavendelduft erfüllten Einsamkeit der Claparèdes im Luberon

Teilstück eines Armbandes aus Bronze, phallisches Amulett und spätkeltische Fibeln (alle gefunden in einer borie bei Orgon)

dagegen scheint noch der Atem der urzeitlichen Hirtenvölker zu wehen, obwohl nur noch Steinringe und Grundmauern zwischen Kermeseichen, Ginster und Macchiagestrüpp die einzelnen Wohngruppen erkennen lassen. Daß sich die Noch-nicht-seßhaft-Gewordenen hierher mit ihren Herden aus den schon bebauten Ebenen zurückgezogen haben, würde in dieser kargen Einöde zwischen den verfallenen bories auch dann unmittelbar einsichtig, wenn nicht so bedeutende Funde wie phallische Amulette, Fibeln und steinzeitliches Werkzeug in ihnen gemacht worden wären. Die tiefe, nur von Elsternschrei oder fernem Kukkucksruf unterbrochene Stille dieser Hochebene ist auch heute noch zeitlos wie das Leben der Hirten.

Die Ligurer

Die Schriftsteller der Antike bezeichneten die Stämme westlich der Seealpen, die in ihren Augen Barbaren waren, ganz allgemein als ›Ligurer‹, offenbar ohne sie vorerst im einzelnen zu unterscheiden. Wahrscheinlich war damit weniger ein Volk oder eine Rasse gemeint als die Kulturstufe und die soziale Ordnung, in der sie lebten – d. h., sie befanden sich noch mehr oder weniger im Neolithikum, die Völker des östlichen Mittelmeers dagegen schon ganz im Zeitalter der Metalle. Kein Wunder, daß die Menschen des unwegsamen Sumpf-, Berg- und Heidelandes, das die Provence damals war, den überlegenen Fremden auszuweichen trachteten.

Ihre merkwürdigen Zufluchtsorte seitlich der großen uralten Wanderwege bezeugen diesen Hang, sich möglichen Auseinandersetzungen zu entziehen. Zu jener Zeit, in den ersten Jahrhunderten des letzten Jahrtausends v. Chr., hatten sie begonnen, die Erde zu bearbeiten und zu bepflanzen, Vieh zu züchten, aus Ton Gefäße zu formen und zu brennen, und die ersten Metallgegenstände erlaubten ihnen, die Gebirge zu verlassen, die ihnen das Steinmaterial für ihr Werkzeug bis dahin geliefert hatten. Sie besiedelten jetzt die ganze Provence. Doch mit der Bronze werden auch die ersten Händler ins Land gekommen sein. Bronze besteht zu 85 Prozent aus Kupfer und zu 15 Prozent aus Zinn. Kupfer gab es an vielen Orten, Zinn jedoch im westlichen Europa, vor allem in England, der Bretagne und in Spanien. Die ersten Nachrichten über die Ligurer dürften also von durchreisenden Zinnhändlern, die wohl kaum unbewaffnet und ohne Geleitschutz kamen, in die östlichen Mittelmeerländer gebracht worden sein. Die einheimischen Stämme, die vermutlich – und nicht ohne Grund – für ihre Herden und sonstigen bescheidenen Vorräte fürchteten, entzogen sich der Begegnung mit ihnen samt ihrem beweglichen Besitz kurzfristig in gut hierfür vorbereitete Zufluchtsorte, die auch leicht zu verteidigen waren. Sie blieben dort, bis die Gefahr vorüber war. Diese ›castellas‹ lagen schwer zugänglich und versteckt nicht allzu weit von den eigentlichen Siedlungen entfernt, so daß auch bei längerem Aufenthalt die Versorgung mit Lebensmitteln nicht schwierig war. Sie besaßen geschickt getarnte Beobachtungsposten außerhalb des Wohnbezirks, von denen man herannahende wie abziehende Feinde weithin gut ausmachen konnte.

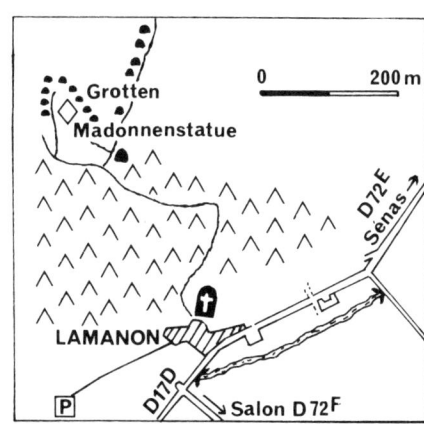

Lageplan der Grotten von Calès (Aufstieg ca. 400 m)

Ein solcher Zufluchtsort der Ligurer, an dem man noch heute recht genau das System studieren kann, nach dem er ausgewählt und angelegt wurde, sind die sogenannten *Grottes de Calès* (Farbt. 1, 2) bei Lamanon an der D 17d, nur einige Kilometer von Eyguières entfernt. Man steigt hinter der Kirche des Ortes links einen bequemen Weg etwa 400 Meter durch den Wald zu ihnen hinauf und sieht zuerst einen mächtigen Kalkmergelblock, in dem große und kleinere Höhlen durch die Witterung ausgewaschen und später künstlich erweitert und hergerichtet wurden. Eingetiefte Stufen führen außen zu Beobachtungsposten auf ihn hinauf, und sinnvoll eingeschnittene Rinnen leiten Schmelzwasser und Regen in dafür angelegte Becken, die als Reservoire dienen konnten. Wo der bedachende ausgehöhlte Berg sich nach außen öffnet, sieht man rechts und links in den Wänden in gleicher Höhe Vertiefungen ausgebohrt und versteht schnell, daß hier Baumstämme quer über die Breite des Eingangs angebracht waren, an denen Felle, Häute oder auch Stoffe aufgehängt wurden, die einen Vorhang vor der Behausung bildeten.

So erstaunlich schon die Ausgestaltung dieses großen Kalkmergelblocks zu einem Fort der Frühzeit ist, die prähistorische Höhlensiedlung, die man wenige Schritte weiter hinter der schützenden Sperrmauer in einem kleinen Hochtal erblickt, ist noch viel erstaunlicher. Um die ganze rechte, nach Südwesten, also der Sonne zu, gelegene Flanke des Berges zieht sich eine variantenreiche Kette wohlausgebauter großer und kleiner Wohnungen, für die kein Baustein gebraucht, nur der natürlich gewachsene Stein verwendet wurde. Da gibt es Durchbrüche zu anderen ›Stuben‹, Nischen für Gebrauchsgegenstände, Abflußrinnen, Wasserbecken, Treppen und Dachterrassen mit Sonnenplätzen. Die letzte, unmittelbar vor dem steilen Abhang zu der weithin überschaubaren nördlichen Ebene gelegene Höhle besitzt ein paar Eigentümlichkeiten. Hier ist der Zugang künstlich zu einer schmalen Türöffnung verengt, indem an seinen beiden Seiten einige mächtige, mehr als meterlange Felsquadern in der Weise ineinandergefügt wurden, wie man es von jungsteinzeitlichen Bauten in ganz Europa kennt. Zwei ausgewaschene Stufen führen zu diesem Durchlaß, den nur einer allein

29

Grotten von Calès

passieren kann. Daneben wurde außen in Tischhöhe ein rechteckiges flaches Becken von etwa 40 Zentimeter Länge ausgehöhlt, eine Art Altar, könnte man denken, wie er früh schon für Brandopfer üblich, sonst aber kaum zu verwenden war. Der zeltförmig gewölbte Innenraum ist ziemlich klein, etwa drei mal drei Meter. Auffallend ist hier ein sauber gerundetes schüsselartiges Becken an der linken Wand. Von der rechten konnte man über eine hohe natürliche Schwelle in den großen, ins Freie weit offenen Nebenraum gelangen. Man weiß von der symbolischen Bedeutung, die jede Schwelle und ihr Überschreiten in prähistorischer Zeit besaß. Zahllose Dolmengräber und die steinzeitlichen Tempel auf Malta zeigen sie zweifelsfrei. Der Gedanke, daß diese letzte, am Talabhang gelegene Höhle ursprünglich kein profaner, sondern ein Kultraum war, liegt also recht nahe. Beweisbar ist er natürlich für den Laien nicht. Doch deuten archäologische Funde darauf hin, daß die Grotten von Calès nicht erst in ligurischer Zeit, sondern auch während des Neolithikums, zumindest gelegentlich und teilweise, bewohnt waren. Als Zufluchtsort haben sie bis ins Mittelalter Bedeutung gehabt.

Das kleine, fast ebene Hochtal war zweifellos geeignet, auch Herden für einige Zeit zum Aufenthaltsort zu dienen. Am schwierigsten dürfte dabei die Wasserversorgung gewesen sein, doch gibt es in seiner Mitte einige größere Zisternen, deren natürliche Becken künstlich vergrößert sind. Auch ein rechteckiger, etwa zwölf Meter langer Versammlungsraum mit Steinbänken an den Längsseiten ist dort in den gewachsenen Stein gehauen, unter dem eine weite natürliche Höhle dem gleichen Zweck bei schlechtem Wetter gedient haben mag.

Dieser ›Ratssaal‹ unter freiem Himmel mit den benachbarten Zisternen bildete offenbar nicht nur den geographischen, sondern auch den sozialen Mittelpunkt der Gemeinschaft, der die Bergflanken des ungefähr hufeisenförmigen Tales als Wohnungen dienten. Die rechte, der Sonne zugekehrte Seite war dabei natürlich die bevorzugte und besser ausgeformte.

Ihre begünstigte Lage und die damit verbundene Auswaschung des Gesteins zu großen Höhlen wiederholt sich außerhalb des Hochtals noch an der Westseite des umschließenden Berges, den eine Madonnen-Statue krönt. Um diesen Teil der ligurischen Siedlung zu erreichen, biegt man, von Lamanon hinaufsteigend, bei der ersten und einzigen Weggabelung links ab und umgeht so das Tal. Je höher man kommt, desto eigenartiger werden die Felsformationen und ihre Ausgestaltung zu Treppen, Wachtpostenplätzen, Becken und Terrassen. Zuletzt steigt man zwischen künstlich ausgehauenen, beengend hohen Wänden zu einem Plateau hinauf. Es bietet eine überwältigende Fernsicht und zeigt allenthalben Spuren der Ausgestaltung durch Menschenhand. Da gibt es verdeckte Schächte und Gruben, umrandete, flache Becken, die ebenso als Ruhelager wie als Opferstätten gedient haben können, es gibt einen sesselartigen Hochsitz und immer wieder Stufen und Treppchen, die, den Bergkegel umkreisend, zu Beobachtungsposten, Höhlen oder Bänken führen. Manches scheint auf eine kultische, anderes auf eine verteidigungstechnische Bedeutung dieses Hochplateaus hinzuweisen, aber das eine würde das andere natürlich nicht ausschließen, da die ›Burg‹ bei allen jungen Völkern zugleich auch das Heiligste enthielt. Hier läßt der feierlich anmutende Aufstieg durch die Felsenenge eine kultische Bedeutung annehmen; denn im ganzen Mittelmeerraum bestehen Parallelen zu solchen schmalen, Sammlung und Ehrfurcht erzeugenden Zugängen zu Heiligtümern am Ende der zu ihnen hinführenden ›Heiligen Straße‹. Auch die Errichtung der Madonnen-Statue an so abgelegenem Ort scheint ein Hinweis: Wo ehemals ein heiliger heidnischer Ort war, wird seit jeher ein Zeichen des Kreuzes errichtet, um den alten Aberglauben zu verdrängen.

Die ligurischen Grotten bei Lamanon geben viele Rätsel auf. Sie würden wohl eher zu lösen sein, wären nicht die Höhlen und ihr ganzer Bereich rund zweitausend Jahre lang Zufluchtsort für Flüchtlinge und Verfolgte der verschiedensten Rassen und Völker gewesen, die alles Vorhandene umgestaltet und Neues hinzugefügt haben – stets nur den nachgiebig weichen Stein verwandelnd, an dem die Natur rasch jede Spur menschlichen Wirkens verwischt.

Die Griechen

Um 600 v. Chr. haben Griechen aus der Stadt Phokäa an der kleinasiatischen Küste die Stadt Marseille gegründet, die im Altertum Massalia genannt wurde. Aber das bedeutet nicht, daß sie die ersten Fremden auf provençalischem Boden waren. Sie waren nur die ersten, die hier eine neue Heimat suchten und fanden. Vor ihnen waren die Phönizier gekommen, um

Handel zu treiben, nach ihnen die Etrusker, und schließlich waren Männer aus Rhodos an der ligurischen Küste gelandet. Spuren von dem, was sie brachten, sind nicht nur dort, sondern auch im Binnenland gefunden worden. In den steinzeitlichen Gräbern bei Castelet zwischen Arles und Fontvieille hatte man den Toten zyprische Dolche und ägyptische Perlen mitgegeben; in den Überresten der alten Mauer von Les Baux entdeckte man einen korinthischen Helm. Die Ligurer hatten gegen solche fremden Kostbarkeiten kaum anderes als das begehrte Salz zu tauschen, das im östlichen Mittelmeer so sehr fehlte und bei ihnen im Überfluß vorhanden war.

Die Händler, die das eine brachten und das andere mitnahmen, gründeten keine festen Niederlassungen für ihre Geschäfte, sie überwinterten schlimmstenfalls gelegentlich in primitiven Hütten an der Küste, wenn vorzeitige Stürme sie dazu zwangen. Aber sie kannten die Täler der Rhône und der Durance durchaus, diese uralte Wegkreuzung vom Norden zum Süden und vom Westen zum Osten. An Rhône und Loire entlang führte der Weg zur Bretagne und zum britannischen Zinn, durch das Tal der Durance über das Languedoc und Aquitanien desgleichen. Die Funde von Gefäßscherben orientalischer, korinthischer, etruskischer oder rhodischer Herkunft markieren diese vorgeschichtlichen Karawanenstraßen deutlich.

Die Jünglinge aus Phokäa, die sich auf das Geheiß ihrer Göttin Artemis, der dunklen asiatischen Artemis mit den zwölfmal zwölf Brüsten, aufmachten, um eine neue griechische Stadt auf provençalischem Boden zu gründen, betraten also nicht ein ganz und gar unbekanntes Land. Aber sie kamen mit der Absicht zu bleiben; denn hinter dem Befehl ihrer Artemis-Priesterin Aristarche stand der bittere Zwang zur Auswanderung: ihre Vaterstadt war arm, war von den Persern bedrängt, lebte kärglich von Fischfang und Piraterie. Die Ehe mit den Töchtern der Ligurer, die so reizvoll in der Gründungssage von der Liebe der schönen Gyptis zu dem Griechen Protis dargestellt ist, war zweifellos nicht nur für ihren Anführer Protis im voraus geplant gewesen. Die neue Stadt brauchte eine Bevölkerung und diese sollte mit den benachbarten Barbaren in Frieden leben. Im übrigen war Massalia eine rein griechische Stadt und blieb es durch die Jahrhunderte. Dem Meer zugewandt stand der große Tempel des griechischen Apollon am Rande des Strandes auf der Butte des Moulins, dem Mühlenhügel; dagegen, dem Landesinnern zugewandt, der Tempel der Artemis. Sie blieb die eigentliche Stadtgöttin, und ihr wurden so viele Opfer und Weihegaben dargebracht, daß aus dem Überfluß, den die Priesterschaft schließlich auszuscheiden gezwungen war, sich 40 Artemis-Stelen erhalten haben, von denen einige im *Musée Borély* in Marseille stehen (Abb. 6). Sie zeigen die griechische Göttin in seltsam verfremdeter Gestalt: unter einer Art Baldachin thronend, die Arme erhoben, die Schenkel und das Geschlecht vom hochgezogenen Gewand entblößt – Sinnbild der Fruchtbarkeit. Einige der Votivstatuen dieser dunklen asiatischen Artemis stellen sie mit dem monströs gestalteten Löwen der Kybele im Schoß dar, sehr unähnlich der hellenischen Göttin des europäischen Festlandes. Deshalb spricht J.-P. Clébert in seiner ›Provence Antique‹ wohl nicht mit Unrecht die Vermutung aus, daß aus dieser schwarzen jungfräulichen Göttin, der ›Bonne-Mère‹ der Marseiller jene heilige Martha des Christentums geworden ist, die bei Tarascon das Unge-

2, 3 Bories auf dem Plateau des Claparèdes und bei Gordes

◁ 1 Felsen von Buoux

4   Dolmen ›La Pierre de la Fée‹ bei Draguignan

5   Sitzender Gott oder Heros von Roquepertuse.
Musée Borély, Marseille

6   Artemis-Stele des griechischen Massalia. Musée
Borély, Marseille

7, 8   ›Tarasque von Noves‹, 3. Jh. v. Chr., und Detail. Musée Lapidaire, Avignon

9 Keltisches Schädeltor mit Totenvogel, Torsturz von Roquepertuse, 3. Jh. v. Chr. Musée Borély, Marseille
10 Büste eines keltischen Kriegers mit Helm. Musée Archéologique. Nîmes

11 Keltisches Relief aus Entremont, 3.–2. Jh. v. Chr. Musée Granet, Aix-en-Provence

12 Gallischer Krieger von Vachères, 1. Jh. v. Chr. Musée Calvet, Avignon

13 Sucellus, der ›Gott mit dem Holzhammer‹. Vaison-la-Romaine

14–17 Keltische Münzen (nach griechischen Vorbildern), unten lorbeergeschmückter Apollon und Ceres, Schutzgöttin des Ackerbaus und Erd- mutter

18 Grabstele eines römischen Ehepaars. Musée Lapidaire, Avignon

19 Adlerfries, Befestigungsmauer von Arelate. Musée Lapidaire d'art païen, Arles

20 Hellenistisches Netzmosaik mit Delphinen, 1. Jh. v. Chr. Glanum

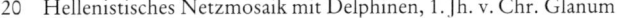

21 GLANUM Ausgrabungsgelände bei Saint-Rémy-de-Provence

23 GLANUM Les Antiques, Kenotaph ▷

22 GLANUM Les Antiques, Detail vom Sockel des Kenotaphs

24 Treidelkahn auf
der Durance,
gallo-römische
Arbeit. Musée
Calvet, Avignon

25 Gallo-römische
Opferszene.
Musée Calvet,
Avignon

26 Muschelaltar bei
Fontvieille

27, 28 Statuen von Apoll und Venus. Maison Carrée, Nîmes

29 CARPENTRAS Gefangene Krieger, Detail vom Stadtbogen, 2. H. 1. Jh. v. Chr.

30 ORANGE Theaterwand, Statue des Augustus, Höhe 3,55 m

32 NÎMES   Arena
◁ 31 ARLES   Arena
33 VIENNE   Obelisk ›L'Aiguille‹, Wendemarke
   im Zirkus

34   Pont Flavien bei Saint-Chamas

35   NÎMES   Maison Carrée

36 Marius (156–86 v. Chr.)
37 Cäsar (100–44 v. Chr.)

38 Agrippa (64–12 v. Chr.)
39 Augustus
   (31 v. Chr.–14. n. Chr.)

40 Hadrian (76–138 n. Chr.)
41 Konstantin der Große
   (285–337 n. Chr.)

heuer aus der Rhône gefügig zu machen und an ihrem blauseidenen Gürtelband zum Tode zu führen vermochte.

Diese Vermutung kommt nicht von ungefähr, sie hat ein durchaus historisches Fundament. Denn der Einfluß des griechischen Massalia erstreckte sich nicht nur längs der Küste westlich der Stadt, sondern bis hinauf zur Mündung der Durance in die Rhône und in die ligurischen Siedlungen von Arles, Glanum bei Saint-Rémy, Cavaillon und Avignon. Das schmale Festland zwischen den großen und kleineren Etangs, wo heute die bedeutenden Ruinen des sehr viel älteren *Mastramela* südlich von Istres bei Saint-Blaise an der D 52 a ausgegraben sind, bildete die Brücke für diesen Handelsweg nach Norden. Und nur um einen solchen ging es den Bürgern von Massalia, nicht um kriegerische Eroberungen. Sie gründeten Niederlassungen in und bei ligurischen Siedlungen, um ihre Geschäfte dort abzuwickeln und um über Lagerplätze für Waren, die von weither kamen, zu verfügen. Daß sie dabei den Einheimischen ihre sehr viel höhere Kultur vermittelten, geschah zwangsläufig nebenher. Um ihre eigene zu bewahren und notfalls zu verteidigen, sicherten sie die Plätze durch starke Mauergürtel. Das antike *Arelate* (s. Plan S. 70), das heutige *Arles*, ist einer dieser befestigten Orte gewesen. Es wurde gegen 550 v. Chr. von Massalia unter dem Namen Théliné gegründet, und seine günstige Lage am Rhône-Delta machte es später zur Rivalin seiner Gründerin. Arelate beherrschte die Handelsstraßen der Cevennen und des Languedoc, vor allem aber die des Rhônegebietes. Arles, Tarascon, Avignon und Roquemaure waren Stationen dieses Weges. Da aber der Fluß damals noch seine ursprüngliche, durch keine Deiche eingedämmte, ›drachenhafte‹ Wildheit besaß und furchtbare Überschwemmungen anrichtete, führte seit Urzeiten im Norden noch ein anderer, ein Höhenweg an den Hängen der Gebirge entlang an seinem linken Ufer nach Norden, dessen Stützpunkte Carpentras, Baumes-de-Venise, Vaison und das ziemlich nördlich gelegene Le Pègue waren.

Sehr eigentümlich sind die Entdeckungen, die man in den letzten Jahrzehnten bei Ausgrabungen in diesem weit von der Küste entfernten Ort gemacht hat. Man fand dort nämlich auf dem Hügel Saint-Marcel Scherben attischer schwarzfiguriger Gefäße aus der großen Epoche griechischer Vasenmalerei um 530–520 v. Chr., aus einer Zeit also, in der die einheimische provençalische Bevölkerung noch in primitiven, mörtellos aus Steinen gefügten und mit Zweigen gedeckten Hütten lebte. Um 500–480 v. Chr. wurden hier offenbar erhebliche Mengen Korn in großen Krügen gelagert, die auf einen lebhaften Handel mit den griechischen Küstenstädten schließen lassen, die Lebensmittel aus dieser fruchtbaren Ebene einführten und u. a. gegen Keramik aus Marseille eintauschten. Diese Zeitspanne umfaßt die höchste Blüte des Oppidums, das vielleicht eine wichtige Etappe auf der Zinnstraße Seine – Saône – Rhône für die griechischen Händler der Küste war. Aber diese Blüte dauerte nur ein knappes Jahrhundert. Um 480 v. Chr. wurde das hallstattzeitliche Dorf vollkommen zerstört und niedergebrannt, wie eine dicke Schicht zerbrochener Krüge mit verkohltem Getreide zeigt. Im Laufe des 4. Jahrhunderts v. Chr. scheint sich der Ort jedoch erholt zu haben, und der Hügel von Saint-Marcel ist neu besiedelt worden. Und wieder belebte sich der Handel mit Marseille, wie die Scherben schöner, nun rotfiguriger attischer Gefäße beweisen, die um 380 v. Chr. zu datieren sind.

Keramik der frühen Eisenzeit im ›pseudo-ionischen Stil‹: griechische (obere Reihe) und einheimisch-provençalische Formen (nach Charles H. Lagrand, Universität Marseille). Museum Le Pègue

Sehr interessant ist es, in dem 1978 eröffneten kleinen, aber sehr instruktiven Museum in *Le Pègue* die Entwicklung des nur scheinbar abgelegenen Ortes bis ins letzte Jahrhundert v. Chr. an den Funden zu verfolgen und dabei zu sehen, wie die einheimische Bevölkerung bemüht war, sich durch Nachahmung der importierten Gefäße die überlegene griechische Kultur anzueignen. Die Ausgrabungen werden fortgesetzt. Vielleicht stehen wir also vor der Entdeckung eines hellenischen Vaison auf provençalischem Boden.

Das ist Zukunftsmusik. Die Ausgrabungen bei dem Kirchlein Saint-Blaise aus dem 12. Jahrhundert auf der Westseite des Etang de Berre jedoch lassen uns schon heute das Bild einer befestigten griechischen Handelsniederlassung auf provençalischer Erde erstehen, und das sehr viel klarer, als es die des alten Glanon vermögen. Schon die Lage dieses antiken Mastramela oder Mastrabella ist unvergleichlich: auf einem Höhenrücken zwischen dem meerhaft großen Etang de Berre und dem kleinen Etang de Lavalduc und über dem noch kleineren Etang de Citis erhob sich hier einige Jahrtausende hindurch eine Zitadelle, die das Land ringsum beherrscht haben muß. Vielleicht war dies schon in vorgeschichtlicher Zeit ein heiliger Ort, worauf die mächtigen, oben abgerundeten, bis 1,5 Meter hohen Steinplatten schließen lassen, die man dort wie steinzeitliche Grabstelen oder Menhire aufgereiht sieht; gewiß aber entstand gegen Ende des 8. Jahrhunderts v. Chr. schon eine Siedlung; denn man hat hier nicht nur etruskische und griechische Importstücke, sondern auch archaisch-ionische Keramik und eine überraschend große Menge Scherben des etruskischen Bucchero-Stils gefunden, die das beweisen. Im 6. und 5. Jahrhundert entwickelte sich dann aus der Siedlung eine befestigte Stadt, die wohl ganz Südgallien mit Waren der Mittelmeerländer versorgte. Im 4. Jahrhundert nahm der Ort mehr und mehr griechischen Charakter an, ohne doch griechische Kolonie zu sein wie etwa Marseille. Aus dieser Zeit oder wahrscheinlicher erst aus der 2. Hälfte des 3. Jahrhunderts v. Chr. dürften die Stadtmauern und Befestigungsanlagen stammen, die kaum irgendwo in Gallien, Spanien oder Italien an Vollkommenheit ihresgleichen haben. Sie müssen von hellenischen Architekten errichtet worden sein; denn nur in Griechenland selbst, in Jonien und Sizilien wurden im 4. Jahrhundert solche Bauten geschaffen.

Die Außenseite der zwei bis dreieinhalb Meter breiten Doppelmauer »besteht aus einem wundervollen Blendwerk, einer einzigartigen Steinmetzarbeit aus regelmäßigen rechteckigen Quadern, die in Haarfugen aneinander angepaßt sind. Dabei alternieren nach einem festen System Tragsteine (Quader in Längsrichtung der Mauer) mit Bindersteinen (Quader in Querlage, die also in das Mauerinnere weisen und so festen Halt geben). Jeder der Blöcke wurde mit Sorgfalt behauen und die Oberfläche in Fischgrätmuster (V-Muster) bearbeitet, bevor er mit einem großen Buchstaben des griechischen Alphabets markiert wurde; A, K, B sind dabei die am meisten vorkommenden Buchstaben. Häufig wurde der Buchstabe durch rote Farbe besonders hervorgehoben, was an verschiedenen Stellen noch zu sehen ist. Solche Buchstaben sind bald Marken der Steinmetze oder Steinbrucharbeiter und manchmal auch Berechnungssystem für das Einsetzen der Blöcke in die Mauer« (Bernard Bouloumié).

Wir haben uns also die uralte Siedlung im 4. Jahrhundert v. Chr. als eine auf griechische Art befestigte Stadt wohlhabender, für die höher entwickelten Kulturen des Mittelmeerraums aufgeschlossener Einheimischer und später dann zur Römerzeit als ein oppidum zu denken, das den Namen Ugium trug. Bis ins Mittelalter war es bewohnt. Heute umgibt die Mauern der Stadt, deren erstaunlich vollkommen behauenes Mauergefüge die edle Schönheit eines Kunstwerks besitzt, die Stille der Wildnis, die es mit immergrünen, stark würzig duftenden Pflanzen zu überwuchern sucht. Man kann dem Verlauf der alten Stadtmauer

Die menhirartigen, oben abgerundeten Steinplatten im Ruinengelände von Saint-Blaise beweisen, daß hier schon vor der Stadtgründung ein neolithisches Heiligtum bestand

Das sorgfältig behauene Mauerwerk der griechischen Siedler von Saint-Blaise unterscheidet sich durch seine Vollkommenheit von allem früheren und späteren der antiken Stadt

außen folgen und durch die Öffnung des ehemals von einem quadratischen Turm geschützten Stadttors eintreten auf eine der alten Hauptstraßen oder auch durch eines der beiden kleineren Seitenpförtchen. Vorzügliche Beschriftung der einzelnen Bauteile erleichtert die Orientierung hier sehr viel besser als etwa in Entremont oder Glanon, hinzu kommt der unbeschreibliche Zauber der Lage über den Seen und der Ausblick auf den Etang de Berre durch das Geäst einer Piniengruppe, die sich auf dieser einsamen Höhe kraftvoll entfalten konnte. Ein kleines Museum am Wege hinauf zu den Ruinen zeigt interessante Funde, die in der antiken Stadt gemacht wurden.

Die Straße des Herakles

»Die Phokäer milderten die Barbarei der Gallier und lehrten sie ein angenehmeres Leben. Sie lehrten sie, die Erde zu bebauen und die Städte mit Mauern zu umgeben, unter der Herrschaft von Gesetzen zu leben statt unter der von Waffen, den Weinstock zu beschneiden und den Ölbaum zu pflanzen.« Pompejus Trogus, ein römischer Geschichtsschreiber aus der Gallia Narbonensis, schrieb sein nur in Auszügen erhaltenes Werk in den letzten Jahrzehnten v. Chr. Die Überlieferung hatte also getreulich bewahrt, wer die Kulturbringer für die Provence gewesen waren. Da es sich um Griechen handelte, also um ein Volk, dessen unermüdlich tätige Phantasie jedes wesentliche Ereignis in mythische Bilder kleidete, wurde das südliche Gallien in den Sagenkreis um Herakles, der als Sieger über Ungeheuer und Riesen in bis dahin von ihnen unterjochten Ländern als Kulturheros zu gelten hat, einbezogen, und der Halbgott genoß in der Provence überall besondere Verehrung.

Von den berühmten zwölf Taten des Herakles im Dienste des Eurystheus führten ihn die drei letzten in noch unbekannte Länder. Als zehnte Arbeit wurde ihm aufgegeben, die Ochsen des Geryon von der Insel Erytheia »im Westen jenseits des Ozeans« zu holen. Der Held überquert auf der Sonnenbarke das Meer und entführt die Rinder. Nachdem er an der Meerenge von Gibraltar die ›Säulen des Herkules‹ errichtet hat, kehrt er auf dem Landweg durch Spanien, Gallien und Italien nach Griechenland zurück. Er überquert die Pyrenäen, durchwatet die Sümpfe des Rhône-Deltas und nähert sich der kargen Einöde der Crau. Hier stellten sich ihm die Riesen Albion und Lygis entgegen, um ihm die Herde zu rauben. Sie sind Brüder, sind Söhne des Poseidon und der Gäa, d. h. Söhne des Meeres und der Erde, und jeder von ihnen hat tausend Arme. Es ist offensichtlich, daß sie die Gefahren des Deltas mit seinen unzähligen Wasserläufen verkörpern. Darüber hinaus aber ist Lygis der Name des Stammesheros der an den Küsten ansässigen Ligurer und Albion der des Volkes, das die Berge von Albion auf dem Plateau von Vaucluse bewohnt. In ihnen steht also die ligurische Urbevölkerung dem griechischen Kulturheros als Feind gegenüber. Das Land und seine Bewohner sind zu den Riesen Lygis und Albion geworden. Herakles hat alle seine gefürchteten Pfeile erfolglos verschossen und droht seinen Gegnern zu erliegen. Aber sein Vater Zeus steht ihm, dem wehrlos Gewordenen, bei. Er sendet eine dunkle Wolke, aus der ein Regen von runden, tropfenförmigen Steinen niedergeht. Der Halbgott nutzt sie als Waffe und siegt. – Die Erde, auf der dieser Gigantenkampf stattfand, blieb steinig und unfruchtbar. Es ist die karge, felsenbesäte Ebene der *Crau*, südöstlich von Arles.

Der legendäre Sieg des griechischen Heros über die gewalttätigen, mit Riesenkräften ausgestatteten Wegelagerer bedeutet Befriedung und Kultivierung des Landes. Herakles gilt als Gründer von *Nîmes*, das den Namen eines seiner Söhne oder Gefährten trägt, den er zum

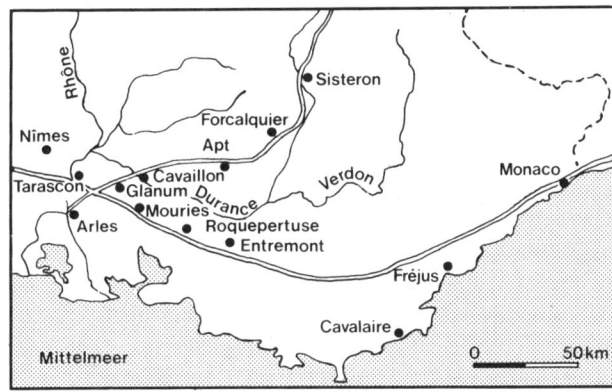

Die beiden Straßen des Herakles in der Provence

53

Herrscher über die Stadt einsetzte: *Nemausos.* Tatsächlich entstand Nîmes um eines der ältesten Herakles-Heiligtümer der Provence (s. Plan S. 69). Wir begegnen hier einem Phänomen, das sich überall in der Welt wiederholt, auf provençalischem Boden aber immer wieder besonders deutlich sichtbar wird: der gezielten Verdrängung eines älteren Kultes durch einen neuen. So bestand in Nîmes ein sehr viel älteres Sanktuarium der einheimischen Bevölkerung, das der griechische Heros vergessen machen sollte. Nicht zufällig zeigte die hellenisierte Stadt auf der Rückseite einer ihrer frühesten Bronzemünzen ein Wildschwein, das zum Kult der Kelto-Ligurer gehörte, auf der Vorderseite jedoch einen lorbeerbekränzten Gott des Apollon-Typs (Musée archéologique, Nîmes).

Die Spuren des Herakles-Kultes finden sich überall in der Provence, nicht nur in den Museen von Nîmes und in anderen Sammlungen. Zwischen den Ruinen von Glanum stehen gleich mehrere Herkules-Altäre, und noch am mittelalterlichen Portal von Saint-Trophime in Arles sieht man den Heros den nemeischen Löwen töten, dessen Haut ihn unverwundbar machte. In der Camargue gab es eine inzwischen längst versunkene Stadt, die *Heraklea Keltiké,* also das keltische Heraklea, hieß. Plinius erwähnt sie, aber bis heute hat man ihre Ruinen nicht wiedergefunden. Französische Forscher meinen, daß die Gestalt des Herakles als ›Entdecker der Quellen‹, ferner seine chthonische Natur, die ihn durch die Gabe der Prophetie dem Apollon verbindet, und seine Unbesiegbarkeit, die ihn dem römischen Mars annähert, die Züge einer sehr viel älteren schützenden Gottheit der Ureinwohner in sich aufgenommen hat und dazu führte, daß sein Kult mit dieser verschmolz und sie schließlich ersetzte. In Glanon bestand, wie wir wissen, ein sehr altes keltisches Wasserheiligtum, was stets auch auf einen Orakelort schließen läßt. So könnte auch das Nymphäum in Nîmes einmal ähnliche Funktionen gehabt haben.

Die sagenhafte Straße des Herakles, die von den Römern die Straße des Herkules genannt wurde und die den Weg absteckt, den die griechische Kultur im Land der provençalischen Barbaren nahm, berührt also *Nîmes* und *Arles, Tarascon* und *Glanon,* führt an den keltischen Heiligtümern bei *Mouriès* und an denen von *Roquepertuse* und *Entremont* bei Aix vorüber und erreicht schließlich das Meer bei *Fréjus,* dem ›Forum Julii‹, wo man einen Votivaltar des Gottes an bevorzugtem Platz neben der Stadtgöttin gefunden hat. Bei *Heraklea Monoikos,* dem heutigen Monaco, überschreitet dann der Heros die Grenze zwischen dem cisalpinen und transalpinen Ligurien.

Es gibt jedoch noch eine andere ›Straße des Herakles‹, und es könnte sogar sein, daß sie die ältere ist. Sie führt über den 1860 Meter hohen, aber verhältnismäßig leicht begehbaren Paß des Mont Genèvre in den Kottischen Alpen und wurde im Altertum und wahrscheinlich schon sehr viel früher benutzt, um von Italien nach Spanien zu gelangen. Sie passierte die Täler der Durance und der Rhône. Von der iberischen Halbinsel kommend, hätte dann Herakles *Arles* und *Glanon, Cavaillon* und *Apt, Forcalquier* und *Sisteron* auf seiner Wanderung berührt, ehe er in die Alpen hinaufstieg. Auch dies ist ein uralter Wanderweg, wie wir wissen, auf dem eine Kulturschicht die andere überlagert. Die hellenische ist nur eine von ihnen. Der Grieche Polybios (205–123 v. Chr.) nannte diesen Weg den ältesten aller transalpinen Straßen.

Die Kelto-Ligurer

Im 4. Jahrhundert v. Chr. drangen Kelten, von Norden kommend, in die Provence vor. Sie scheinen auf keinen nennenswerten Widerstand gestoßen zu sein und sich, anpassungsfähig, wie sie sich auch in anderen Ländern zeigten, rasch mit den ligurischen Stämmen zusammengeschlossen zu haben. Griechische und römische Schriftsteller, die über die provençalische Bevölkerung berichteten, bezeichneten sie künftig in ihrer Gesamtheit als kelto-ligurisch, obwohl sie in zahlreiche Stämme aufgegliedert waren. Dabei scheint, wenn man nach der erhaltenen figürlichen Plastik urteilen darf, das ligurische Element zwar überwogen zu haben, jedoch durch die härteren, maskulineren Kelten geführt worden zu sein. »Den Bewohnern des Mittelmeerraumes fielen die Kelten durch ihre Größe, helle Haut, Stärke, die blauen Augen und blondes Haar auf«, schreibt T. G. E. Powell in seinem Buch ›Die Kelten‹.

Speziell über die gallischen Kelten schrieb der Grieche Strabo (ca. 63 v. Chr. bis 20 n. Chr.) in seiner ›Geographica‹: »Der ganze Volksstamm, welchen man jetzt den Gallischen oder Galatischen nennt, ist kriegerisch und mutig und rasch zum Kampfe geneigt, übrigens aber aufrichtig und nicht bösartig. Deshalb laufen sie, zum Zorn gereizt, scharenweise zum Kampfe zusammen, und offen und ohne Vorsicht, so daß sie denen, die sie durch Kriegslist überwinden wollen, leicht besiegbar werden. Denn einer, der sie reizt, wann, wo und unter welchem Vorwande er will, findet sie bereit zu Gefahren, obgleich sie außer Kraft und Kühnheit nichts im Kampfe Unterstützendes besitzen [...] Bei allen ohne Ausnahme aber finden sich drei Klassen vorzüglich geehrter Männer, die Barden, die Wahrsager und die Druiden. Die Barden sind die Hymnensänger und Dichter, die Wahrsager Opferpriester und Naturkundige, die Druiden beschäftigen sich außer mit der Naturkunde auch mit der Moralphilosophie. Sie werden für die gerechtesten Männer gehalten und deshalb vertraut man ihnen sowohl die besonderen als allgemeinen Rechtshändel an [...] Zu ihrer Geradheit und Leidenschaftlichkeit aber gesellt sich viel Torheit, Prahlerei und Putzsucht. Denn sie tragen [viel] Gold, um den Hals nämlich Ketten, um die Arme und Handgelenke Armbänder, und die Vornehmen tragen buntgefärbte und goldgestickte Kleider. Infolge dieser Eitelkeit zeigen sie sich unerträglich als Sieger, aber verblüfft als Besiegte. Zu ihrer Torheit gehört auch der barbarische und fremdartige Gebrauch, der meist den nördlichen Völkern eigen ist, daß sie, aus der Schlacht zurückkehrend, die Köpfe der [getöteten] Feinde über den Hals der Pferde hängen, mit sich nehmen und vor der Haustür annageln.« (Zitiert nach A. Forbiger)

Als Charakteristikum wurde außerdem angesehen, daß die Edlen ihre Schnurrbärte so lang wachsen ließen, daß sie den Mund bedeckten, das übrige Gesicht war ausrasiert. Dies zu wissen, ist für den Provence-Reisenden insofern interessant, als er an dieser Eigentümlichkeit rein keltische Köpfe in Kirchen, Kreuzgängen und an Kapellenwänden entdecken wird.

Was die Kelten mitbrachten, ihre reiche magisch-religiöse Vorstellungswelt und ihre höher entwickelte Technik, verschmolz rasch mit dem ligurischen Erbe. Der kriegerische Geist, mit dem sie zu organisieren wußten, hat in wenigen Jahrhunderten den griechischphokäischen Händlern, die bisher in ihren Niederlassungen und auf den großen Durchgangsstraßen unbehelligt geblieben waren, so zu schaffen gemacht, daß Massilia schließlich 125 die Römer zu Hilfe gegen sie ins Land rief.

Von den verschiedenen neugebildeten Stämmen, Allobroges, Comnoni, Vocontii, Cavari und wie sie sonst lateinisch heißen, sind vor allem die Cavaren und die Salyer, von den Römern Salluvii genannt, erwähnenswert. Die Cavaren beherrschten vornehmlich das geografische Dreieck Orange (Arausia), Avignon (Avennio), Cavaillon (Cavellio) bis zu den Alpilles. Die Salyer, die man sich nicht als ein Volk, sondern als einen Bund verschiedener Stämme vorzustellen hat, hielten die Alpilles und das Gebiet südlich der Durance bis zum noch bewohnbaren Rhône-Delta besetzt, d. h. die Camargue, die Crau und die Gegend um Aix. Hier liegen ihre großen Sanktuarien, das Heiligtum von *Roquepertuse* und das von *Entremont*. In allen kelto-ligurischen Siedlungen sind zahlreich griechische Münzen, Scherben von importierten Gefäßen, Waffen aus dem Mittelmeerraum und dergleichen gefunden worden, die auf einen ständigen und friedlichen Handel mit den massalietischen Phokäern schließen lassen.

Andererseits deuten die kelto-ligurischen Wohnformen zumindest auf eine ebenso ständige Verteidigungsbereitschaft. Sie mögen zum Teil Jahrtausende alt und, da nun einmal erprobt, beibehalten und weiterentwickelt worden sein, dennoch ist ihr Schutz- und Zufluchtscharakter nicht zu übersehen. Französische Gelehrte haben sie in drei Gruppen eingeteilt: Das ›castrum‹, stets auf einer Höhe gelegen, hat vor allem eine militärische Aufgabe. Seine Besatzung überwacht eine Verbindungsstraße, schützt das Vorrücken eigener Truppen und verhindert das Eindringen fremder. Seine meist quadratische Anlage wird durch ein Wegkreuz geviertelt. Das ›oppidum‹ dagegen ist der eigentliche Wohnsitz der Bevölkerung und gewinnt wie alle Siedlungen früher Zeiten dadurch einen halb religiösen, halb politischen Charakter, der sich, wenn die Umstände es erfordern, auch in einen militärischen verwandeln kann. Eine schützende Mauer um den bewohnten Bezirk ist deshalb selbstverständlich; eine zweite, umfassendere wird errrichtet, wenn sich das Stadtgebiet erweitert. Man kann diesen Vorgang sehr gut am Plan von Entremont bei Aix verfolgen, das zugleich Festung in strategisch wichtiger und bevorzugter Lage, vor allem aber eine Wohnsiedlung, ein Handelsplatz und ein Wallfahrtsort gewesen ist.

Außer dem kelto-ligurischen ›castrum‹ und dem ›oppidum‹ kennt dann die Wissenschaft noch den Begriff der ›castellares‹, der reinen Zufluchtsorte in Zeiten der Bedrohung, die nur vorübergehend Menschen und Vieh ein schützendes Versteck boten, jedoch nie so entfernt vom eigentlichen Wohnort liegen, daß die Verbindung und Versorgung nicht leicht hergestellt werden konnte. Die ›castellas‹ der alten Ligurer, für welche die Grotten von Calès ein so überzeugendes Beispiel sind, leben in ihnen fort. Offenbar hat jeder Stamm nicht nur eine, sondern mehrere solcher ›Fluchtburgen‹ besessen; denn die bisher bekannten übersteigen an Zahl weit die keltisch-ligurischen Stämme, die sie als Ausweichlager für sich herrichteten. Die Römer haben später im Kampf gegen die Kelten, die schon Cäsar als »kriegstoll, ebenso kühn wie gewandt in der Schlacht« bezeichnete, castrum für castrum mühsam erstürmen müssen und die ›castellares‹ auf Strafexpeditionen bis auf die Mauern aus zwei bis drei

Meter langen Felsquadern zerstört, um den Widerstand der einheimischen Bevölkerung zu brechen. Gestrüpp überwucherte dann bald die verbrannten Hütten und die Trümmer der Befestigungsanlagen.

So ist es auch schwer, sich heute von all diesem an Ort und Stelle ein Bild zu machen, obwohl die Zahl der inzwischen ermittelten und z. T. auch ausgegrabenen keltischen oppida, castra und castellares sehr groß ist. Eines von ihnen, das nahe bei Nîmes liegt, ist das Oppidum von *Nages*. Dort sind die Reste vorgeschichtlicher Wohnungen und eine Stadtmauer mit Toren und drei Rundtürmen ausgegraben worden, und das kleine Museum im Rathaus des Städtchens Nages bewahrt die Funde, die dort gemacht wurden, aus vorrömischer und römischer Zeit.

Am besten klären jedoch die Ausgrabungen von Entremont bei Aix die Vorstellung von einer keltisch-ligurischen Stadt, die zugleich ein religiöses und ein strategisches Zentrum war. Die Römer haben es denn auch bis auf die Grundmauern zerstört, keine Wiederbesiedlung zugelassen und sicherheitshalber in unmittelbarer Nähe ihr Aquae Sextiae, das heutige Aix, gegründet.

Die völlige Vernichtung des Heiligtums dürfte bei dieser Ausrottungsaktion keine geringe Rolle gespielt haben. Der kelto-ligurische Stämmebund der Salyer, den die Römer hier niederzuwerfen hatten, besaß mehrere Sanktuarien, die alle auf Höhen errichtet waren. Man kennt das von *Orgon* und das von *Noves,* aus dem die sogenannte ›Tarasque‹ in Avignon stammt, ferner die von *Mouriès, Les Baux, Eyguières* und *Glanum* und nicht zuletzt das an der Felswand von *Roquepertuse* gelegene in der Nähe von *Velaux* westlich von Aix. Hier kann schon wegen des beschränkten Raumes keine Wohnsiedlung bestanden haben. Es erbrachte jedoch besonders bedeutende Funde, die heute im Musée Borély in Marseille einen

In *Entremont* lag das Sanktuarium im Mittelpunkt der Siedlung an der heiligen Straße und zwar, wie auch andere öffentliche Gebäude, in der von außen schwer zugänglichen Oberstadt. Sie war von der Unterstadt durch eine Mauer getrennt, so daß äußerstenfalls noch eine letzte Verteidigung der Kultstätte möglich blieb, die sicherlich als der heilige Mittelpunkt ganzen Saal füllen.

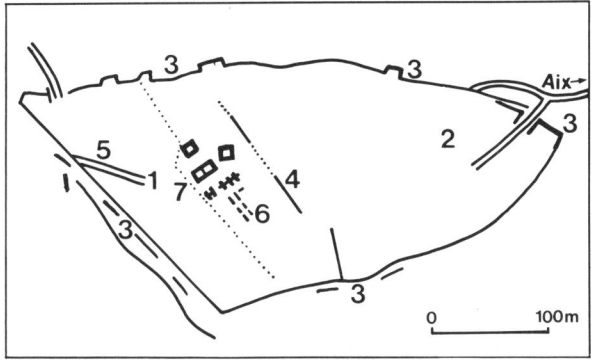

*Das keltische Oppidum von
Entremont nördlich von Aix*

1 Oberstadt
2 Unterstadt
3 Erhaltene Mauern und Türme
*4 Mauer zwischen Ober- und
    Unterstadt*
5 Straße zum Heiligtum
*6 Freigelegte Straßen und
    Häuser*
*7 Heiligtum und Saal der abge-
    schlagenen Köpfe*

des Gemeinwesens empfunden wurde. Da in Entremont drei verschieden alte Bauschichten freigelegt werden konnten, ergaben sich hier wesentliche Aufschlüsse über die Entwicklung des bei den Kelto-Ligurern üblichen Schädelkultes, der Griechen und Römer veranlaßte, die Salyer als »wild und grausam« zu bezeichnen, während diese nur auf einer Kulturstufe standen, die sie selbst schon hinter sich gelassen hatten.

Man kann in den Ausgrabungen ungehindert stundenlang mit dem Plan in der Hand umhergehen, um sich die baulichen Einzelheiten zu vergegenwärtigen, und dabei in völliger Einsamkeit die unvergleichliche, wahrhaft königliche Lage dieses oppidum genießen, von dem aus das Land weithin zu überschauen war. Wer vorher im Museum von Aix die Funde aus Entremont sah, die dort jetzt eindrucksvoll aufgestellt sind, wird es leichter haben, in diese, dem Laien kaum noch erschlossene fremdartige Frühkultur einzudringen, für die offenbar das Bild wenig, die symbolische Vorstellung und das gesprochene, durch Generationen überlieferte Wort dagegen alles bedeutet hat.

Daß die Kelten den von ihnen getöteten Feinden die Köpfe abschlugen, sie mit den Haaren ans Halfter ihrer Pferde banden, später einbalsamierten, als Trophäen gehäuft aufbewahrten und sie selbst gegen hohes Lösegeld nicht auslieferten, das ist von Schriftstellern der Antike beschrieben worden. Ebenso, daß sie diese Totenköpfe in eigens dafür vorgesehenen Nischen angenagelt zur Schau stellten. Kelto-ligurische Funde haben beides bestätigt. Doch ordnet man heute solche Bräuche anders ein als einzig unter dem Prädikat ›Barbarei‹. Magische und zauberabwehrende Vorstellungen müssen gerade in diesem phantasiereichen Volk sehr stark gewesen sein, wie die Entwicklung des Schädelkultes von der primitiven Zur-Schau-Stellung des abgeschlagenen Totenkopfes in steinernen Türstürzen und -pfosten über seine schematisierte, auf eine T-Form reduzierte Darstellung bis zu jenen seltsamen Plastiken zeigt, bei denen ein im Buddhasitz thronender Heros gelassen die linke Hand auf einen steinernen Männerkopf mit ganz oder halbgeschlossenen Augen legt, während seine rechte ein metallenes Blitzbündel hält.

Myles Dillon und Nora K. Chadwick bemerken zu diesem Thema in ihrem Band ›Die Kelten‹ in ›Kindlers Kulturgeschichte‹: »Besonders aufschlußreich ist die Feststellung, daß sich ›têtes coupées‹ nicht in allen Heiligtümern finden – in Mouriès zum Beispiel nicht – und daß die Pfeiler von Roquepertuse und der Fries im Sturz von Glanum ihre Schädelnischen erst nach dem Bau des Portikus erhielten, während in Entremont die Schädelhalle in die letzte Bauphase des oppidum gehörte und nicht lange vor dessen Zerstörung 123 v. Chr. entstand. Man könnte versucht sein, daraus auf ein nicht allzu hohes Alter des Brauches zu schließen, aber eine beträchtliche Anzahl von Schädeln, die offensichtlich aufgehängt gewesen waren, fand sich in der Decke einer Straße, die mit dem sehr ergiebigen Trümmerschutt älterer Gebäude beschottert worden war. Vielleicht stammten sie tatsächlich von einer früheren Bestattung her. Manche der wahrscheinlich mumifizierten Köpfe scheinen kurz nach dem Tod abgeschnitten und durchbohrt worden zu sein. Der Kopfkult war im ganzen Gebiet weithin verbreitet, und im keltischen oppidum Puig Castelar hat man menschliche Schädel gefunden, in denen noch die Nägel steckten, an denen sie aufgehängt waren. Der Kult gehört in die mittlere La-Tène-Zeit...«

Das Sanktuarium von Entremont hat schon vor der ligurischen Befestigung des Platzes und vor der Ankunft der Kelten auf dem Gipfel des Plateaus bestanden. Man fand Stelen aus dieser ersten Kultstätte in der Stadtmauer von Entremont II wiederverwandt und einen langen viereckigen Pilaster mit zwölf eingeritzten Totenköpfen sowie eine Schlangendarstellung in der Bodenpflasterung des jüngsten Sanktuariums, dort, wo es an den heiligen Weg grenzte. Auch ein Türsturz der ältesten Zeit kam hier zutage, ein Stück von so bitterfinsterem Ernst wie der Pfeiler mit den zwölf eingeritzten schematisierten Totenköpfen. Dieser Türsturz hat rechts und links je eine Nische für einen Kopf und in der Mitte eine ebenso strenge Schädelmaske eingeritzt, wie sie der Pilaster zeigt. Der abgeschlagene Männerkopf ist bei all diesen frühen Darstellungen auf die einfachste, düsterste Form abstrahiert: die geschlossenen Augen sind nur zwei gerade Striche, die hart nach unten gezogen die Nase bilden, so daß eine T-Form entsteht. Der Mund fehlt – Symbol des Todes, der Sprache und Atem nimmt, wie es schon die jungsteinzeitlichen Stelen der Großen Göttin in den urzeitlichen Grabstätten sichtbar machten.

Daß diese Todessymbole und die in den Nischen angenagelten oder mit Holzstiften festgeklemmten Schädel in Entremont und anderen kelto-ligurischen Heiligtümern gerade den Eingang flankieren und überwölben, besaß gewiß symbolische Bedeutung. Es könnte eine doppelte gewesen sein: nämlich, daß sie einerseits, wie das Gorgonenhaupt bei Griechen und Römern, bösen Zauber abzuwehren, also das Sanktuarium zu bewachen hatten, und andererseits zur jenseitigen Welt hinüberleiteten, die das Innere des Tempels beherrschte. Über dem zweigeteilten, mit Tiermalereien verzierten Portikus des Heiligtums von Roquepertuse aus dem 3. Jahrhundert v. Chr., in dessen drei Pfeiler mehrere Schädelnischen eingemeißelt sind, hat ein riesiger Totenvogel gethront, dessen Torso jetzt auf dem rekonstruierten Tor im Borély-Museum in Marseille zu sehen ist (Abb. 9). Im kelto-ligurischen *Glanon* fand man einen solchen Unglück abwehrenden Architrav mit vier Höhlungen auf den Quadern der Stadtmauer, wo er, Zeuge eines älteren, raueren, aber noch nicht vergessenen Kultes sicherlich die gleichen Funktionen ausüben sollte. Er liegt heute in dem kleinen, aber interessanten *Museum* von *Saint-Rémy*, das den Ausgrabungen von Glanum gewidmet ist. Der mit urzeitlichem Schrecken erfüllende Brauch war offenbar ganz allgemein: auch im *Museum* von *Cavaillon* stehen zwei Pfeiler mit Kopfnischen, die aus dem nahen Cadenet stammen.

Die Schwelle zwischen Leben und Tod scheint die Kelto-Ligurer intensiv beschäftigt zu haben. Darauf deutet nicht nur der merkwürdige doppelköpfige sogenannte ›Hermes‹ von Roquepertuse hin, der ein Gesicht dem Diesseits, das andere dem Jenseits hingekehrt zu haben scheint, sondern auch die wiederholte Darstellung des ›Totenritts‹. Im ältesten aller Sanktuarien, dem von *Mouriès*, fand man in die Pfeiler des Portikus senkrecht oder waagerecht laufende Pferde eingemeißelt, und einer der Pfeiler des Portikus von Entremont im Museum von Aix zeigt das Relief eines Reiters, der am Halfter seines Pferdes das Haupt eines Erschlagenen mit sich führt. Im *Musée archéologique* von *Nîmes* gibt es außerdem einen Türsturz, auf dem zwischen zwei reiterlos dahinjagenden Pferden je ein Totenkopf dargestellt ist. Hier wird der Symbolcharakter beider Bilder ganz eindeutig. Das Pferd war schon bei Griechen und Etruskern – und gerade diese Kultur hat die keltische eigentümlich stark beeinflußt – ein Sinnbild des Todes oder jedenfalls sein Begleiter und gehört damit sowohl dem diesseitigen wie dem jenseitigen Bereich an. Für die Schlange, für die dasselbe gilt und die sich gleichfalls auf kelto-ligurischen Reliefs findet, ist dies viel einsichtiger: sie lebt unter und über der Erde.

Der Kopf, früh als Sitz des Geistes und der Seele erkannt, abgeschlagen, zuerst mundlos zur reinen Merkmalform abstrahiert, später mit ganz oder halbgeschlossenen Augen erst im Relief, schließlich vollplastisch dargestellt, bedeutet also weit mehr als eine Trophäe. Er ist das Todessymbol der Kelto-Ligurer schlechthin, vermag Schlimmes abzuwenden – Krieger tragen sein Abbild deshalb auf ihrem Panzer – und vermag sogar darüber hinaus noch seine Lebens- und Geisteskraft demjenigen zu übermitteln, der ihn berührt und besitzt. Fernand Benoît, der Leiter der Ausgrabungen von Entremont, der sich jahrzehntelang diesen Fragen widmete, hat darauf hingewiesen, daß der vergöttlichte Heros, der in kelto-ligurischer Spätzeit im Buddhasitz im Sanktuarium thronte, stets die linke Hand auf dem Totenkopf ruhen hat und gewöhnlich eine Haarsträhne oder Flechte davon zwischen seinen Fingern hält. In diesem Handauflegen und im Festhalten der ›goldenen‹ Haarsträhne glaubt Benoît das uralte Lebenskraft-Übernehmen zu erkennen, das uns u. a. schon in der biblischen Geschichte von Samson und Dalila begegnet ist. Die Vermutung überzeugt, und der ursprünglich so brutale Brauch erhält damit eine Sinngebung, die ins Metaphysische hin-überreicht.

Was an kelto-ligurischen Glaubensinhalten auf den ersten Blick so grausam anmutet, nimmt überhaupt bei näherer Beschäftigung damit die Züge einer von Furcht vor dem Übernatürlichen und vor dem Tod geprägten Frühkultur an. Menschenopfer wie sie die Kelten ihren unsichtbaren Göttern darbrachten, haben auch Germanen, Griechen, Römer und andere Mittelmeervölker in ihrer Frühzeit vollzogen. Der den antiken Schriftstellern so unheimliche ›undurchdringliche‹ heilige Wald der Kelto-Ligurer, dessen Stämme rot von Blut gewesen sein sollen, in dem angeblich kein Vogel sang und den selbst die Priester kaum zu betreten wagten, dazu die menschenverschlingenden schlangen- oder greifenfüßigen dämonischen Raubtiere der kelto-ligurischen Vorstellungswelt – das alles weist auf ein phantasiebegabtes, mehr in Bildern denkendes als plastisch gestaltendes Volk hin. In dieser dem Düsteren und Dämonischen zugewandten Bilderwelt nahmen die Schlange und das Pferd, der Löwe und der Rabe todbringende Züge an. Der furchtbare Rhône-Drachen, den die heilige Martha bändigte, die eigentlich ›Martha, die Salyerin‹, war, die Marius auf seinem Feldzug begleitete, gehört zu diesen dämonischen Tieren und vor allem das menschenfres-sende Ungeheuer, dessen steinernes Abbild im *Musée Lapidaire* von *Avignon* steht, jede Pranke auf einen Totenkopf gestützt (Abb.7, 8). Es ist, obwohl fälschlich als ›Tarasque‹ bezeichnet, ein alles verschlingender Löwe, in Noves gefunden, dort, wo die Furt von Bonpas die Durchquerung der Durance ermöglichte. Ein Wächter des Übergangs also, was genau mit seiner funeralen Bedeutung übereinstimmt. Ein ähnliches Ungeheuer – offenbar ein neuerer Fund – steht im *Musée Réattu* in *Arles*. Seine wellenähnliche Mähne ist wie aus zugreifenden Frauenhändchen gestaltet und weist so auf den gefährlich drohenden Fluß hin.

Es mag schwer sein, diese dunkle, auf den Tod bezogene Symbolik der Kelto-Ligurer zu entschlüsseln, doch weisen schon die wenigen hier genannten Beispiele darauf hin, daß diese Sinnbilder durchaus mit geistigem Gehalt erfüllt waren. Die Technik der Darstellung der religiösen Vorstellungen wurde von griechischen Nachbarn übernommen, aber der Inhalt des schließlich vollplastisch Gebildeten blieb davon ganz unberührt. So war es möglich, daß während der wenigen Jahrhunderte, die Entremont bestand (etwa vom 4. Jh. bis 123 v. Chr.), der Weg von der jungsteinzeitlichen abstrahierenden Steinritzung über das Relief zur vollplastischen Statue des thronenden Gott-Heros (Abb. 5) durchlaufen wurde. Die eigentliche bildnerische Begabung der Kelto-Ligurer, das Element, in dem sie sich frei und einfallsreich bewegten, ist jedoch wie bei allen Kelten die kleine Form gewesen. Wohl importierten sie die schönen Gefäße des Mittelmeerraums und seine Prunkwaffen und häuften die im Handel erworbenen griechischen Münzen in den Verstecken ihrer Häuser in Entremont, aber am ›torques‹, dem kostbaren Halsring des keltischen Mannes, den auch der vergöttlichte Heros des Sanktuariums trägt und der als Goldschmuck aus den Gräbern der Edlen erhalten ist, entfaltet sich der ganze Phantasiereichtum dieser eigentümlichen Frühkultur. Ihre abstrakten Formen und die Tierdämonen, deren Vielgestalt in dieser Kleinkunst in Gold, Bronze und Eisen, seltener in Silber, scheinbar mühelos entwickelt wurde, sollte wie das Thema des abgeschlagenen Kopfes noch ein Jahrtausend lang in der Provence lebendig bleiben.

Die römische Provence

Die Durchdringung mit lateinischer Kultur

Die Provence ist ein Rom im Kleinen. Und doch ist sie mehr als das; denn sie bewahrte sorgfältiger als die Hauptstadt des Weltreichs das einmal Bestehende. In Rom wurde jahrtausendelang Neues auf Altes getürmt, aus dem Zentrum des Kaiserreichs wurde das des Christentums und schließlich das des modernen Italiens. Die Provence dagegen ist immer wieder durch lange Zeiträume von der Geschichte beinah vergessen worden. Was das antike Rom seit dem letzten Jahrhundert v. Chr. auszeichnete, hier kann man es ohne viel Mühe studieren: seine zivilisatorischen Leistungen und die Durchdringung einer ganzen Provinz mit seinem Geist und seinen Lebensformen.

Die Provence besitzt in *Nîmes* einen vollständig erhaltenen Tempel (Abb. 35), der von dem in *Vienne,* das ebenfalls zur antiken Provence gehörte, fast noch übertroffen wird, und eine gleichfalls unzerstörte Arena (Farbt. 11, 12, Abb. 32), besitzt in *Arles* eine fast ebenso unversehrte (Farbt. 5, Abb. 31), sie besitzt in *Orange* einen Triumphbogen (Farbt. 9) und eine Theaterwand (Farbt. 13) mit dem Standbild des Kaisers (Abb. 30), wie es sonst keine mehr gibt, besitzt im *Pont du Gard* (Farbt. 14), Werk des Agrippa, einen Aquädukt, der alle in Europa vorhandenen an Kühnheit und Schönheit der Anlage übertrifft, in *Saint-Rémy* ein Stadttor und einen Kenotaph (Farbt. 10, Abb. 23), dem einzig der Pinienzapfen auf seiner Kuppel fehlt, in *Vaison* (Abb. 44) die Ausgrabungen eines ganzen Stadtteils – ganz ungerechnet die zahllosen römischen Mauern, Säulen, Brücken, Mosaiken, Thermen, Nymphäen, Tempelruinen, Sarkophage und Skulpturen, die rund 400 Jahre der Zugehörigkeit zum römischen Imperium hier zurückgelassen haben.

Seltsamerweise bezeugen gerade solche weniger berühmten Bruchstücke, wo sie uns in der Einsamkeit der provençalischen Landschaft oder der Stille einer christlichen Kirche begegnen, die eigentümliche Kraft und Schönheit dieser alten Kultur, die sich über Jahrtausende hinweg behauptet. Ein Altartisch, ein Sarkophag, eine alleinstehende Säule besitzt da mehr Aussagekraft als der vom Autoverkehr umbrauste, gut erhaltene Tempel in *Nîmes* oder der Triumphbogen von Orange.

Man kann dies u. a. vor den vier, fast sechs Meter hohen korinthischen Säulen eines römischen Tempels aus grauem Granit bei *Riez* (Farbt. 3), dem antiken Reia Apollinaris, erleben oder auch in *Mazan* am südlichen Hang des Ventoux, wo die Mauer des hochgelegenen Friedhofs von 61 gallo-römischen Sarkophagen gekrönt ist, einem in der Mittagshelle eines Sonnentages fast geisterhaft wirkenden Ort, dessen heidnisch-panischer Reiz durch die Zypressen bei den steinernen Särgen noch erhöht wird. Schon halb unter der Erde liegt hier die Friedhofskapelle *Notre-Dame-de-Pareloup* aus dem 11. und 12. Jahrhundert, gebaut, um die Dämonen zu vertreiben, die angeblich in Wolfsgestalt kamen, um die Leichen der Begrabenen zu verschlingen. Nun, diese Vampire des Volksglaubens sind vermutlich echte Wolfsrudel von den Höhen des nahen Ventoux gewesen, die Hunger und Kälte zwangen, bis zu den tiefer gelegenen Dörfern vorzudringen, aber in der Einsamkeit dieses seltsamen hochgelegenen Friedhofs ist man nicht ganz abgeneigt, auch an Dämonen und Vampire zu glauben.

Zu solchen merkwürdigen, doch unvergeßlichen Eindrücken zählt auch die Tempelruine bei *Château-Bas,* zu der die D 22 in Cazan von der N 7 etwa auf der Mitte zwischen Aix und Orgon abzweigt. Der kleine benachbarte Ort *Vernègues,* der seinen Namen von verno, averno, dem provençalischen Wort für Erle, ableitet, weist schon auf Bodenfeuchtigkeit hin, und tatsächlich stand der große römische Tempel hinter dem heutigen Château-Bas wohl ursprünglich in Beziehung zu einer geheiligten Quelle, deren sehr tiefes Bassin samt seiner unterirdischen Kanalisation und seinen Marmorthermen heute von üppigster Vegetation überwuchert ist. Fernand Benoît schließt nach der Qualität der Säulenkapitelle und der Gesamtanlage – an die ehemalige Cella-Wand ist später die romanische Kapelle *Saint-Césaire* angebaut worden – auf die Entstehung des Tempels zur Zeit des Augustus, was auch ein heute nicht mehr vorhandenes Widmungsfragment für den Kaiser und Rom annehmen läßt. Außerdem blieb ein Altar erhalten, der dem Jupiter in seiner Eigenschaft als Donnergott, dem Jupiter tonans und Taranis der Kelten, und vielleicht auch den Nymphen geweiht war – ein großer, leider verstümmelter Altar, dessen vier Seiten Jupiter mit dem Adler, Merkur, Apollon und Minerva zeigen. Er ist der einzige seiner Art im Midi, zugleich aber auch der älteste überhaupt, seinem Stil nach zweifelsfrei aus dem 1. Jahrhundert nach Christus stammend, ein Altar der ›vier Gottheiten‹, wie er im Norden Galliens im 2. und 3. Jahrhundert meist den Säulen als Sockel diente, auf denen der Schutz der vier Götter mit einer Säule für Jupiter oder den keltischen Reiter, der den ›Schlangenfüßigen‹ zu Boden wirft, verbunden ist.

Die Reste dieses Tempels stehen heute mit denen der romanischen Kapelle verbunden in einer wahrhaft panischen grünen Einsamkeit hinter dem Park des kleinen Château-Bas. Weglos durch hohes Gras und wildwuchernde Kräuter streifend, betritt man einen Hain aus jahrhundertealten Eichen und Kastanienbäumen, die im Mai über und über mit zahllosen weißen Blütenkegeln besteckt ihre riesigen Äste bis auf die Erde neigen – ein Götterhain, überwältigend in seiner weltvergessenen, nur von Insekten durchsummten Stille. Über ihm ragt auf kleiner Anhöhe die Tempelruine, ragt eine sieben Meter hohe römische Säule mit edlem korinthischen Kapitell frei in den Himmel. Und hinter ihr, durch Licht und Luft von ihr getrennt und dennoch, sie steigernd, mit ihr verbunden ein nicht weniger vollkommener kapitellgekrönter Pilaster. Eine solche ganz und gar unerwartete Begegnung mit dem römischen Genius versöhnt dann mit manchem museumsglatten Epigonentum der alten Kultur.

Die Durchdringung des Landes mit der lateinischen Kultur ist allmählich vor sich gegangen, so allmählich, daß Massalia, die reiche Griechenstadt, die an der Küste und im Innern längst Handelsniederlassungen besaß, viel zu spät die heraufziehende Gefahr erkannte. Am Ende des 3. Jahrhunderts v. Chr. war Marseille mit Rom noch gegen Karthago verbündet, und Hannibal wählte bei seinem Zug durch die Provence den nördlichsten Weg, um der Bedrohung durch ein römisches Heer auf dem Küstenweg auszuweichen – nicht ohne die einheimischen kelto-ligurischen Stämme geschickt gegen einander auszuspielen und in kriegerische Unruhe gegen Massalia zu versetzen. In provençalischen Märchen ist die Erinnerung an diesen Hannibal-Zug noch wie ein ferner Traum erhalten.

Spätestens im 2. Jahrhundert v. Chr. wurde Rom klar, daß es den Landweg nach Spanien, das es nach dem Sieg über Karthago besaß, sichern mußte. 189 v. Chr. wurde ein römischer Konsul, der auf dem Wege dorthin war, von einheimischen Stämmen überfallen und erreichte sterbend mit knapper Not noch das verbündete Massalia. Strafexpeditionen, Bekämpfung des einheimischen Bandenwesens, Verfolgung bis in die kelto-ligurischen oppida hinauf waren die Folgen solcher Angriffe auf Durchreisende. 125 fiel Entremont und wurde völlig zerstört, 122 schon wurde Aix als Aquae Sextiae gegründet, kurz darauf Narbonne als ein weiterer römischer Brückenkopf auf dem Weg zur Iberischen Halbinsel. Domitius Ahenobarbus schuf und sicherte mit römischer Gründlichkeit die Straße, die dann seinen Namen trug, die Via Domitia, die von Narbonne ausging und durch das Tal der Durance über Cavaillon und Sisteron nördlich über die Alpen führte. Ursprünglich ein prähistorischer Wanderweg, besteht sie im wesentlichen noch heute. Die Nationalstraßen 94, 85 und 100 haben sie ersetzt.

Die Einfälle der Kimbern und Teutonen zwangen Marius (Abb. 36) seine afrikanischen Legionen in die Camargue und in die Crau zu verlegen. Bis es zu Kämpfen mit den Eindringlingen kam, beschäftigte er seine Soldaten sinnvoll mit dem Bau eines Kanals, der Arles mit dem Meere verband und der später Cäsar noch sehr nützlich sein sollte – ganz abgesehen davon, daß er Arles zu einer Seehandelsstadt machte, die bald mit Marseille konkurrierte. 102 schlug Marius die Teutonen, die im Vormarsch auf Rom waren, vernichtend bei Aix. Die Kimbern waren indessen nach Norden abgezogen, um die Donau zu erreichen. Vom Ausmaß dieser Schlacht, die ein ganzes Volk aufrieb, kann man sich schwer eine Vorstellung machen. Viele Tausende von Unbestatteten düngten die Felder, die danach ›campi putridi‹ hießen und sehr fruchtbar waren. Der Ortsname Pourrières hat diesen auf Fäulnis zurückgehenden Ursprung.

Immerhin folgte nun eine relative Befriedung des gesamten Landes. Doch wurde es, wie andere auch, als Kolonie behandelt und offenbar von den Regierenden so ausgesaugt, daß sich im Jahr 90 v. Chr. die Salyer, im Jahr 80 die Vocontii und 65 die Allobroges erhoben und niedergeworfen werden mußten. Von 61 v. Chr. an blieb der römische Herrschaftsanspruch unbestritten. Er blieb es vier Jahrhunderte hindurch.

Während Cäsar (Abb. 37) von 58 bis 51 v. Chr. in Gallien Krieg führte, hatte er gute Beziehungen zu Massalia, das immer mehr isoliert wurde, unterhalten. Aber als die griechische Stadt den Fehler beging, sich auf die Seite seines Feindes Pompejus zu schlagen, griff er sie an. Da sie vom Land her nicht zu nehmen war, seine eigene Flotte jedoch nur siebzehn Schiffe umfaßte, ließ er – eine Rekordleistung sondergleichen – innerhalb von 30 Tagen in Arles zwölf weitere Schiffe bauen, mit denen er durch den von Marius geschaffenen Kanal das Meer erreichen konnte. Im Jahr 49 v. Chr. kapitulierte Massalia. Cäsar ließ die Mauern schleifen, beschlagnahmte alle Waffen und Schätze und beendete damit für immer die Unabhängigkeit der Stadt. Aus dem griechischen *Massalia* wurde das römische *Massilia*. Das von Cäsar begonnene Werk der Organisation der Provence im römischen Sinne wurde von Augustus (Abb. 39) in fünfjähriger Arbeit zwischen 27 und 22 v. Chr. vollendet. *Arles*, das griechische *Theliné*, jetzt *Arelate*, wurde Hauptstadt der Provinz. *Avignon*, *Apt*, *Carpentras*, *Cavaillon* und *Vaison* erhielten lateinisches Recht und römische Namen, denen klug die der dort ansässigen Stämme hinzugefügt wurden, so daß diese sich ihnen heimatlich verbunden fühlen konnten.

Ehe man sich der Betrachtung der drei großen Straßen, welche die Provence durchzogen, zuwendet, verdient noch *Fréjus*, das Forum Julii der Römer, besondere Erwähnung. Es wird in der Literatur zum ersten Mal unter dem Datum des Mai 43 v. Chr. genannt und von Strabo als »ein strategisch wichtiger Ort«, d. h. als eine Schlüsselstellung für Italien, bezeichnet. Strabo betont dabei die Bedeutung des Hafens neben dem von Marseille. Und: »Tacitus überliefert uns, daß Augustus die bei Actium erbeuteten Schiffe in Fréjus stationierte.« (Chevallier) Nicht zufällig nannte Tacitus wohl auch die Stadt ›claustra maris‹, d. h. ›Riegel des Meeres‹. Bei Forum Julii verließ denn auch die alte Via Aurelia die Küste, um landeinwärts nach Aqua Sextiae = Aix zu führen.

Der Hafen von Fréjus war also einmal sehr wichtig. Er umfaßte ein Areal von ca. 20 Hektar und war durch einen 50 bis 80 Meter breiten Kanal mit dem Meer verbunden. Eine 3700 Meter lange Mauer umgab die Stadt; sie erhielt ein Theater, Thermen, eine Arena und einen Aquädukt, der ihr das Wasser der Quelle Mons aus dem Gebirge zuführte. Die Veteranen der 8. Legion wurden hier angesiedelt. Von all dem ist wenig übrig geblieben, als das Meer sich zurückzog und der Hafen versandete. Heute steht noch ein mächtiger Turm der alten Stadtmauer, ein Stück des Aquädukts an der N 7, die fast zerstörte Arena sowie die Reste des Theaters und die sogenannte ›Laterne des Augustus‹, ein mehreckiger Turm mit einem Pyramidendach, der zusammen mit einem zweiten gleichartigen, der längst verfallen ist, die Hafeneinfahrt bewachte. Er stammt aber nicht aus dem Altertum, wenn er auch aus dem alten Gestein im Mittelalter neu errichtet wurde.

Drei große Straßen durchzogen nun die Provence, die auch jetzt noch den Hauptrouten entsprechen (vgl. hintere Umschlaginnenklappe): Die älteste, die um 120 v. Chr. gebaute *Via Domitia*, führte auf dem kürzesten Weg vom Po über Susa (Segusio), den Col de Genèvre, Briançon (Brigantio), Gap (Vappincum), Sisteron (Segustero) und Apt (Apta Julia), von dort über den noch heute befahrenen Pont Julien nach Cavaillon (Cabellio) und Glanum zur Rhône, die zwischen Tarascon (Tarusco) und Beaucaire (Ugernum) überquert wurde, und weiter über Nîmes (Nemausus), Béziers (Besara) und die Hauptstadt der alten Provincia Narbonne (Narbo) nach Spanien. Sodann die *Via Aurelia:* sie kam von Italien an der Küste entlang und führte von Fréjus (Forum Julii) über Aix (Aquae Sextiae) und Salon

Pont Julien, westlich von Apt

(Castrum Sallyum, später Villa Salone) und Saint-Gabriel (Ernaginum), ebenfalls bei Tarascon und Beaucaire über die Rhône setzend, nach Nîmes; schließlich die *Via Agrippa*, Werk des Agrippa, des Jugendfreundes und Schwiegersohns des Augustus: Sie verband Arles durch das Rhônetal mit dem Norden, dem heutigen Saint-Paul-Trois-Châteaux (Augusta Tricastinorum). An ihr lag der wichtige Knotenpunkt Ernaginum, das heutige Saint-Gabriel, lagen Avignon (Avenio) und Orange (Arausio). Nebenstraßen führten zu abseits gelegenen Städten wie Carpentras (Carpentorate) oder Vaison (Vasio).

Im Brückenbau waren die Römer von jeher groß gewesen. Jetzt kam diese bei ihnen schon seit den Zeiten der Etrusker hochentwickelte Technik der Provence zugute. Den schönen *Pont Julien*, der südlich der N 100 zwischen Apt und Notre-Dame-de-Lumières über den Coulon führt und seinen Namen einer von Cäsar gegründeten Kolonie verdankt, kann man noch heute mit dem Auto überqueren. Der *Pont Flavien* (Abb. 34), von einem Patrizier dieses Namens im 1. Jahrhundert n. Chr. erbaut, überbrückt den Touloubre im Süden von Saint-Chamas am Etang de Berre. Er überspannt das Flüßchen mit einem einzigen, mehr als 20 Meter langen Bogen, an dessen beiden Enden sich je ein sieben Meter hoher Portikus erhebt, ein kleines Wunderwerk römischer Baukunst. Vier Löwen bewachen den Übergang, von denen allerdings nur noch einer aus römischer Zeit stammt. Die anderen wurden im 18. Jahrhundert ersetzt.

Vielleicht sollte man in ihnen mehr als nur einen ornamentalen Schmuck sehen. Bewachte nicht ein Löwenungeheuer, die Tarasque von Noves, einmal die Furt von Bonpas über die

Durance? Und hauste nicht der furchtbare Wasserdrache, der ›tirascurus‹, den die heilige Martha zähmte, an einem Ort namens Nerluc im heiligen schwarzen Wald bei Tarascon, das ursprünglich auf einer Insel lag und bei dem schon in vorkeltischer Zeit eine Furt über den gefährlichen Strom führte? Uralter keltisch-ligurischer Glaube scheint die Bedrohung durch Naturgewalt bei solch einem Übergang in einem menschenfressenden Ungeheuer symbolisiert zu haben. Die Römer, so rational wie sie sonst dachten, waren keineswegs gefeit gegen solche Vorstellungen unterworfener Völker, deren mythische Phantasie lebhafter arbeitete als die ihre. Sie übernahmen ohne zu zögern Aberglauben und fremde Kulte, während sie in technischen und organisatorischen Fragen höchst überlegen, zweckmäßig und erfinderisch dachten.

So verstanden sie es, eine brauchbare Brücke über die bis dahin ungebändigte Rhône zu bauen. *Beaucaire-Ugernum* und *Tarascon-Tarusco* waren damit so verbunden, daß nun sowohl der Verkehr auf der Via Domitia wie der auf der Aurelia darüber hinweggeleitet werden konnte. Bei Arles bestand außer einer Fähre zu dem gegenüberliegenden Stadtteil eine Schiffsbrücke über den Fluß, die der jeweiligen Höhe des Wasserstandes angepaßt werden konnte. Ein Zufall hat uns ihr Bild überliefert: sie ist mitsamt der Rhône und ihrem Delta auf einem Mosaik in Ostia dargestellt worden.

Ein so gut ausgebautes Verkehrsnetz mußte die Befriedung und Durchdringung des gesamten Gebietes rasch fördern. An Aufstände der kelto-ligurischen Stämme war bald nicht mehr zu denken. Die Vorteile der römischen Verwaltung und ihrer kommunalen Einrichtungen waren nicht zu übersehen. In den mit Veteranen aus den römischen Legionen besiedelten Städten entstanden monumentale Bauten, es gab Wagenrennen im Zirkus, Gladiatoren- und Tierkämpfe in der Arena, Schauspiele im Theater, und die öffentlichen Bäder mit ihren weiträumigen komfortablen Anlagen, mit den geheizten und ungeheizten Becken,

Tierhetze im Zirkus, zwei Kämpfer versetzen einem Panther und einem Bären den Todesstoß, Glasschale, 4. Jh. Museum zu Allerheiligen, Schaffhausen

*Kaiser Constantius II., thronend unter einer angedeu-
teten Palastarchitektur, als Konsul in Gallien. Nach
dem Kalender von 354, von dem französischen Hu-
manisten Peiresc gezeichnet.*

den Massage- und Gymnastikräumen boten allein schon Unterhaltung genug. Gewiß, der Bauer und Hirte draußen auf dem Lande bekam von all dem städtischen Wohlleben wenig zu spüren. Aber auch er genoß die Sicherheit einer festen Ordnung von Staats wegen. Wenn man in Orange in dem kleinen städtischen Museum gegenüber dem antiken Theater den erstaunlichen Katasterplan sieht, der, in Marmor gehauen an einer Mauer angebracht und jedermann zugänglich, die Ländereien registrierte, die zu dem römischen Orange gehörten, so versteht man, was diese feste Ordnung bedeutete. Wohl hatten die Eroberer den Einheimischen, wie hieraus erkennbar wird, nur die schlechteren Böden zur Bebauung überlassen, aber den unzähligen Grenzstreitigkeiten, die sonst das Leben früher Kulturen begleiten, war doch durch diesen sorgfältig erarbeiteten Plan von vornherein ein Ende gesetzt.

In der römischen *Narbonensis,* wie der offizielle Name der Provence nun lautete, war ein goldenes Zeitalter angebrochen, das rund 250 Jahre währte. Für die Völker pflegen die ›geschichtslosen‹ Zeiten die besten zu sein. Dies war eine solche Zeit. Kriege fanden anderswo statt, die Provence genoß Frieden, bis in der Mitte des 3. Jahrhunderts n. Chr. die Alemannen in zwei gewaltigen Invasionswellen hereinfluteten, plünderten und zerstörten und die Bevölkerung zwangen, in den alten oppida und Höhlen noch einmal Zuflucht zu suchen.

Die Städte, die ursprünglich aus einem Lager der Legion, einem castrum, entstanden waren, bewahrten die dafür vorgeschriebene Form auch künftig und tun es, wie schon eine oberflächliche Betrachtung ihrer Pläne zeigt, meist bis auf den heutigen Tag. Im Zentrum, wo ehemals das Feldherrnzelt und ein Altar errichtet wurde, standen später Forum und Tempel. Im rechteckig angelegten römischen Lager, das bekanntlich jeden Abend, wo auch immer, aufgeschlagen werden mußte, hieß das dem Feind zugekehrte Haupttor porta praetoria, das ihm gegenüberliegende, dem eigenen besetzten Hinterland zugewandte die porta decumana. Der Begriff des decumanus für die von Tor zu Tor führende Hauptstraße, die von dem cardo, der anderen, ebenfalls zwei Tore verbindenden im rechten Winkel geschnitten wurde, hat sich denn auch für die neuen Städte eingebürgert. Am cardo, auf deutsch Angelpunkt, lagen nach wie vor die öffentlichen Gebäude im Mittelpunkt der Siedlung, so in Nîmes das *Forum* und die *Maison Carrée* (Abb. 35). In Aix ist erstaunlicherweise das einzige vom antiken Aquae Sextiae Erhaltene ein Stück Mauer an der rechten Ecke der Kathedrale *Saint-Sauveur*. Dies war genau der Schnittpunkt von decumanus und cardo in dem kleinen ersten römischen Kastell, an dem sich damals ein Monument erhoben haben muß. Daß auf dem Boden der Kathedrale einst ein Tempel stand, bedarf danach wohl kaum noch eines Beweises. Die herrlichen antiken Säulen im Rund des frühchristlichen Baptisteriums dürften daraus stammen (Farbt. 20).

Man kann das Prinzip dieser römischen Stadtanlage ebenso in Orange und Arles verfolgen. In Orange ist dabei besonders interessant, daß der berühmte Triumphbogen vor dem nördlichen, dem noch feindlichen Gallien zugekehrten Stadttor errichtet wurde, das hier der porta praetoria entsprach. Leider sind gerade in diesen heute noch lebendigen Städten die ursprünglichen Anlagen so überbaut, daß die genaue Lage von Forum, Tempeln usw. nur noch ausnahmsweise zu ermitteln ist. Und zufällig sind die beiden Städte, in denen umfassende Ausgrabungen zu sehen sind, keine römischen Gründungen und deshalb anders angelegt: *Glanum* (s. Fig. S. 98), keltisches Wasserheiligtum und griechische Handelsniederlassung in einem engen Tal, und *Vaison* (s. Fig. S. 107, 108), schon eine nicht unbedeutende

Nîmes (Nemausus), die römische Stadtanlage

1 *Maison Carrée*
2 *Arena*
3 *Circus*
4 *Tour Magne*
5 *Theater*
6 *Diana-Tempel*
7 *Nymphäum*
8 *Quelle*
9 *Thermen*
10 *Wasserturm*
11 *Aquädukt*
  (von Uzès)
12 *Fort, 17. Jh.*
13 *Kathedrale*
14 *Porte d'Uzès*

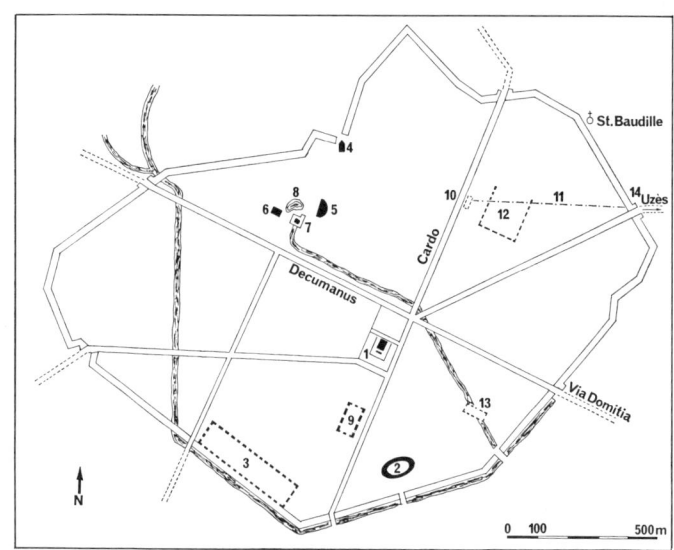

69

Siedlung der keltischen Vocontii, ehe es römischer ›Verbündeter‹, nicht Kolonie, wurde. In beiden Städten galt das aus dem römischen Feldlager abgeleitete Planungsprinzip nicht.

Rom brachte der Provence eine hohe Zivilisation. Wenn Aquae Sextiae schon selbst mehrere warme Quellen besaß – eine davon ergießt sich heute in eine bemooste Brunnenschale auf dem Cours Mirabeau –, so wurden außerdem noch vier Aquädukte gebaut, um der Stadt frisches, kühles Wasser zuzuführen. Der *Pont du Gard* (Farbt. 14), dieses dreistökkige, mörtellos errichtete Meisterwerk, in dem sich beste Ingenieurkunst mit großer Formschönheit glückhaft verbindet, wurde schon 19 v. Chr. durch Agrippa (Abb. 38) erbaut und versorgte jahrhundertelang Nîmes mit Quellwasser aus der Gegend von Uzès, d. h. über eine Entfernung von 50 Kilometer hinweg. Fachleute schätzten, daß er etwa 20000 Kubikmeter pro Tag in die Stadt brachte, was bedeuten würde, daß für jeden der ca. 50000 Einwohner der als besonders heiß bekannten Stadt ungefähr 400 Liter zur Verfügung standen. Die Hauptstadt Arles besaß sogar zwei öffentliche Thermen, die einen im Süden, die anderen im Norden. Aus diesen machte dann die Überlieferung später das sogenannte ›Palais de Constantin‹. Die nahen Alpilles lieferten Arelate ihr reines Wasser durch zwei Aquä-

Arles (Arelate), die römische Stadtanlage 1 Theater 2 Arena 3 Thermen 4 Kryptoportikus 5 Circus 6 Alte Burg 7 Neue Burg 8 Pontonbrücke

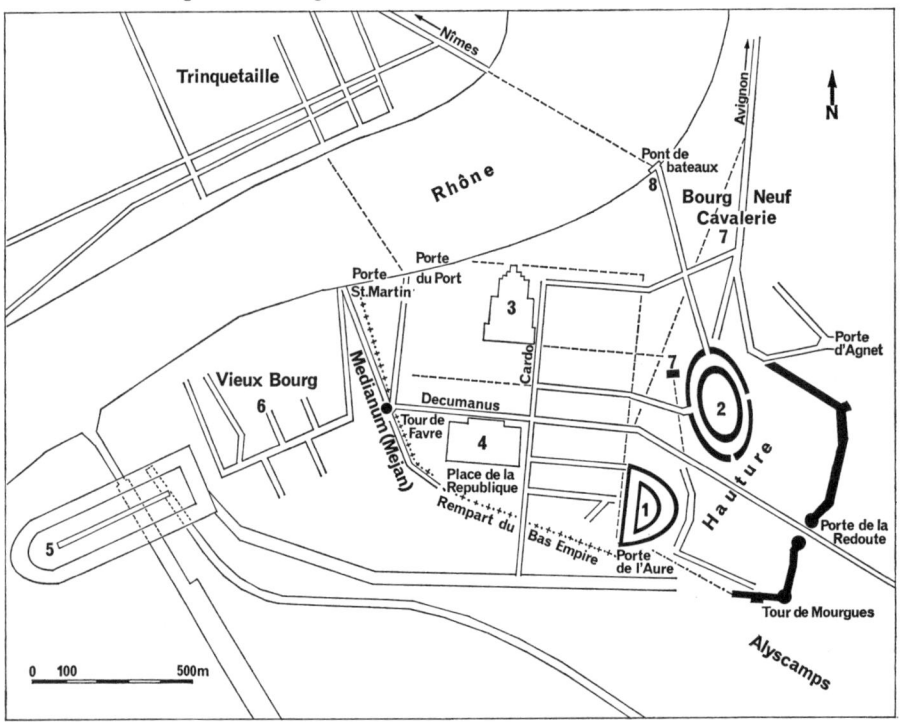

dukte, deren verfallenden Bögen man noch hier und da in der Landschaft begegnet. Die von Barbegal in der Nähe von Fontvieille sind die bekanntesten. Bei ihnen befindet sich, etwa zehn Kilometer südlich vom Ort eines der interessantesten römischen technischen Bauwerke der Provence, ein Wassermühlenwerk, das – einzigartig im ganzen Imperium – 16 in zwei Reihen über den Abhang verteilte Mahlsteine betrieb.

Schon Cäsar behandelte *Arelate* bevorzugt. Er hat, nicht zuletzt wohl, um seine müßigen Legionäre zu beschäftigen, dort ein Theater, einen Zirkus und sogar ein Amphitheater bauen lassen, bevor Rom das seine besaß. Ein prächtiger Triumphbogen, den er gleichfalls errichten ließ, ist ebenso verschwunden wie der Zirkus. Dieser ist möglicherweise schon im ersten Jahrhundert nach Chr., vielleicht aber auch erst im dritten erbaut worden. Seine Maße haben der Überlieferung nach 95 mal 366 Meter betragen. Wie bei den längst verschwundenen römischen Circusanlagen und denen in den Provinzen blieb von ihm nur der Obelisk, die Wendemarke bei den Rennen, erhalten – vielleicht aus religiösen Gründen. Er steht heute auf der Place de la République im Zentrum von Arles (s. auch Vienne S. 72). Offenbar galten diese Obelisken auch in späteren Jahrhunderten als unantastbar.

Die Arena hat, falls sie überhaupt auf dem Boden der alten steht, ihre heutige Gestalt ebenso wie die ihr sehr ähnliche in Nîmes erst Anfang des 2. Jahrhunderts n. Chr. unter Kaiser Hadrian erhalten.

Die genaue Datierung dieser großartigen Bauten ist schwer. Der *Triumphbogen* (Farbt. 9) in *Orange*, der eigentlich ein Stadttor war, gilt als eines der ältesten römischen Monumente auf provençalischem Boden. »Man hat ihn hintereinander Marius (dem Sieger über die Kimbern), Domitius Ahenobarbus (dem Gründer der Provinz Narbonensis), Cäsar (dem Bezwinger Galliens und Marseilles), Augustus, Hadrian (Abb. 40), Marc Aurel, einem Kaiser der 1. Hälfte des 3. Jahrhunderts, Septimius Severus sowie einem Kaiser des spätrömischen Reiches zugeschrieben«, sagt Raymond Chevallier, Professor der Universität Tours, in seinem 1979 erschienenen Buch ›Die Römische Provence. Die Provinz Gallia Narbonensis‹ und weist darauf hin, daß die Rekonstruierung einer Inschrift auf beiden Seiten des Architravs als seine Entstehungszeit »das Datum Juli 26/ Juli 27 n. Chr.« ergibt. Dennoch glaubt Chevallier, »das Monument muß einige Jahre älter sein als die Widmung an der Nordseite«. Aufgrund genauer Studien seines Dekors (Stil der dargestellten Waffen, der Kleidung, der Trophäen eines Seesiegs usw.) wird allgemein angenommen, daß hier – wenn auch verspätet – der Sieg Cäsars und der 2. Legion im Jahre 49 v. Chr. geehrt werden sollte. Der Bogen sollte vermutlich nicht nur den Sieger rühmen, sondern auch den Unterworfenen die Macht und Überlegenheit Roms ständig vor Augen halten. Die auf ihm behandelten Themen sind eindeutig: Kämpfe zwischen Galliern und Legionaren, erbeutete Waffen und Rüstungen, gefesselte Gefangene. Daß Rom auch auf dem Meere unbesiegbar war, betonen die dargestellten Schiffsembleme aller Art hier mitten im Binnenland. Ins Gallische übersetzt bedeutete das wohl: wir werden sofort und immer mit dem nötigen Nachschub an Soldaten, Ausrüstung und Lebensmitteln versorgt sein.

Ein reichlich brutaler Anschauungsunterricht für die Besiegten muß dieser in Stein gehauene Anblick ihrer gefesselten Krieger gewesen sein, die am nackten Oberkörper und an

Detail eines Orpheus-Mosaiks. Musée Lapidaire, Vienne

den auf dem Rücken zusammengebundenen Händen auch auf anderen Triumphbögen zu sehen sind. Auf dem besonders schönen, ungefähr gleichzeitigen *Bogen* in *Carpentras* (Abb. 29), den man in Augenhöhe vor sich hat, ist rechts ein Germane mit einem Fell bekleidet dargestellt, links ein Asiate in einer Tunika. Auch an dem einstigen *Stadttor* von *Glanum* (Farbt. 10) bei Saint-Rémy fehlt die Gruppe der Gefangenen, hier an einen Baum gekettet, nicht, desgleichen an dem Siegesmonument von La Turbie über Monaco, dessen Bau im Jahre 6 v. Chr. vom römischen Senat beschlossen wurde. Vermutlich war das Thema also recht beliebt; denn man muß ja stets bedenken, daß alles, was so über die Jahrtausende hinweg auf uns gekommen ist, eine nur ganz zufällige und keineswegs nach der Qualität ausgesuchte Auswahl darstellt. Gerade, was in den bedeutenden Städten an bevorzugten Plätzen stand, wurde später zerstört und überbaut.

So ist der Zirkus für Pferde- und Wagenrennen, die ein besonders beliebtes Volksvergnügen darstellten, nirgends erhalten und oft schon sein ehemaliger Platz kaum zu ermitteln. In Arles lag er abseits und sogar außerhalb der Mauern, wie sich bei einem Kanalbau herausstellte. Der mehr als 15 Meter hohe ägyptische Obelisk, der heute auf der Place de la République in Arles steht, war die ›spina‹, die Wendemarke, die es zu umrunden galt. Man darf daraus wohl auf eine üppige Ausstattung des gesamten Komplexes schließen.

Auch in *Vienne*, der alten Colonia Julia Vienna, der Hauptstadt der keltischen Allobrogii, ist die Wendemarke des antiken Zirkus erhalten, eine der Bedeutung der Stadt entsprechend bescheidenere sogenannte ›Pyramide‹ oder ›L'Aiguille‹ aus der späten Kaiserzeit (Abb. 33).

Die Arkaden des Zirkus unter den Stufen für die Zuschauer werden, wie überall im Weltreich, ein beliebter Treffpunkt für allerlei Volk gewesen sein. Hier sah man Händler, Wahrsagerinnen, Tänzer und Prostituierte, konnte Wetten abschließen und Rendez-vous vereinbaren. Rhôneschiffer, Matrosen, Legionäre und Sklaven fanden dort Unterhaltung und Anschluß.

Wie die Rennbahn war das römische Theater dem antiken griechischen nachgebildet, beide sind also im Prinzip nicht als originale Leistung anzusehen, doch wurde die ursprüngliche Idee technisch weiterentwickelt. Lagen die Theater im alten Hellas meist in einem natürlichen Felsengrund, aus dem die Sitzreihen nur noch auszuhauen waren – Delphi und Epidauros sind Beispiele hierfür –, so mußten die Römer im Flachland das Trichterhalbrund oft ganz oder doch teilweise künstlich schaffen, d. h. Stein für Stein aufmauern, bevorzugten allerdings, wenn möglich, schon bei der Stadtgründung eine hügelige Lage für das immer innerhalb der Mauern gelegene Theater. Es ist erstaunlich, wie gerade in Gallien so viele und bedeutende Theater entstehen konnten: während man in Italien etwa hundert wiederfand, kennt man in Gallien allein sechzig, »ohne die heute verschwundenen Holzbauten«. Afrika und Spanien haben, obwohl reicher, viel weniger gehabt. »Gallien besaß ferner einige der größten Theaterbauten der griechisch-römischen Welt: in Autun vielleicht das größte mit einem Durchmesser von 148 Metern (zu denen sicher noch zehn Meter für die heute zerstörte obere Arkadenreihe hinzuzurechnen sind), während das größte bekannte griechische Theater, das von Syrakus, unter 140 Meter bleibt und das schönste Roms, nach Marcellus benannt, nur 132 Meter mißt. Dann folgt das von Vienne mit 130 Metern. Danach folgen Orange (103,50 m), Arles (102 m) und Vaison (96 m).« (Paul-Marie Duval, Gallien, Leben und Kultur in römischer Zeit)

Wie die Römer dann die abschließende Szenenwand zu einer großartigen, prunkvoll mit vielen Statuen ausgestatteten Riesenkulisse hinaufzogen, die mit unzähligen Details den Zuschauer schon vor dem eigentlichen Schauspiel beschäftigte und einstimmte, das war allerdings vorher nicht dagewesen. Auch nicht die Zeltdachbespannung, die als Sonnen- und Regenschutz über die Bühne gespannt werden konnte. In *Orange*, dem besterhaltenen römischen *Theater*, das es überhaupt gibt, ist die Vorrichtung dafür noch an der hinteren Bühnenwand zu sehen. Man muß Orange schon allein des Eindrucks wegen aufsuchen, den dieser Bau hinterläßt. Alle Abbildungen davon sind insofern ganz unzureichend, als die Ausmaße dieser Architektur, vor allem die der 37 Meter hohen Bühnenwand mit der Kaiser-

Jagdszene, diese Rasse eines kräftigen ›Wolfshundes‹ ist im Theater von Vienne dargestellt

73

statue in der Mitte, erlebt werden müssen, will man sich wirklich eine Vorstellung davon machen, was ein römisches Theater einmal bedeutete (Farbt. 13, Abb. 30). Die Reste der Theater in Arles oder Vaison, so schön das eine durch seine Säulen, das andere durch seine Lage ist, vermitteln nichts von der Monumentalität derartiger Bauten, einzig Orange tut das.

Es ist ja überhaupt diese Monumentalität, verbunden mit einer in Europa Zeit und Umgebung weit überragenden technischen Leistung, was uns an diesen römischen Bauten und Anlagen so beeindruckt: das konsequent durchgeführte Straßennetz, die über viele Kilometer hinweggeführten Wasserleitungen, der kühngewölbte Pont du Gard, das Theater in Orange und schließlich die großen Arenen in Arles und Nîmes, die eine ganz originale und dabei formschöne Lösung des Problems darstellen, eine nach Tausenden zählende Menschenmenge kurzfristig in einem einzigen Raum um einen Mittelpunkt zu versammeln und sie ebenso schnell und mühelos wieder daraus zu entlassen. Beide Amphitheater sind etwa gleichzeitig entstanden und ihre Ausmaße und Ausgestaltung ähneln einander sehr. »Man hat nicht ohne Grund vermutet, daß sie von der Hand desselben Architekten stammen. Die Maße der Rundbauten weichen zwar voneinander ab – 136 mal 107 Meter in *Arles* (Farbt. 5, Abb. 31), 132,2 mal 101,4 Meter in *Nîmes* (Farbt. 11, 12, Abb. 32) –, die der Arenen aber stimmen mit 69 mal 38,34 Meter überein.« Dies schreibt Anton Henze in dem Buch ›Römische Amphitheater und Stadien‹.

Derselbe Autor fügt hinzu: »Das Amphitheater von Nemausus in der Gallia Narbonensis lag am Rande der Stadt. Sechzig Arkaden reihen sich in zwei Stockwerken um die cavea. Ihre Blöcke sind sorgfältig aus dem weißen Kalkstein der nahen Brüche gemeißelt und ohne Mörtel versetzt. Im Erdgeschoß treten quadratische Pilaster vor die Arkadenpfeiler, im Obergeschoß stellen sich dorische Säulen auf vierkantige Postamente. Brüstung und Podium beschließen den Aufbau ... Im Erdgeschoß führte jede zweite Arkade in eine äußere Rundhalle; aus ihr führten dreißig offene Bogenstellungen in die innere Galerie. Sie bot unmittelbar Zugang zu den Ehrenplätzen, das heißt zu den ersten vier Ringstufen des Zuschauerraumes. Korridore und Treppen führten dagegen zum ersten und zweiten Sektor. Jede dritte Arkade der unteren Galerie hatte Treppen, die in das Obergeschoß führten. Aus ihm gingen die Gäste zum dritten und vierten Sektor. Kurze Treppen führten zu einem Rundgang des Podiums empor, mit dem die Umfassungsmauer bekrönt wurde. Die Anlage war funktionell bis ins einzelne bedacht. Die zweiläufigen Treppen wurden z. B. im unteren Teil breiter.«

Weiter betont Henze, daß dieser Bau »eine Fundgrube für Forscher, die sich mit dem velum befassen« ist, weil hier die meisten Bauteile, die zu seiner Befestigung dienten, erhalten geblieben sind. »Die solide Konstruktion war offensichtlich so berechnet, daß sie dem Mistral, dem wilden Sturmwind der Provence, widerstehen konnte«, schreibt er.

Für das Amphitheater in Arles hat man den Hang einer Felsnase innerhalb des Stadtgebietes benützt und erreichte so, daß es wie in einigen Städten Italiens über seine Umgebung hinausragte und zum Wahrzeichen der antiken Stadt wurde, von dem man ins Rhônetal hinausblicken konnte.

Beide Bauten sind die besterhaltenen Amphitheater des ganzen römischen Weltreiches, wenn auch nicht die größten. Beide konnten 21 000 Zuschauer fassen.

Römische Münzen: Sesterz, 80/81 n. Chr., und Aureus, 223 n. Chr., das Colosseum in Rom darstellend, links mit vollbesetzten Zuschauertribünen

Man kann sich eine solche Volksbeteiligung an öffentlichen Veranstaltungen bei einer Bevölkerung von etwa 50 000 Menschen heute kaum vorstellen, doch muß man sich vor Augen halten, daß in den Arenen nicht nur szenische Spiele aller Art, blutige Gladiatoren- und Tierkämpfe, Clownerien, akrobatische Kunststücke und dergleichen gezeigt wurden, sondern daß auch religiöse Motive bei ihrem Besuch mitspielten. Jean-Paul Clébert sagt darüber im zweiten Band seines interessanten Werkes ›Provence Antique‹: »Die Spiele in der Arena waren nicht frei von religiöser Bedeutung. Das bezeugt die feierliche Prozession, die ›Pompa‹, die ihnen vorangig, der feierliche Umzug der Träger der Götterbilder, der dem Einzug unserer picadores entspricht. Mehr noch, die Spiele fanden an den Tagen der religiösen Feste statt. Wie Grenier sagt, die für die Spiele aufgeführten Bauten sind ein Teil des Sanktuariums.«

Der Bezug zu Stierkämpfen ist in diesem Zitat nicht zufällig. Tatsächlich fanden schon vor der römischen Kolonisation bei den Kelto-Ligurern Stierkämpfe – richtiger wohl Stieropfer – statt, und der besonders bei den Legionaren beliebte Mithras-Kult hat sie dann durch die Jahrhunderte hindurch gerade auch in Arles und Nîmes erhalten, wo sie noch heute in beiden Arenen gepflegt werden. Nîmes, eine Gründung des Augustus bei dem alten keltischen Quellheiligtum, war aus verschiedenen Gründen dem Stieropfer besonders zugeneigt. Augustus hatte hier außer seinen Veteranen und römischen Funktionären griechisch-ägyptische Gefangene aus Alexandria angesiedelt, woher auch das seltsame Stadtwappen stammt: ein an eine Palme gebundenes Krokodil. Die ›colonen‹ brachten den Isis-Kult mit, bei dem das Blut geopferter Stiere über die Neubekehrten floß, um ihnen die Unsterblichkeit zu sichern. Der Kaiser Antoninus Pius, dessen Vater aus Nîmes stammte und der die Stadt deshalb besonders begünstigte, führte dann auch den Kybele-Kult nicht nur in Rom, sondern auch in Gallien ein, zu dem ebenfalls Stieropfer gehörten. Vom Jahr 160 n. Chr. an durfte keine rituelle Stadtgründung ohne ein solches Opfer zu Ehren dieser neuen Göttin stattfinden. Der Schädel des Tieres wurde danach über dem Altar der Kybele aufgehängt und sicherte damit der Stadt angeblich Fruchtbarkeit und Überfluß, war also von wesentlicher Bedeutung für jeden der Einwohner. Wenn, wie man weiß, im römischen Marseille, Arles und Nîmes Tempel der Kybele bestanden, so muß das Stieropfer gerade in diesen Städten vielen Gläubigen wichtig gewesen sein. Zum Mithras-Kult gehörte es ebenfalls. Und da in der Hauptstadt Arelate und in der ohnedies zu östlichen und einheimischen Kulturen neigenden Colonia Augusta Nemausus nicht nur viele Legionare, sondern überhaupt viele Menschen aus den verschiedenen Teilen des Weltreichs zusammenkamen oder dauernd lebten, so ist die besondere und bleibende Neigung zu Stierkämpfen in diesen beiden Städten vielleicht auch damit zu erklären.

Das große feierliche Opfer für die ganze Stadtgemeinde bedurfte sicherlich auch der entsprechenden Räumlichkeiten. Insofern besitzt Albert Greniers Annahme, daß die für die Spiele aufgeführten Bauten Teile des Sanktuariums gewesen seien, viel Wahrscheinlichkeit. Der einzelne Tempel, in dem noch die Cella für das Standbild der Gottheit abgetrennt war, bot keinen Raum für besondere Prachtentfaltung. Der prunkvoll ausgestattete Umzug in der Arena dagegen machte das religiöse Schaustück vielen Tausenden zugänglich. Die hereingetragenen Götterbilder waren gleichsam Zuschauer, denen zu Ehren die Spiele ja auch ursprünglich überhaupt stattfanden.

In Nîmes ist ein römischer Tempel fast unversehrt erhalten, die sogenannte *Maison Carrée* (Abb. 35). Er ist klein (26 m lang, 15 m breit, 17 m hoch), steht auf dem Gebiet des ehemaligen Forums und wurde durch Agrippa erbaut, um das Gedächtnis der beiden Söhne zu ehren, die er von Julia, der Tochter seines lebenslangen Freundes Augustus hatte, der sie adoptierte, damit sie seine Nachfolger würden. Natürlich ist es eine Übertreibung, wenn behauptet wird, er könne ebensogut unter dem Himmel Griechenlands stehen, so bedeutend ist er keineswegs; aber er vermittelt doch gut ein wesentliches Element des römischen Galliens.

Ebenso schön, wenn nicht noch schöner, nicht zuletzt, weil seine etwas freiere Lage den goldgelben Sandstein im Sonnenschein aufleuchten läßt, ist der Tempel des Augustus und der Livia aus dem Ende des 1. Jahrhunderts v. Chr. in *Vienne*, das mit Recht als ein Tor zur Provence empfunden wird.

Münze der römischen Kolonie Nîmes, die durch ein an eine Palme gekettetes Krokodil und die Büsten Octavians (Augustus) und Agrippas die Unterwerfung Ägyptens feiert

Heute ist in der Maison Carrée eine kleine Antikensammlung untergebracht, die man selbstverständlich betrachten wird. Sie enthält einige gute Stücke, so einen männlichen Bronzekopf, eine Venus und einen Jünglingskopf aus Kalkstein, auch den Grabstein eines porträtgetreu dargestellten römischen Ehepaars (Abb. 27, 28). Außerordentlich sind diese Arbeiten nicht. Wenn man jedoch den Besuch in der Maison Carrée durch einen im *Musée archéologique* ergänzt, so gewinnt man, nicht zuletzt durch die dort aufgestellten kleineren Gegenstände, eine Vorstellung von dem, was zum Leben einer gallisch-römischen Stadt gehörte. Manches ist hier höchst reizvoll, gelegentlich gerade durch seinen provinziell rührenden Charakter, vielleicht aber auch dadurch, daß oft einheimische Künstler es anfertigten, denen die perfektionierte Glätte der Hauptstadt fehlte, die dafür aber mehr Phantasie und Eigenart besaßen.

Da man dies Museum schon wegen der wenigen seltenen Funde aus keltischer Zeit aufsuchen wird, so sollte man sein Obergeschoß mit den römischen nicht auslassen. Die dort verbrachte Stunde wird einem interessante Einzelheiten vermitteln. Eine Münze aus dem antiken Nîmes zeigt beispielsweise auf der einen Seite das Stadtwappen, das an eine Palme angekettete, höchst bizarr dargestellte Krokodil, auf der anderen die Profile von Augustus und Agrippa, denen Nîmes so viel Förderung verdankt. Auch wer die meistverehrten Gottheiten in dieser gallisch-römischen Provinz waren, erfährt man hier durch Anschauung und sieht, wie stark sich keltisch-ligurische Vorstellungen gerade im Religiösen erhalten und durchgesetzt haben. Von diesen halb römischen, halb keltischen Göttern gibt es Kleinplastiken, die, sozusagen für den Hausgebrauch hergestellt, entsprechend rustikal unbeholfen sind und trotzdem mitunter einen stärkeren Reiz ausstrahlen als so manche große Skulptur in der Maison Carrée.

Den gleichen Zauber wird man übrigens gelegentlich in den anderen Museen des Landes spüren. Sie sind alle nicht groß und dadurch nicht ermüdend, sondern nur anregend. In *Saint-Rémy*, dessen Sammlung im Hôtel de Sade schon durch die keltischen Funde aus Glanum bedeutend ist, stehen z.B. die sehr schönen Köpfe der Oktavia und der Julia, Schwester und Tochter des Augustus, die man im Brunnen vor den beiden römischen Tempeln in Glanum gefunden hat, in *Vaison-la-Romaine* die Statuen der Kaiserin Sabine und die der Kaiser Hadrian und Tiberius und auch die silberne Büste des Patriziers, dem wahrscheinlich das nach dieser Büste benannte Haus im antiken Vasio (s. Fig. S. 108) gehörte. An diesen Köpfen zeigt sich die besondere Begabung römischer Bildhauer: die für das Porträt, d.h. für die genaue Nachahmung des Vorhandenen. Hier sind sie eigenständig und bilden auch Individuelles. Man würde diese Menschen auf der Straße wiedererkennen können. Es ist eine Kunst der Spätzeit, in der das naturalistische Detail wichtiger ist als die innere Schau und die durch sie bedingte Form.

Das entspricht ganz der auf ratio gerichteten Geisteshaltung der Römer, die nicht nur in der plastischen Darstellung ihrer Gottheiten dem vom griechischen Genius entwickelten Formenkanon folgten, sondern auch das mit diesen Göttern verbundene Gedankengut übernommen hatten. Ihre Offenheit für fremde Kulte hängt sicherlich mit diesem Mangel an schöpferischer Kraft bei allem, was über die reine ratio hinausging, zusammen. Gewiß war

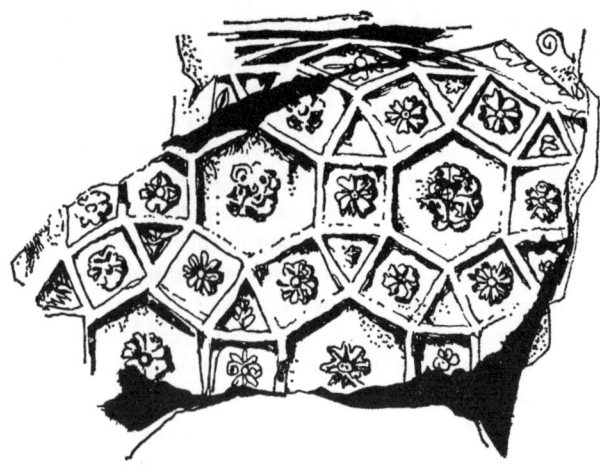

Fragment der Deckendekoration des sogenannten Diana-Tempels, Nîmes

diese Aufgeschlossenheit auch durch die ungewöhnlich starke Völkermischung, die nicht nur in Rom selbst, sondern überall im Weltreich stattfand, bedingt; man braucht sich nur der mit Feuer und Schwert ausgeübten Durchsetzungskraft des Christentums zu erinnern, um den Unterschied zu erkennen. Das antike Rom nahm geradezu begierig fremde Kulte auf und paßte sie den seinen an.

So finden wir denn auch in den Museen der Provence die alten keltischen Gottheiten in kaum verwandelter Form wieder, und oft ist es nur der römische Name, den die bisher namen- und gestaltlosen nun hinzugewonnen haben.

Wo sonst gäbe es so viele Wald- und Wassergottheiten wie gerade in diesem von unzähligen Quellen, Bächen, Flüßchen und Flüssen durchzogenen, damals noch sehr waldreichen Land? Nun werden es Nymphen, Faune und Wassergötter wie Nemausus, angeblich Sohn des Herakles und jedenfalls Stammvater von Nîmes. Sein uraltes Quellheiligtum bleibt weiterhin Wallfahrtsort, erst im 18. Jahrhundert erhält es seine heutige bezaubernde Gestalt. Und im grünschattigen, kühlen Val-des-Nymphes bei La-Garde-Adhémar verehrt man noch immer die keltischen Wassergöttinnen an den uralten steinernen Becken. Nicht zufällig wird daneben im 12. Jahrhundert eine gotische, der Mutter Gottes geweihte Kapelle errichtet: es galt, einen sehr ehrwürdigen heidnischen Kult endlich ins Christliche umzudeuten. Aus Sucellus (Abb. 13), dem geheimnisvollen Gott mit dem Hammer, der so eigentümlich an den etruskischen Totengott Charu erinnert, wird Silvanus, Herr der Wälder und Heiden und der nährenden Vegetation schlechthin. Sein Bild steht in römischer Zeit am Rand jedes Waldes, Hüter des undurchdringlichen Dickichts, das auch heute noch viele provençalische Täler überwuchert. Es stand aber auch dort, wo der Aquädukt von Barbegal begann, der das alte Arelate mit Wasser versorgte. Silvanus besaß auf diesem Hügel bei Eygalières, dem ›Ort der Wasser‹, einen Tempel, der dann im 12. Jahrhundert durch die Kapelle für den heiligen Sixtus ersetzt wurde.

Sehr merkwürdig ist es, inmitten der fruchtbaren Feldlandschaft um Saint-Rémy das verwitternde Standbild einer Gottheit zu finden, die viele Jahrhunderte lang auf römischen Ackerböden verehrt wurde. Nicht ahnend, wen sie wirklich darstellte, nannte man sie auf provençalisch ›la Mourgue‹, die ›Nonne‹, wegen ihres unter den Armen hochgerafften Gewandes. Es handelt sich jedoch um eine der sehr selten noch an ihrem ursprünglichen Standort anzutreffenden Darstellungen des uralten griechisch-römischen Fruchtbarkeitsgottes *Priapus*. Dreiviertel der Statue ist im Laufe der vergangenen zwei Jahrtausende in der Erde versunken, aber sie ist immer noch ca. 1,50 Meter hoch und hütet die Fruchtbarkeit des Feldes. Das unter den Armen hochgeraffte Gewand schließt jeden Zweifel über ihre Bedeutung aus. Sie wird ins 1. oder 2. Jahrhundert v. Chr. datiert. – Man findet sie, wenn man auf der Straße von Saint-Rémy nach Tarascon zwei Kilometer hinter Saint-Etienne-du-Grès bei dem Weiler La Laurade, dessen alte Kapelle in eine Scheune verwandelt ist, den links in die Felder abzweigenden Weg nimmt, der im Bogen weiter nach links führt. Mitten in einem der an seiner rechten Seite liegenden Äcker, den Zypressenreihen flankieren, steht sie, kein Kunstwerk und sehr stark verwittert, aber doch merkwürdig bedeutungsvoll durch ihre einstmalige Bestimmung, Fruchtbarkeit zu schenken.

An den Hängen des Ventoux, der ebenso wie die Sainte-Victoire bei Aix einmal ein heiliger Berg der Kelto-Ligurer war, wird weiterhin der Gott Ventour, »der mit dem rauhen Atem«, verehrt. Auf der Hochebene von Vaucluse am Hange des Ventoux lasten in der sehr merkwürdigen Chorapsis von *Saint-Christol* ebenso seltsame Säulen auf den damals schon ein Jahrtausend alten Göttern: auf der Wasserfrau und dem die Schlange zerbeißenden Doppellöwen, dem Wächter der Furt und des Übergangs ins Jenseits, der in christlicher Sicht eine ganz andere Deutung erfährt, dem Bärtigen, der an Sucellus und Jupiter-Taranis erinnert, und dem keltischen Windgott, der nun als Engel mit vollen Backen zur Auferstehung und zum Jüngsten Gericht in sein Horn bläst (Abb. 79–81).

»Das ganze Volk der Gallier ist in hohem Maße religiösen Bräuchen ergeben«, hatte Cäsar um die Mitte des 1. Jahrhunderts v. Chr. in seinem Buch über den Gallischen Krieg geschrieben. Und anschließend: »Unter den Göttern verehren sie am meisten Merkur. Er hat die

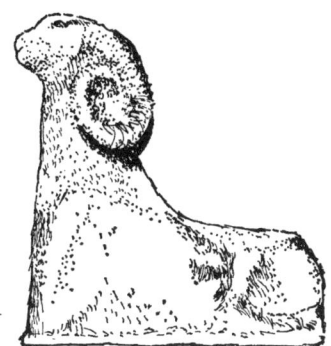

Gallischer Widder aus gebranntem Ton, 20–30 cm groß, vermutlich Opfergabe. Musée archéologique, Apt

meisten Bildnisse, ihn halten sie für den Erfinder aller Künste, ihn für den Führer auf Wegen und Wanderungen, ihm sprechen sie den größten Einfluß auf Gelderwerb und Handel zu.« Die Kelten besaßen demnach schon vor Cäsars Eroberungszügen einen Gott, der ungefähr die gleichen Eigenschaften hatte wie der römische Merkur. Ob seine Wesenszüge vielleicht auf den griechischen Hermes zurückgingen, dem ja auch der Merkur nachgebildet war, wissen wir nicht, doch wäre dies ja durchaus möglich. Waren doch die Phokäer aus den massaliotischen Handelsniederlassungen ein halbes Jahrtausend lang kreuz und quer durch das Land gereist, wobei sie besonders des Schutzes des Gottes der Wege und der Kaufleute bedurften, der ihnen offenbar auch gewährt wurde. Daß dieser Gott gleichzeitig den Kelten zum ›Erfinder aller Künste‹ wurde, lag bei einer der eigenen so überlegenen Kultur nahe. Ihn künftig nach Römerart Merkur zu nennen, dürfte den Galliern nicht schwer geworden sein. Daß er tatsächlich im ganzen keltisch-römischen Raum verehrt wurde, beweisen zahllose ihm gewidmete Altäre und Standbilder größeren und kleinsten Formats, sogar bis nach Köln und Trier hinauf.

Der römische Mars wurde von den kriegerisch gesinnten Kelten vor allem für ihre Lokalgottheiten in Anspruch genommen. Er erhielt den Beinamen eines Stammes oder eines Ortes und wurde so zu ihrem besonderen Beschützer. Auf dem Plateau von Albion z. B. hieß er Mars Albiorix und gewann damit die Gestalt des vorher gestaltlosen Lokalgottes. Aber ebenso bekam er in Nîmes, Carpentras, Tour-d'Aigues oder Barroux römische Beinamen, die ihn an einen Stamm oder eine Siedlung banden, die ihm bevorzugt Verehrung erwies. Er wurde also ungefähr das, was in christlicher Zeit die Ortsheiligen waren. Und seine Kultstätten wurden sogar nicht selten später zu Kapellen.

Der keltische Teutates scheint ursprünglich die Stammesgottheit gewesen zu sein, der später der römische Mars entsprach. Ein antiker Schriftsteller bezeichnet ihn als »ihren nationalen Gott, als Schiedsrichter, Hüter und Verteidiger ihrer Stämme«. Taranis, Gott des Gewitters, Blitzes und Donners, in der Provence mit dem Sonnenrad auf der Schulter oder dem Blitz in der Hand dargestellt, gleicht Jupiter und wurde dementsprechend durch diesen ersetzt. Unklar bleibt die Rolle des dritten der drei großen gallischen Götter, Esus, des ›Holzfällergottes‹. Vielleicht darf man auf seine Natur nach den Opfern schließen, die ihm gebracht wurden. T. G. E. Powell sagt nämlich in seinem Buch ›Die Kelten‹, daß Taranis durch Brandopfer versöhnt wurde, »während man die Opfer für Teutates ertränkte und die für Esus erhängte«, und fährt dann fort: »Möglicherweise symbolisierten diese drei Arten der Opferung die drei Elemente: Erde = Esus (Erhängen), Feuer = Taranis (Verbrennen), Wasser = Teutates (Ertränken).« Vom »undurchdringlichen« heiligen Wald der Kelto-Ligurer war schon die Rede, dies würde dem ›Erdgott‹ Esus entsprechen, ebenso wie seine Eigenschaft als ›Holzfäller‹. Powell weist im Zusammenhang damit auf seinen Bezug zu Odin hin, indem er schreibt: »Der Opfertod durch Erhängen zu Ehren des Gottes Esus ist nicht nur im Hinblick auf heilige Bäume besonders interessant, sondern auch, weil er den Kulthandlungen für Odin, den großen magischen Gott des Kriegeradels, entspricht, dessen Mittelpunkt in Schweden lag, und der vielleicht selbst von Kelten abstammte.« Der Gedanke liegt nahe, daß mit den von den Römern verbotenen Menschenopfern auch das Bild dieses

42   ARLES   Römisches Theater, Ende 1. Jh. v. Chr., dahinter Turm von Saint-Trophime

43 Geflügelte Victoria. Musée Lapidaire d'art
    païen, Arles

44 VAISON-LA-ROMAINE Ausgrabungsge-
    lände La Villasse mit Arkade der Basilika

45 Frühchristlicher Sarkophag, Detail. Musée d'art chrétien, Arles

46　Kapelle Saint-Quenin bei Vaison-la-Romaine

47　Saint-Quenin, Kapitell

48　Saint-Symphorien bei Buoux, Detail des Turmes

50   Kapelle Notre-Dame-d'Aubune

◁ 49   APT   Krypta der Kathedrale Sainte-Anne, 12. Jh.

51 VAISON-LA-ROMAINE Turm der Kathedrale Notre-Dame

52 SAINT-PAUL-TROIS-CHÂTEAUX
Details im Schiff der Kathedrale, 11./12. Jh.

53 Kapelle Saint-Gabriel, Mariae Verkündigung und Heimsuchung im Giebelfeld (s. auch Farbt. 16)

54 SAINT-RESTITUT Kirchenportal

55 LES SAINTES-MARIES-DE-LA-MER
    Notre-Dame-de-la-Mer

56 MONTMAJOUR Abtei

59 MONTMAJOUR Kapelle Sainte-Croix, Ende 12. Jh. ▷

57, 58 MONTMAJOUR Tierskulptur und Konsole im Kreuzgang

60 Wallfahrtskapelle Saint-Sépulcre, 11. Jh., bei Saint-Restitut

61, 62 MONTMAJOUR Umgang und Altar in der Krypta von Notre-Dame

63, 64 SAINT-GILLES Fassade, hl. Andreas und hl. Michael

65 SAINT-GILLES Abteikirche, Fassade
66 SAINT-GILLES Fassadendetail: Judas gibt die Silberlinge zurück, Jesus vertreibt die
Händler aus dem Tempel

67 SAINT-GILLES Hauptportal

68   ARLES   Saint-Trophime, Engelskulpturen, Archivoltendetail

70   ARLES   Saint-Trophime, Detail vom Portalgewände ▷

69   SAINT-GILLES   Kentaur und Hirsch, Portaldetail

71 ARLES Saint-Trophime, Portal

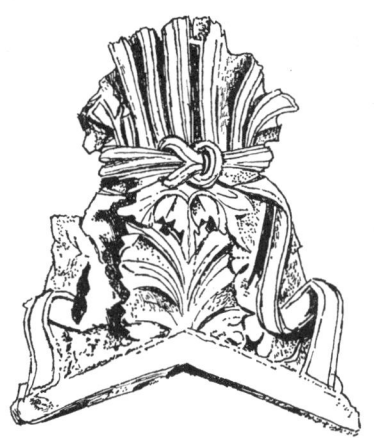

Giebelakroter des großen Tempels in Glanum, Musée Hôtel de Sade, Saint-Rémy-de-Provence

ihnen so fremden Esus erlosch, nicht anders als die Bilder der Heroen, die im Buddhasitz in den kelto-ligurischen Heiligtümern thronten. Für beide fehlten die Parallelen in ihren eigenen Überlieferungen.

Vielleicht darf man die Bedeutung der verschiedenen Kulte nach den Altären beurteilen, die man in den Museen der Provence sieht. Es gibt sie vom Tempelaltar bis hinab zum kaum 20 Zentimeter hohen Reisealtar, und sie sind besonders häufig den Nymphen, dem Merkur, dem Herkules und dem Sucellus-Silvanus geweiht, den Göttern der Wasser, Wälder und Wege, der Natur also – und noch immer sind sie gelegentlich von den heiligen Tieren, der gehörnten Schlange oder der mit dem Widderkopf, dem Stier, dem Wildschwein, dem Pferd oder Raben begleitet.

In *Glanum* (Farbt. 6, Abb. 21), dem ehemals massaliotischen Glanon, stehen zwei Altäre des Herkules an der Heiligen Straße, die zu dem keltischen Wasserheiligtum hinaufführt. Und auch ein Altar der Bona Dea, der Guten Göttin, ist da, die am Markt einen Tempel besaß, so daß jeder Vorüberkommende seine Bitte an sie richten konnte (Farbt. 4). Er zeigt auf dem Relief an seiner Stirnseite einen dichten Eichenkranz, in dem die stets allen Anliegen willig geöffneten Ohren der Göttin dargestellt sind. Einen Altar für Epona, ›die Reiterin‹, eine vielverehrte gallische Göttin, die Füllhorn, Opferschale und Früchte als Attribute hat, wurde ebenfalls in Glanum gefunden. Und ungefähr einhundert dem Sucellus gewidmete Altäre. Hier wird eindeutig klar, daß er den unterirdischen Gottheiten zugeordnet und mit seinem Hammer Hüter des Grabes ist, zugleich aber auch Spender von Fruchtbarkeit und Unsterblichkeit, deren Symbol der Pinienzapfen ist, den er manchmal in der Hand hält.

Von ganz besonderer Schönheit und eigentümlich rätselhaftem Reiz ist jedoch ein fast unbekannter Altar, der abseits von allen Sehenswürdigkeiten in der Einsamkeit von Acker und Weinberg bei der Straße zwischen Fontvieille und Le Paradou von einer riesigen Muschelform überwölbt in eine Kalksteinwand gemeißelt ist (Abb. 26). Man findet ihn, wenn man, von Mouriès und Maussane auf der D 17 kommend, Le Paradou hinter sich

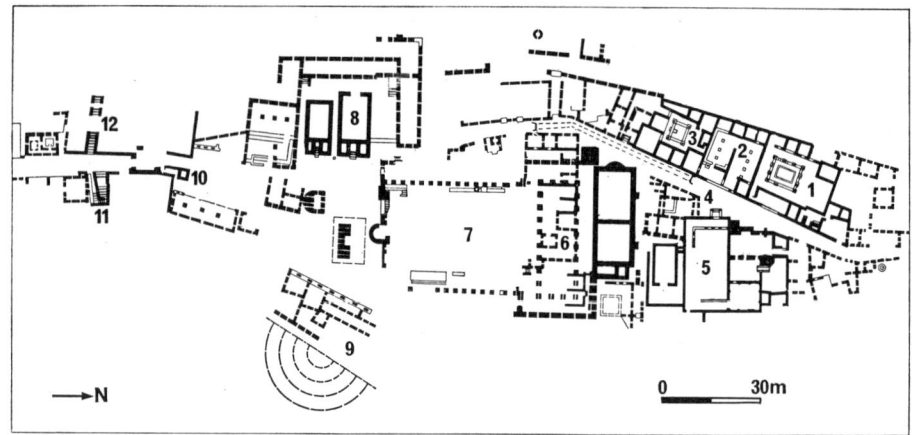

Glanum, Plan der Ruinen 1 Haus der Antes 2 Markt mit Heiligtum der ›Guten Göttin‹ 3 Haus des Atys 4 Hauptstraße mit gedecktem Kanal 5 Thermen 6 Mosaik 7 Forum 8 Zwei Tempel 9 Theater (nicht zugänglich) 10 Befestigtes Tor zur ältesten Siedlung 11 Nymphäum 12 Treppe zum keltischen Sanktuarium

gelassen hat und noch vor dem linker Hand sich hochauftürmenden Lager heller Kalkstein-blöcke aus dem dortigen Bruch links einen unscheinbaren Feldweg einschlägt. Von der Fahrstraße folgt man zu Fuß etwa zehn Minuten lang den Wegkrümmungen und entdeckt dann rechts in der Wand, vielleicht schon wieder vom wuchernden Piniengestrüpp halb verdeckt, die hoch über dem Altarsockel aufsteigende Muschel. Die römische Inschrift ist unleserlich geworden, doch vermag man bei genauer Betrachtung links daneben den Umriß eines Stiers zu erkennen, dessen Kopf dem Beschauer zugewandt ist. Wem der Altar geweiht war, bleibt ungewiß. Der Gedanke, daß ihn Männer, die im nahen Steinbruch arbeiteten, fremde Sklaven vielleicht, aus der Wand gehauen haben, liegt nahe. Aber wem wurden auf diesem schmalen Tisch Opfer gebracht, wer saß auf dieser aus dem Stein gehauenen Bank unterhalb der Opferstätte, wartend, bis an ihn die Reihe kam, seine Gabe darzubringen? Die Kammuschel, die sich hoch über dem Altar erhebt, galt als Attribut der Venus. Aber sie ist auch so ausschließlich dem Wasser zugehörig, daß sie ebenso der Nymphe, die dem angren-zenden Ackerland Feuchtigkeit spendete, geweiht sein konnte. Der Stier jedoch, dessen Bild im Verlöschen ist, läßt auf einen viel älteren einheimischen oder aber auf einen der fremden orientalischen Kulte schließen, die mit den Römern ins Land kamen, möglicherweise den des Mithras.

Eine ganz andere, jedoch sehr einleuchtende Deutung läßt die Arbeit eines belgischen Gelehrten zu, die Prof. Dr. Marc E. Mariën von den Musées Royaux d'Art et d'Histoire in Brüssel in Nr. 2 des Jahrgangs 1978 der Zeitschrift ›Antike Welt‹ unter dem Titel ›Der Tumulus von Noirmont und seine Bernsteinmuschel‹ veröffentlicht hat. Er schreibt darin: »Die Muschelform selbst ist als Attribut der *Venus Anadyomene* zu deuten. Die gerippte

Muschel ist als Motiv auf Grabmälern und Sarkophagen sehr verbreitet, sei es als Baldachin hinter dem Haupt des Verstorbenen, sei es als eine Art Nische, in der die Büste des Verstorbenen aufgestellt war. Meist begegnet uns dies bei Gräbern von Frauen oder Mädchen. Oft ist der Name der Toten mit dem der Venus gekoppelt, denn nicht nur in Rom selbst wurde Venus als Schutzgöttin für verstorbene Frauen angerufen oder mit Libitina (Unterweltsgöttin) gleichgestellt. Auch in Gallien stand die Venus mit dem Totenkult in engster Beziehung. Sie wurde in Terrakotta-Figuren mit astralen Symbolen dargestellt oder mit Nantosvelta, der Gemahlin des höllischen Succellus, identifiziert.« Kurz darauf fährt Mariën über diese Muschelform fort: »Sie ist zusammen mit der den Mithras anrufenden Eidechse ein Zeichen des religiösen Synkretismus des 2. Jahrhunderts n. Chr., der sich mit der Erfüllung orientalischer Kulte unter Septimius Severus noch steigerte.« Nun ist zwar die den Mithras anrufende Eidechse auf unserem Muschelaltar nicht oder nicht mehr sichtbar, doch der ihm ebenfalls zugehörige Stier blieb noch erkennbar und erlaubt uns, den eigenartigen römischen ›Altar‹ in der Feldeinsamkeit bei Fontvieille ins 2. Jahrhundert n. Chr. zu datieren und ihn als das Grabmal einer reichen oder adligen Dame aufzufassen.

Ein interessantes *Mithrasrelief* befindet sich beim Waschhaus von Bourg-Saint-Andéol am Stadtausgang zur N 86 in Richtung Pont-Saint-Esprit zwischen den beiden Quellen des Tourne, von denen die eine als weißschäumender Sturzbach aus dem Felsen bricht, in den das etwa zwei mal zwei Meter große, allmählich vergehende Kultbild eingemeißelt ist. Ein Ort, von dem noch heute in der Überhelle einer Mittagsstunde die Magie eines alten heiligen Bezirks ausgehen kann. – »Der Standort an Felsen und Wasserläufen entspricht den Vorschriften Zarathustras: 'so rufen die Quellen das Wunder des Wassers hervor und dienen der mithräischen Taufe und dem rituellen Trank'. Der das Relief tragende Felsen diente als Rückwand des Heiligtums. – Das ikonographische Modell des Reliefs ist das klassische. Über einem Bogen, der die Öffnung einer Grotte darstellen soll, sind die Büsten von Sol mit dem Raben und von Luna aufgestellt. Unter dem Bogen tötet Mithras in orientalischer Tracht den Stier, der von einem Hund, einer Schlange, dem Symbol der Erde, und einem

Mithras schlachtet einen Stier, nach einem Relief aus Vienne

Opfergeräte, mit Haken versehenes Opfermesser, Wedel, Opferbeil, dolabra, Augurenstab

Skorpion, dem Symbol für das Schlechte, angegangen wird. – Mithras, ein indo-iranischer Genius des Himmelslichtes, soll aus einem Felsen geboren worden sein. Er fing den Urstier ein und zog ihn in seine Grotte, was eine Allegorie der Prüfungen für den Menschen sein soll. Das Tier befreite sich jedoch und mußte deshalb geopfert werden. Durch die befruchtende Opferung wurde der Stiertöter Mithras der Schöpfer aller wohltätigen Wesen. Die Szene symbolisiert so das Aufeinandertreffen von Gut und Böse. Das sehr schlecht erhaltene, aber dennoch kräftig wirkende Relief von Bourg-Saint-Andéol stammt vermutlich aus dem Anfang des 3. Jahrhunderts n. Chr.« (R. Chevallier, ›Römische Provence‹, 1979).

Es ist ja nun nicht mehr nur das römische Pantheon, das mit Mars und Merkur, Apoll, Minerva und Diana in verfremdeter, dem gallischen Geist angenäherter Form seinen Einzug in die Provence hielt. Neben ihnen behaupteten sich viel ältere einheimische Gottheiten wie die Matronae oder Matres, die ›Mütter‹, die stets zu dreien auftreten, bald stehend, bald sitzend, immer aber im reifen Alter dargestellt sind und als Lokalgottheiten, Frauen und Kinder schützend und Segen und Fruchtbarkeit spendend, verehrt wurden. Sie sind rein keltischen Ursprungs, worauf schon die ›Dreiheit‹ hinweist. Am Osthang des Felsens von Les Baux sind sie fast lebensgroß in einen wie ein Menhir geformten Felsen gemeißelt und heißen hier – ins Christliche umgedeutet – auf provençalisch die ›Trémaïé‹, die ›drei Marien‹. Von den Römern wurden sie die Junones genannt, und ein ihnen gewidmeter Altar fand sich in der düsteren Krypta der den Saintes-Maries geweihten Kirche in der Camargue – eindeutiges Zeichen für die heidnische Herkunft der drei heiligen christlichen Frauen.

Doch ist dies nicht der einzige Hinweis auf das hohe Alter dieses unterirdischen Sanktuariums in der wehrhaften Kirche am Meer. Es hat offenbar in römischer Zeit auch dem Mithras-Kult, der immer im Schoß der Erde stattfand, gedient. Noch vor einigen Jahren stand nämlich das Bild der heiligen Sarah, der schwarzen Jungfrau der Zigeuner, der dritten der hier verehrten heiligen Frauen, auf einem Stieraltar des Mithras.

Die keltischen Matronae, die römischen Junones, der iranische Mithras und dann die beiden hebräischen Marien, Maria Jakobäa, die Tante Jesu, und Maria Salome, die Mutter des Apostels Jakobus und des Lieblingsjüngers Johannes, mit ihrer schwarzen Dienerin Sarah, in deren Gestalt die Erinnerung an die kleinasiatische griechische Artemis und an die ägyptische Isis nachklingt – sie alle in einem einzigen Heiligtum am Meer vereint und verehrt. Die Weltläufigkeit, Weite und Großzügigkeit des das ganze Mittelmeer umfassenden Weltreichs ist mit dieser merkwürdigen Konzentration religiösen Lebens an einem sonst unbedeutenden Platz im Sand des Rhône-Deltas noch einmal umrissen.

Der gallo-römische Alltag

Wenn man dies alles gesehen hat, so kann man sich wohl die großen Feste und Spiele in Theater und Arenen und auch die Badefreuden in den Thermen, kurz, das Leben in der Öffentlichkeit vorstellen. Wie aber sah der Alltag aus und wie das, was wir heute das Arbeitsleben nennen? In Glanum, Vaison oder auch Entremont kann man zwar erkennen, daß die Villen der Angesehenen und Reichen durchaus üppig ausgestattet gewesen sein müssen mit einem Atrium, mit Mosaiken, Statuen und erfrischenden Wasserbecken, daß jedoch die Masse der Bevölkerung in winzigen Räumen lebte, obwohl die Haushalte nicht klein waren. Von mehreren Kindern, einem Ehepaar und Sklaven bewohnt, einer Amme und Dienerin vielleicht noch, dürfte für jeden nur wenig Platz gewesen sein, selbst wenn man den Sklaven ein kaum menschenwürdiges Quartier zumutete. Lange, schmale Häuser lassen vermuten, daß viele Bürger von Vasio mit Hilfe von streifenförmigen und Einzimmertabernae zu einem begehrten und teuren Stück Straßenfassade kamen (Alexander G. McKay). Die Ausstattung darin war bescheiden, wie wir aus unzähligen Grabsteindarstellungen wissen: ein Vorhang genügte als Tür, genügte auch, um einige Sandalen, Tongefäße und Geräte darauf zu dekorieren, die den Käufer anlocken sollten. Die Theke lag gewöhnlich etwas erhöht, um Diebstähle zu verhindern, die sonst etwa von Sklaven, Kindern und bei Lebensmitteln auch von streunenden Hunden möglich gewesen wären; denn in den engen Gassen war das Gedränge oft groß. Schon bevor die Römer die Provence besetzten, waren die oppida meist befestigte Städte gewesen, wenn auch recht kleine. Ihre Zahl hat sich zwar im 2. Jahrhundert vervielfacht, der Hausbau unter lateinischem Einfluß verändert, doch begrenzten Mauern die Siedlungen auch weiterhin.

So konnte der Christ Ausonius, ein römischer Dichter, der nach 393 n. Chr. in Bordeaux, seiner Vaterstadt, gestorben ist, an seinen Freund Paulus schreiben: »Seit den ersten Tagen nach dem heiligen Osterfest sehne ich mich aufs Land. Denn das Gedränge der Leute, das vulgäre Gezänk auf den Straßenkreuzungen, das Gewühl in den engen Gassen und das Volksgedränge auf den 'Plätzen', die ihren Namen nicht mehr verdienen – das bin ich leid. Im Durcheinander der Stimmen hallt es wider: 'Halt-Los! Zieh! Weiter! Vorsicht!' Hier läuft eine dreckige Sau davon, ein räudiger Hund rast wütend daher, und dort quält ein ungleiches Ochsengespann sich mit der Fuhre. Es hilft nichts, ins Haus zu gehen und alles abzuschließen: das Geschrei dringt über das Dach herein. Das und was sonst alles meine ruhigen Lebengewohnheiten stört, zwingt mich, den Schutz der Stadt zu verlassen und in der Abgeschiedenheit des Landes die Muße wiederzufinden.« (nach P.-M. Duval)

In Vaison und Glanum dürfte es kaum anders gewesen sein in diesen ersten Jahrhunderten unserer Zeitrechnung. Denn Ausonius spricht auch vom ›Schutz der Städte‹, und diesen Schutz gab wohl vor allem die Mauer, die sie umgab – und beengte.

Wenn römische Verwaltung auch Wasser von weither in die Städte leitete, so war es natürlich wie auch noch im Mittelalter eimerweise in die Häuser zu schaffen, eine tägliche Arbeit, die meist von Sklaven verrichtet werden mußte, nicht anders als die Beschaffung von Holz für das Herdfeuer. Noch war Kohle als Brennstoff unbekannt, und die Lampen wurden mit dem kostbaren Öl versorgt, so daß die einzelnen Räume abends in trübem Dämmerlicht lagen. Schon aus diesen Umständen erklärt sich das lebhafte Getriebe in den Straßen von früh bis spät. Alles drängte ins Freie, und sei es, um der häuslichen Enge in den Abendstunden zu entfliehen.

Fenster und Türen waren klein in den einzelnen Räumen, deren Maße 1,50 mal 2 oder 3 Meter kaum überschritten, wie die Ausgrabungen zeigen. Oft ersetzten Leitern die Treppen. Im Holzbau waren die Kelten von jeher Meister gewesen, wobei ihnen der damalige Waldreichtum Galliens sehr entgegenkam. Ihre Wagen wurden sogar für die Römer zum Vorbild, auf ihren langen Wanderzügen hatten sie die Kunst, sie sinnvoll zu bauen, zur Vollkommenheit ausgebildet. (»Der Name des gallischen Wagens, der ins Lateinische in der Form 'carpentum' übernommen wurde, ergab das französische Wort 'charpente' und seine Ableitungen... Das latinisierte gallische Wort 'carrus' zur Bezeichnung des Wagens hat nach Verdrängung des lateinischen 'currus' das französische 'char' für Wagen mit allen seinen lateinischen und sogar italienischen Ableitungen ergeben«, wie P.-M. Duval schreibt.) So ist im gallo-römischen Haus auch in der Provence vieles aus Holz gewesen, was später aus Stein oder Marmor angefertigt wurde.

Weiter haben wir uns vorzustellen, daß alle Gefäße, die Flüssigkeiten aufnahmen, noch lange Zeit hindurch ausschließlich aus Ton waren, angefangen von den großen Amphoren, die Wein und Öl enthielten, bis zum Milchkrug, Becher und zur Gemüseschüssel, vom Wassergefäß jeder Art ganz abgesehen. Glas, dessen Herstellung in der frühen Antike im Orient schon bekannt war, wurde in den ersten Jahrhunderten nur für feinste Parfümfläschchen, Schmuckperlen und dergleichen verwandt. In der Kaiserzeit verbreitete es sich allmählich, blieb aber Gegenstand des vornehmen Kunsthandwerks und so wohl kaum jedermann als Gebrauchsgegenstand zugänglich. Wahrscheinlich wurde es auch lange Zeit nur von orientalischen Händlern geliefert. Tongefäße dagegen machten das Handwerk des Töpfers unentbehrlich und zu einem der bedeutendsten in ganz Gallien. In der Provence konnte keine Siedlung ohne eine oder mehrere Töpferwerkstätten auskommen, die das tägliche Gebrauchsgeschirr mehr oder weniger schön – und oft sehr schön! – herstellten. Ihre zahlreichen Signaturen auf den Gefäßböden wiesen auf den Meister hin. Es scheint, daß die Töpfer im Gegensatz zu denen in Italien, wo sie Sklaven waren, als freie Unternehmer in Gruppen zu fünf oder sechs mit einem Meister arbeiteten, der seinerseits einer größeren Organisation angehörte. Doch ist dies nicht erwiesen.

Kaum weniger wichtig für den Alltag sind die Ziegelbrenner gewesen. Sie hatten Backsteine und Ziegel zu machen, Heizröhren und Wasserrohre, Bedarfsartikel, die immer und überall gebraucht wurden. Auch hier trug das Produkt den Stempel des Meisters oder den der soldatischen Einheit, wenn es in einer Militärziegelei gefertigt worden war.

Für den einzelnen Haushalt dürften auch die Produkte der Korbmacher und die Geflechte aus Weiden und anderem geeignetem Material unentbehrlich gewesen sein, in denen man Obst, Gemüse, Lebensmittel aller Art, aber auch Werkzeug und andere Gegenstände aufbewahren konnte. Vieles davon ist sicherlich im eigenen Haushalt hergestellt worden, seltener jedoch wohl die Traubenkiepen für die Weinernte und die Rohrgeflechte der Stühle und schon gar nicht die Wagenkörbe, die dem Transport von Gütern und Menschen dienten. Paul-Marie Duval schreibt in seinem Buch ›Gallien‹: »Manche Reliefs zeigen besonders deutlich Wagenkästen aus Weidengeflecht, Korbwagen für den Gütertransport und für Personen: auf vier Rädern ein langer Weidenkorb, bauchig, mit Deckel, den zwei oder drei Männer beladen; ein auf zwei Rädern gesetzter Korb, ein anderer auf vier Rädern. So verbanden sich hier Korbflechterei und Holzkonstruktion im Wagenbau wie im Möbelbau... Eine ganze Wagengarnitur wurde im Departement Vienne gefunden, mit Maultier- und Ziegenbockköpfen, kleinen, mit Weinranken verzierten Pilastern, einer Bacchusfigur, kleinen Bären-, Wildschwein- und Pantherstatuetten. Die Gallier haben so die alte keltische Wagenbautradition zum Vorteil der kaiserzeitlichen römischen Zivilisation weiterentwikkelt.«

Noch heute bevorzugt man überall im Midi den luftigen und leicht transportablen Korbstuhl; im gallo-römischen Haus der Provence dürfte er unentbehrlich gewesen sein, nicht anders als die Vorhänge, die, wie Ausgrabungen und Grabreliefs zeigen, weitgehend Türen ersetzten und damit den Webern Arbeit gaben. Schon Plinius erwähnte die Vorliebe der Gallier für bunte Teppiche und Wandbehänge. Strabo, der griechische Geograph (etwa 63 v. Chr. geboren und nach 26 n. Chr. gestorben) konnte noch schreiben: »Die Gallier haben große runde Häuser aus Brettern und Rohrgeflecht, und sie decken sie mit einem dicken Rohrdach.« In gallo-römischer Zeit hatte sich in den provenzalischen Städten das Steinhaus durchgesetzt und lateinischem Wohnstil angeglichen. Die Wände waren mit bemaltem Putz dekoriert oder mit Platten verkleidet.

Mittelpunkt des Hauses blieb der Herd. Was zum Kult gehörte, stellte man dort zusammen auf. Die kleinen Ton- oder Bronzefiguren der Götter fanden hier ihren Platz. Die Feuerböcke bewahrten keltische Überlieferung: ein Widderkopf aus Ton zierte sie und ehrte damit das heilige Tier des alten Volkes. Erst in den letzten Jahrhunderten der gallo-römischen Zeit ersetzte ihn der Hund als getreuer Hüter des Hauses, nun meist aus Stein oder Metall geformt. Man hat solche Feuerböcke in Gräbern gefunden, zusammen mit anderem Hausgerät, Beweis für ihre symbolische Bedeutung. So zäh erhielt sich die Sitte, solche Feuerböcke zu benutzen, daß man sie noch im Mittelalter ›chiennets‹ nannte.

Gallo-römischer Pferdewagen aus Vaison mit Reisenden im Inneren und auf dem Dach, darüber Wagen der Zirkusrennen. Musée Lapidaire, Avignon

Selbstverständlich unterschieden sich die Wohnungen der Reichen, wie wir in Vaison und Glanum sehen können, wesentlich von denen der selbständigen Freien des kleinen Mittelstandes. Hier hatte sich römischer, ja hellenestischer Villenstil durchgesetzt, und man vermutet, daß Wohlhabende sich griechische, vornehmlich delische Architekten kommen ließen. Ein Becken, das Regenwasser aufnahm, war Mittelpunkt eines quadratischen Hofes unter freiem Himmel. Von ihm aus konnte man alle Wohnräume betreten, von der Straße aus auch den Empfangsraum, vestibulum genannt.

In Entremont, das schon 123 v. Chr. erobert wurde, bestanden schon vor dieser Zeit richtige Häuserzeilen, in denen Haus an Haus grenzte, seltsamerweise von einem gemeinsamen Dach überdeckt, vielleicht auch mit hölzernen Außentreppen versehen. Ihr Mobiliar haben wir uns ebenfalls aus Holz zu denken, von Truhen und Schränken, Ruhebetten und Stühlen sind schöne Beschläge erhalten geblieben. Wir sehen sie in den Museen der Provence und auf den zahllosen bebilderten Grabstelen ihrer einstigen Besitzer, die uns auch sonst wesentlichen Einblick in das Alltagsleben bieten.

Stellt man sich so die Enge des Hauses in einer der gallo-römischen Provencestädte vor, seine räumliche Beschränktheit und Dürftigkeit für die meisten der Einwohner, so begreift man, was die öffentlichen Bauten für das Leben eines jeden bedeuteten, und wie klug die neuen Herren daran taten, ausgiebig für Unterhaltung und Zerstreuung des Volkes zu sorgen. In die Thermen zu gehen, ihre Weiträumigkeit, ja, ihren Luxus zu genießen, war eine reine Freude. Hier wurde man nicht nur bedient, sondern verwöhnt, war einmal selbst der Herr, dem Sklaven gehorchten, erfreute sich des warmen und lauen Wassers im Überfluß, führte Gespräche, hörte das Neueste, traf seine Freunde und entspannte sich nach dem arbeitsreichen Alltag in großen, reich dekorierten Räumen.

»In der Regel kostete das Bad Eintritt: eine Inschrift in Nîmes beweist das. Sie erwähnt die einem Veteranen gewährte Vergünstigung durch die Kolonie, die ihm und seiner Familie dauernde kostenfreie Benutzung des Bades zustand. Aber der Eintrittspreis muß niedrig gewesen sein, und die Verwalter konnten trotzdem bei der großen Menge der Besucher auf ihre Kosten kommen, obgleich der Aufwand für Wasser, Holzkohle, für Waschen und Bleichen, für Parfüme, Öl und Sportgeräte gewiß beträchtlich war. Das Personal bestand aus Sklaven, die sich in den riesigen Kelleranlagen um Brennmaterial, Wäsche und Heizung kümmerten. Die Badediener und Masseure konnten sich feine Tage machen. In Narbonne gibt es das Grab eines Badewärters. Er trägt einen Umhang, und neben ihm sind die Geräte seines Berufs abgebildet, das Ölgefäß und die strigilis.« (P.-M. Duval)

Es ist offensichtlich, wieviel diese jedem zugänglichen Thermen mit ihren Mosaikfußböden, Zierbrunnen, Wandgemälden, Kolonnaden und Statuen für die Städter bedeuteten und wieviel sie auch zur allgemeinen Hygiene beitrugen in einer Zeit, die weder etwas von Ansteckungsgefahr noch von Bakterien wußte, obwohl ihr Schwindsucht und Malaria nur allzu bekannt waren und auch bekämpft wurden, jedoch ohne Kenntnis ihrer Ursachen.

Eine ähnlich ablenkende und erfrischende Bedeutung besaßen Theater und Amphitheater für die Bevölkerung. Auch hier ging es großzügig und prächtig zu, und schon die für so kleine Städte wie Arles, Nîmes und Orange unglaublich großen Bauten vermittelten den

Zuschauern das Gefühl einer Festlichkeit, an der sie frei von Standesunterschieden teilhatten. Da viele der ansässigen Handwerker und Veteranen am Bau dieser Arenen und Theater teilgenommen hatten, muß sich ein stolzes ›Wir‹-Gefühl eingestellt haben, das verhältnismäßig schnell aus Galliern Römer gemacht hat. Eine ähnliche Rolle wie diese monumentalen Bauten der gallo-römischen Jahrhunderte haben später im Mittelalter die prächtigen Kirchen gespielt. Der Bau einer Kathedrale, deren Dach und Türme die bescheidenen Bürgerhäuser weit überragten, sowie ihr festliches Innere mit seinen hohen farbigen Fenstern war ein gemeinsames Eigentum der Gemeinde, die darin Erhebung über den Alltag fand und Zuflucht aus Enge und Bedrückung durch die eigene soziale Situation.

Seltsamerweise ist das äußere Bild, das uns die großartigen öffentlichen Gebäude der Römer in der Provence heute bieten, ein falsches. Wir bewundern das schöngesetzte, abwechslungsreiche farbige Mauerwerk und bewundern dabei etwas, was die Menschen derzeit gar nicht gesehen haben, sobald die Arena oder etwa die Thermen fertig gestellt waren. Darüber teilt Duval als neue Erkenntnis folgendes mit: »Lange Zeit wurde behauptet, daß der Wechsel von Ziegel und Naturstein vor allem dekorativ wirken sollte, ebenso wie die Bearbeitung der Quadern auf Mauerflächen in Fischgrät-Rillen, in Rauten, in Schachbrett-, in Zickzack- oder einfachen Parallel-Rippen. Das ist völlig abwegig; denn nach dem Maurer, der diese Rillen einhieb, kam der Stukkateur, wenn nicht der Maurer selbst die untersten Putzlagen auftrug, die seine Arbeit völlig zudeckten. Der Verputz ist fast überall verschwunden trotz aller aufgewendeten Vorsorge für guten Haftgrund (die tief mit dem Fugeisen nachgezogenen Lagerfugen, die Rillenschläge auf den Hausteinen, auch die in die Wand getriebenen Holz- oder Metallzapfen). Freilich gibt es immer noch genügend Beispiele von Innen- und Außenmauern an den erhaltenen Bauten, die mit Sicherheit erkennen lassen, daß die Mauern aus Kleinquadern, die wir heute wegen der Regelmäßigkeit ihrer Schichten und der äußerst sorgfältig gemauerten Außenseiten bewundern, durch eine mehrere Zentimeter dicke Putzschicht völlig unsichtbar gemacht wurden. Diese war ebenso dauerhaft wie unser heutiger Putz, und sie war, wenigstens im Innern der Gebäude, noch mit bemaltem Stuck überzogen. Erst in nachrömischer Zeit, seit dem hohen Mittelalter, hat man, gewiß unter Nachahmung von Bauten, die ihren Putz verloren hatten, dem Ziegel eine dekorative Aufgabe zugewiesen und daraus geometrische Muster gebildet.«

Die Fortdauer römischer Bauten durch mehr als ein und ein halbes Jahrtausend verleiht noch heute einigen provençalischen Städten etwas höchst Ehrwürdiges. Noch immer ragen Arenen, Theater und Thermen, obwohl von Häusern des 20. Jahrhunderts umgeben und von Autolärm umbraust, geradezu gigantisch aus dem Gewirr der engen Gassen. Ein paar Jahrhunderte hindurch genoß die Provence die Pax Romana, den römischen Frieden, dann ging sie in der Völkerwanderung zugrunde, und der Glaubenseifer neuer Religionen, des Christentums und des Islams, vollendete das Zerstörungswerk, indem er die alte Mittelmeerwelt in Norden und Süden, Osten und Westen aufspaltete und zerriß.

Die sterbende Antike

In *Vaison-la-Romaine* (Abb. 44), das, vor dem Zugriff des Mistral geschützt, landschaftlich und klimatisch begünstigt, in gallo-römischer Zeit als eine der angenehmsten und reichsten Städte der Narbonensis galt, bekunden nicht nur die Ausgrabungen luxuriöser antiker öffentlicher Anlagen und privater Villen Wohlstand und heidnische Kultur seiner Einwohner während der Kaiserzeit – es gibt gerade hier eigentümlich ergreifende Zeugnisse des aufkommenden Christentums und des Ernstes seiner Gesinnung. Der Geist der Antike scheint in dieser ursprünglich keltischen Stadt nicht gewaltsam unterdrückt, sondern er verging nicht, lebte vielmehr wie auch an anderen Orten der Provence noch jahrhundertelang verändert und dem Neuen angeglichen fort. Wo man ihm begegnet, erscheint er nun, ins Christliche gewendet, wärmer und beseelter, der klassischen Kühle und leeren Glätte seiner Spätzeit entkleidet, verjüngt, gelegentlich unbeholfen, und dadurch rührend, immer aber sinnerfüllt und anziehend.

Die Zerstörungen der Völkerwanderungen, der Germaneneinfälle, ihre Durchzüge und ihr Verweilen haben das antike Vaison vernichtet. Das Neue wurde aus und auf den Trümmern des Alten erbaut. Zerschlagene Säulen und Kapitelle eines römischen Tempels bildeten das Fundament der ehrwürdigen *Notre-Dame-de-Nazareth*, als sie, wahrscheinlich schon im 6. Jahrhundert, als Kathedrale des Bischofs von Vaison errichtet wurde. Seitdem hat sie verschiedene Erneuerungen und Veränderungen erfahren. Wenn man jedoch, wie üblich, durch das Portal im rechten Seitenschiff eintritt und hinüber ins hintere Ende des linken geht, so findet man das Fundament der alten Basilika freigelegt. Und aus ihm steigt sieghaft, aus dem noch tieferen Grunde aufwachsend wie ein nicht sterben könnender Baum, der sich verjüngt, eine Doppelsäule des antiken Tempels mit korinthischem Kapitell. Das ist wie ein unaufhaltsames Durch- und Aufbrechen der antiken Welt in die darüber gelagerte christliche. Ein Eindruck, der sich in dieser Kirche, an der Jahrhunderte bauten, immer wieder bestätigt. Da ist der wahrhaft königliche Marmortisch in der linken Seitenapsis mit seinem Weinranken- und Traubenfries, noch ganz heidnischer Altar in der Vollkommenheit seiner Marmorglätte und doch schon christlich, das Zeichen des Erlösers tragend und sein Symbol: »Ich bin der Weinstock ...« Und jener andere vor dem Chor, an dessen Hinterwand es wie Flammen des heiligen Geistes emporzüngelt, und draußen im Kreuzgang der zerbrochene Marmorsarkophag, an dem die togabekleideten zwölf Apostel mit erhobener Rechten Christus als ihrem Cäsar huldigen, und hier wie dort antike Säulen mit dem reichen Blattschmuck

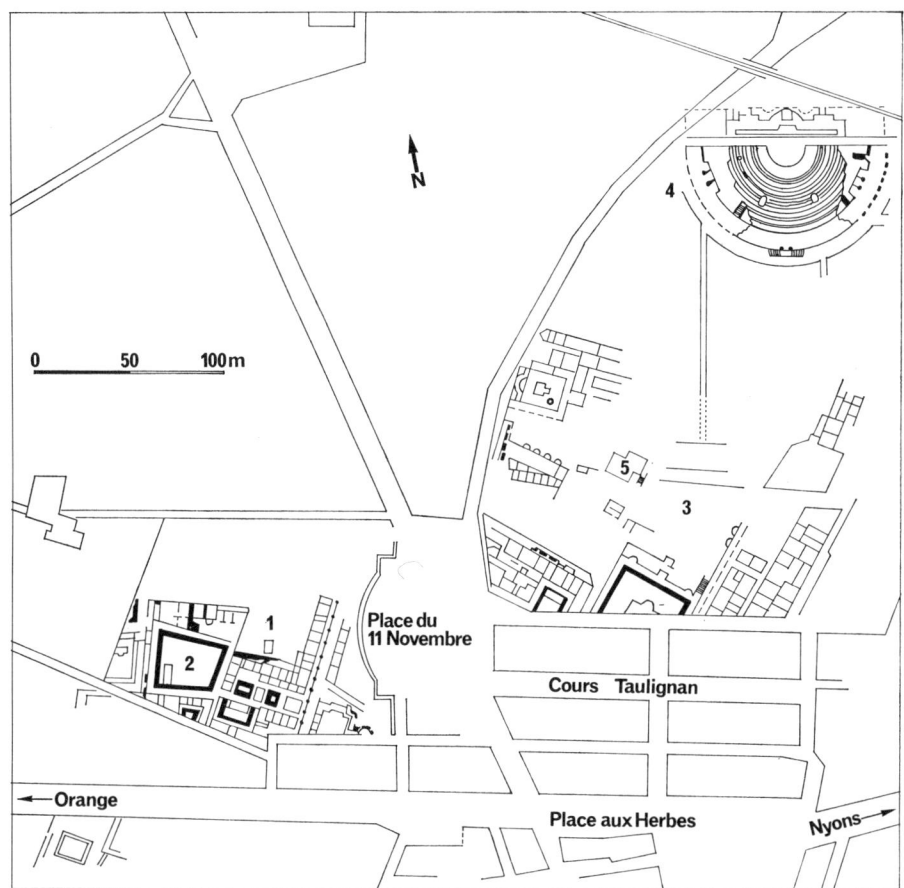

Vaison-la-Romaine, die beiden römischen Ausgrabungsgelände La Villasse und Puymin im Norden der heutigen Stadt 1 La Villasse 2 Maison du Buste en argent 3 Puymin 4 Theater 5 Städtisches Museum

ihrer Kapitelle. Neues und Altes mischt sich in den ersten Jahrhunderten des Christentums auf wunderbare Weise, nicht zuletzt deshalb, weil äußerste Armut nach den Epochen des Niedergangs und der Zerstörung zwang, auf den Reichtum der Vergangenheit zurückzugreifen, um den neuen Kirchen ein wenig Pracht und Ansehen zu verleihen. Urchristlich schlicht wäre ohne den bescheidenen Schmuck ihrer Säulen die Hauptapsis aus merowingischer Zeit mit dem strengen Halbrund ihrer drei steinernen Bankstufen für die Presbyter und dem nur um eine Stufe erhöhten Bischofssitz, herber noch, ein roh behauener Steinsarg, an dem nur die dachförmige Deckplatte geglättet wurde, der Sarkophag davor, der vielleicht die

Gebeine eines Heiligen enthält. Karolingische Chorschranken trennen diesen östlichen, ältesten Teil der Kathedrale von den Um- und Neubauten der Schiffe im 11., 12. und 13. Jahrhundert.

Der heilige Quenin ist der berühmteste unter den frommen Bischöfen des christlichen Vaison gewesen. Er ist 520 dort geboren und hat 22 Jahre lang in seiner Vaterstadt das hohe Amt versehen, bis er 578 starb. Man hat ihm ein wenig außerhalb eine Kapelle gebaut (Abb. 46, 47), und es liegt nahe anzunehmen, daß dies nicht allzu lange nach seinem Tode geschah, und ebenso, daß ihre eigentümliche dreieckige Apsis mit den drei hohen, vom Fundament bis zum Dach reichenden römischen Säulen ursprünglich Teil eines feingegliederten römischen Tempelchens war, an das man später aus roh behauenen Steinen das Kirchenschiff anfügte. Über seinem schlichten Rundportal ist eine ungewöhnlich schöne Platte eingelassen, die ins 7. Jahrhundert, also noch in die Zeit der Merowingerkönige, datiert wird: die eucharistische Vase, aus der die Weinranken mit ihren Trauben quellen – ein ganz antikisch empfundenes, vollkommenes und seltenes Stück.

Vaison-la-Romaine, Plan der ›Maison du Buste en argent‹ in La Villasse   1 Hauseingang   2 Atrium   3 Korridore   4 Haupteingang des Hauses   5 Tablinum (Empfangsraum des Hausherrn)   6 Oeci (Wohnräume)   7 Caldarium   8 Tepidarium   9 Frigidarium   10 Hof   11 Großes Peristyl   12 Kleines Peristyl   13 Wasserbecken   14 Gärten   15 Läden   16 Ladenstraße   17 Hauptstraße

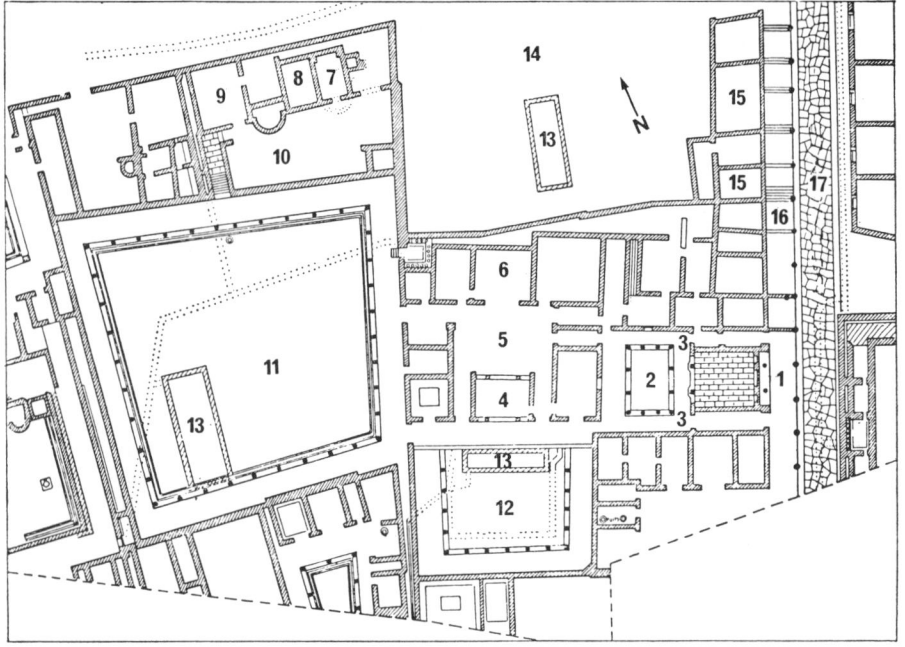

Eucharistische Vase, eingelassen über der Tür der Kapelle (7. Jh.), Saint-Quenin bei Vaison-la-Romaine

Vaison ist nur ein Beispiel unter vielen für das unendlich langsame Sterben der Antike in der nun christlich werdenden Provence. In Arles, dem ›gallischen Rom‹, in dem Konstantin der Große (Abb. 41) zeitweilig residierte, tritt dieser Vorgang an sich noch deutlicher zutage, doch sind die zahlreichen Zeugnisse hierfür dort längst Museumsgut und besitzen deshalb nicht so elementare Symbolkraft wie jene aus dem heidnischen Tempelgrund in die christliche Kathedrale aufbrechende römische Doppelsäule und die noch sichtbaren antiken Säulentrommeln und Kapitelle, auf denen die Kirche erbaut wurde.

Man muß sich das Ausmaß der Verwandlungen vergegenwärtigen, von denen die gesamte Mittelmeerwelt im 4., 5. und 6. Jahrhundert erfaßt und erschüttert wurde, den geistigen und politischen Verfall des römischen Imperiums, die germanischen Wanderzüge und ihre Verheerungen, ihre rasch aufblühenden und wieder zusammenbrechenden Staaten, die sich mit Mord, Verrat, List und brutaler Gewalt doch nur vorübergehend behaupteten.

Für das Weströmische Kaiserreich waren schwere Zeiten gekommen. Es hatte ständig das Heer und damit auch die Bürokratie zu vermehren, und schon im 3. Jahrhundert n. Chr. war der Finanzbedarf des Staates von Währungsverfall, Produktionsrückgang und damit auch sinkenden Steueraufkommen belastet und kaum noch zu decken. Handel, Handwerk und Ackerbau gingen zurück, durch Kriege und Beschlagnahmungen gehemmt. Die Abgaben waren für den kleinen Mann kaum noch aufzubringen und waren imstande, auch Reichere zu ruinieren.

»Die wirtschaftlichen Folgen der Barbareneinfälle und Bürgerkriege des 3. Jahrhunderts sind besonders deutlich in Gallien festzustellen, das eine der reichsten und produktivsten, aber mit seinem Export von Wein und Keramik bis nach Afrika und Syrien auch besonders krisenanfälligen Provinzen des Westens war. Eine Komplementärerscheinung des depressiven wirtschaftlichen Trends ist die inflationäre Entwertung der Währung, verbunden mit Preissteigerungen. Die gängigste Münze, der Denar, sank gegen die Mitte des 3. Jahrhunderts auf rund 1/30 seiner ursprünglichen Kaufkraft. Als Abhilfe lancierte Caracalla eine weitere Silbermünze, den Antonianus. Aber auch dessen Silbergehalt sank ständig, und unter Claudius Gothicus war der Antonianus nur noch ein Stück Kupfer oder Bronze mit dünnem Silberüberzug.« (Fischer Weltgeschichte Band 9, ›Die Verwandlung der Mittelmeerwelt‹ von Franz Georg Maier)

Es folgten die Jahrhunderte, in denen alles bestenfalls stagnierte oder aber auch schon verfiel, in denen nach und nach Arenen mit kleinen Häusern bebaut oder als Festungen hergerichtet wurden, da feindliche Überfälle, Durchzüge plündernder Heere sich häuften, Neues kaum noch entstehen konnte und selbst die Bischofsstühle verwaisten, die eben erst entstanden waren.

Was die Eroberer an eigenen Überlieferungen mitbrachten, gaben sie erschreckend schnell auf, überwältigt von dem, was sie vorfanden, unfähig jedoch, es sich wirklich anzueignen. Als ›Verbündete‹ oder ›Gastfreunde‹ mit Grundbesitz ausgestattet und dafür als Entgelt zum Waffendienst verpflichtet, widmeten sie sich einzig der Landwirtschaft und kriegerischen Übungen. Der höheren antiken Kultur vermochten sie nichts entgegenzusetzen, sie erkannten sie bedingungslos an, weshalb auch die gesamte Verwaltung, der Handel und alles, was lesen und schreiben können voraussetzte, römisch organisiert blieb. Das Münzwesen, der Steuereinzug, selbst die Rechtsprechung bewahrten mehr oder weniger das althergebrachte System, nur die Bevorzugung der Eroberer darin war neu. Da die hohen Regierungsbeamten aus den senatorischen Geschlechtern stammten, die noch die klassischen Rhetoren- und Grammatikschulen besucht hatten, haben die germanischen Könige mit Männern regiert, in denen die römische Kultur fortlebte.

Während der Herrschaft der fränkischen Merowinger (481 bis 751 und seit 535 Herren über die Provence), die nach Art der germanischen Könige mitsamt ihrer Verwaltung von

Westgotische Stele, 5./6. Jh., Nîmes, Musée archéologique

Römisches Marmormosaik, Aix-en-Provence

Residenz zu Residenz zogen, wurden die Urkunden noch nach dem Vorbilde der byzantinischen Hofkanzlei ausgefertigt. Nur in der Provence bestand die antike Provinzialverwaltung mit einem praefectus fort. Noch bis zum Anfang des 7. Jahrhunderts ließen die merowingischen Könige neben den eigenen auch Kaisermünzen prägen. Erst unter Chlotar II. (584–629) ersetzten die südfranzösischen Münzprägestätten den Namen des Kaisers durch den des Königs. Statt Victoria Augustorum stand dort jetzt Victoria Chlotarii.

Auch die Sprache blieb lateinisch. Für den Handelsverkehr im gesamten Mittelmeerraum, der in den ersten christlichen Jahrhunderten bis zum Erstarken des Islams noch möglich war und neben Waren aller Art aus Asien und Afrika auch kulturelle Einflüsse in den Westen brachte, war die Kenntnis des Lateinischen in Wort und Schrift unerläßlich. Marseille, Fréjus, Nizza und Narbonne waren, wenn auch wohl in bescheidenerem Umfang, nach wie vor als Hafenstädte wichtig, und Nîmes blieb eine Handelsstadt von Bedeutung. Aber da die großen zur Römerzeit angelegten Straßen unsicher und vernachlässigt waren, benutzte man trotz der damit verbundenen Zeitverluste nach Möglichkeit die Wasserwege und scheute auch das dann notwendig werdende häufige Umladen auf Verbindungsstraßen nicht, wenn man in den germanischen Norden wollte. Aus dem östlichen Mittelmeer kamen noch immer jüdische und syrische Kaufleute mit kostbaren Waren, doch sind ihre Reisen zweifellos sowohl seltener wie gefahrvoller für sie geworden, und über die Ausfuhr von Gallien nach dem Süden gibt es seit dem 5. Jahrhundert nur spärliche Nachrichten. Daß zur Zeit der Karolinger Marmor von Arles aus den großen antiken Bauten für nördliche Pfalzen, Kirchen und Abteien auf der Rhône abtransportiert wurde, ist typisch für den Verfall, von dem die Provence nicht nur durch die Arabereinfälle betroffen wurde. Keine Stadt vergrößerte sich mehr, keine neue entstand, obwohl man des Schutzes ihrer Mauern mehr denn je bedurfte. Der Adel, dessen Macht durch die Schwächung des Königtums und neue Lehen an ihre Vasallen zunahm, dürfte so manchen freien Bauern sein Land gekostet haben. Das Handwerk hatte keine Luxusgegenstände mehr herzustellen und vegetierte ärmlich dahin.

Orientalisches Asketentum und orientalische Formensprache gaben dem provençalischen Mönchstum und seiner kirchlichen Kunst entscheidende Impulse. Überhaupt wurden nun allmählich die Klöster zu den eigentlichen Kulturträgern, und die Bedeutung der Städte – für Menschen italischer Prägung das selbstverständliche Lebenszentrum – trat zurück. Damit ›verwilderte‹ auch das Latein des Mannes auf der Straße zum primitiven, grammatikalisch nicht mehr korrekten. Henri Pirenne hat in seinem Buch ›Mahomet und Karl der Große‹ darauf hingewiesen, daß der heilige Cäsarius, »die große religiöse Gestalt des 6. Jahrhunderts in Gallien« und 502 bis 543 Bischof von Arles, bewußt ein vereinfachtes Latein schrieb, die sogenannte ›lingua rustica‹, die damals noch die allgemeine Umgangssprache war. Er wollte, daß ihn jedermann verstehen könne, und verzichtete deshalb auf die blumige Rhetorik der klassischen Hochsprache. Beherrscht hat er sie gewiß; denn da das merowingische Kirchenrecht größtenteils aus dem Arles des 6. Jahrhunderts stammt, dürfte der heilige Cäsarius, der den Bischofssitz mehr als vierzig Jahre innehatte, bedeutenden Anteil daran gehabt haben. Übrigens ist seine Gestalt, ebenso wie die des heiligen Trophime von Arles, aufs liebenswürdigste in die Märchen- und Legendenwelt der Provence eingegangen, also auch nach mehr als einem Jahrtausend unvergessen.

Im römischen Arelate, das im 2. Jahrhundert v. Chr. durch den Kanalbau des Marius See- und Binnenhafen zugleich und um 400 n. Chr. sogar die Hauptstadt der drei Gallien, d. h. Frankreichs, Englands und Spaniens, war, mußte sich der Geisteswandel von der Antike zum frühen Mittelalter besonders deutlich abzeichnen.

Hier gab es die *Alyscamps* (Farbt. 15), die alte Gräberstraße an der Via Aurelia, ehrwürdig wie die Via Appia in Rom. Einen und einen halben Kilometer lang reiht sich in einer Breite von einem dreiviertel Kilometer Grab an Grab. Christliche Sarkophage wurden über die heidnischen getürmt, an die zwanzig Kapellen entstanden, wo vordem Tempel und Altäre waren, und da hier die ersten Heiligen der Provence beigesetzt wurden, *Saint Genès, Saint Honorat* und *Saint Césaire,* galt der Ort ein Jahrtausend lang als ein besonders geweihter, ewige Seligkeit verheißender. Noch im späten Mittelalter schickte man Tote in ihren Särgen die Rhône abwärts, damit sie in den Alyscamps bestattet wurden.

Was bis heute von diesem zwei Jahrtausende alten Friedhof übrig blieb, ist wenig genug, und doch immer noch sehr eindrucksvoll durch seinen tiefen Ernst. In der romanischen Kirche *Saint-Honorat* (Farbt. 15; z. Z. geschlossen, ev. im Sommer 1985 wieder zugänglich), die ihn jetzt abschließt, hat man nun einige in den letzten Jahrzehnten aufgefundene besonders schöne Sarkophage aufgestellt; drei aus der Karolingerzeit und einen wundervollen, gut erhaltenen aus hellem Marmor aus dem 4. Jahrhundert, den man vor der Kirche gefunden und jetzt in ihre Mitte gesetzt hat. Er strahlt jenen Zauber christlicher Frühzeit aus, in der sich die Antike glückhaft mit dem Geist des Evangeliums verbindet. Ein jünglingshafter bartloser Christus, der das mannshohe Kreuz als Zeichen seines Sieges hoch

Orpheus-Mosaik.
Musée Lapidaire d'art
païen, Arles

aufgerichtet hält, beherrscht wie ein antiker jugendlicher Heros seine Vorderfront. Der Auferstehungsgedanke der neuen Religion, ihre beseligende Jenseitsverheißung ist durch ihn überzeugend dargestellt und zugleich der strahlende Sieg über den alten Glauben. Ein ähnlicher, gleichfalls sehr schöner Sarkophag steht im linken Seitenschiff der Kathedrale Sainte-Anne von *Apt* (Abb. 49): auch dieser stammt aus dem 4. Jahrhundert, dem ersten christlichen in der Provence, ja, dem ersten offiziell christlichen überhaupt. Denn erst 313 erließ ja Konstantin der Große das Toleranzedikt, das den Christen Glaubensfreiheit gab und ihre ersten Kirchenbauten ermöglichte. Schon im nächsten Jahr, 314, fand in Arelate die erste Synode statt.

Wen diese Zeit des Übergangs, des Untergangs einer Weltepoche und des allmählichen Heraufkommens einer neuen interessiert, der darf weder den Besuch des *Museums heidnischer* noch das *christlicher Kunst* (Abb. 45) in *Arles* versäumen. Beide sind nicht groß, aber sehenswert. Was einst auf den Alyscamps, den Elysäischen Feldern, vereint war, ist jetzt nach seinen Glaubensinhalten getrennt worden. Nur noch in Rom kann man so eindringlich diese merkwürdige Zeitenwende erleben, diese langsam, sehr, sehr langsam sterbende Antike und das aus ihr erwachsende, sie nie ganz verleugnende Neue.

Eigentümliche und nicht sogleich verständliche Symbole sind mitunter in die Schmalwände der Sarkophage eingeschnitten. Sie scheinen – und sind es auch – dem Maurerhand-

113

Frühchristlicher Sarkophag. Musée Lapidaire d'art chrétien, Arles

werk entlehnt, finden sich jedoch so häufig, daß es im alten Arelate einige tausend Architekten und Bauleute gegeben haben müßte, wenn sie den Beruf des Beigesetzten bezeichnet hätten. Die alte Form der Setzwaage und das Senklot, Sinnbild für den alles gleichmachenden Tod, gehört dazu und die Hacke, deren Bedeutung der Sense bei uns entspricht. Besonders merkwürdig ist ein häufig dargestelltes Werkzeug, das einer abgeknickten Axt gleicht. Zum Einreißen von Häusern und Mauern bestimmt, bei uns Dechsel oder Dachsbeil genannt, symbolisiert es die zerstörerische Gewalt des Todes. Der Sinn der zu Boden gekehrten und damit gelöschten Fackel ist ohne weiteres verständlich, ebenso, daß die Anfangs- und Endbuchstaben des griechischen Alphabets Alpha und Omega Geburt und Tod bedeuten. Für Christen stellt eine Taube die Seele dar, die zu Gott emporsteigt, der Efeu die Unsterblichkeit, Weinstock und Traube Christus selbst. Die heidnischen Römer dagegen begleitet ihr persönlicher Genius, ihre nur ihnen zugehörende geflügelte Schutzgottheit, und hält oft die Plakette mit der Inschrift, die dem Verstorbenen gewidmet wurde. Jagdszenen, Oliven- oder Weinernte, auch antike Mythen sind auf diesen Sarkophagen die Themen der Darstellungen auf den Längswänden, auf denen die Anhänger des neuen Glaubens die Geschichten der Bibel oder Jesus und die Apostel.

Mit eigentümlicher, man möchte sagen unschuldiger Unbefangenheit hat sich das junge Christentum die alte Kultur angeeignet, was nur als ein Beweis ursprünglicher Kraft gelten kann. So dient ein römischer Sarkophag oder ein Badetrog in dem kleinen *Cadenet* am Südhang des Luberon als Taufbecken. Die verlassene Ariadne, Dionysos, Kentauren, Jupiter, ein gewaltiger Löwenkopf und Jünglingsgestalten in göttlicher Nacktheit treten voll Grazie und Charme aus diesem Marmorrelief ins Kirchendüster – eine versunkene Götterwelt in gelassen zeitloser Schönheit.

Auch in den ersten christlichen Taufkapellen, noch für die Taufe von Erwachsenen gebaut, die, im geweihten Wasser stehend, Reinigung von alter Sünde und Erneuerung durch den Glauben erfuhren, wurden die schönen Marmorsäulen heidnischer Tempel für den Rundbau verwendet und die Zu- und Ableitungen des Wasser nach bewährten römischen Techniken angelegt.

Die Provence besitzt vier solche frühchristliche Taufkapellen: die in *Fréjus* und *Riez* stammen aus dem Ende des 4. Jahrhunderts oder dem Anfang des 5. Jahrhunderts, die in *Aix* (Farbt. 20) aus dem 5. Jahrhundert, während die in *Venasque*, der alten Bischofsstadt, ins 6. Jahrhundert datiert wird. Die beiden letztgenannten sind äußerst eindrucksvoll durch ihren feierlichen Ernst früher Gläubigkeit. Hans Eckstein schreibt darüber in seinem Buch ›Die Romanische Architektur‹: »Die zentrale Lage ergab sich bei den Baptisterien schon aus den funktionalen Bedingungen als naheliegende Lösung. Denn es war ein Raum zu schaffen, der das runde oder polygonale Wasserbecken, in das der Täufling hinabsteigen mußte, umgibt. Dieses Bassin war in den Boden vertieft. Drei oder sieben Stufen – die Zahl stand mit der Zahlensymbolik in Verbindung – führten zu ihm hinab. Über seiner runden oder oktogonalen Brüstung erhob sich ein Baldachin über Säulen, zwischen denen beim Taufakt Vorhänge gespannt wurden. Der Raum bildete einen um dieses Becken herumführenden Umgang, an dessen Umfassungsmauern oder in sie eingetieft apsidiale Nischen lagen. In einer dieser Nischen stand ein Altar, während die anderen als Aus- und Einkleideräume dienten. Da die Taufe nur vom Bischof vorgenommen werden durfte, waren die Baptisterien Annexe von Kathedralen und mit ihnen durch Couloirs verbunden, die meist nicht mehr erhalten sind.« Auch Venasque besaß ja ursprünglich eine Kathedrale, da der Ort vom 6. bis ins 10. Jahrhundert Sitz der Bischöfe von Carpentras war.

Alle diese frühen Baptisterien, auch die von Marseille, Riez und Poitiers, stammen aus präromanischen Jahrhunderten. »Denn seit dem 7. Jahrhundert wurde der Brauch, die Taufe durch Untertauchen (submersio) oder durch Eintauchen (immersio) des ganzen Körpers vorzunehmen, mehr und mehr durch bloßes Aufgießen des Wasser auf den Kopf des Täuflings ersetzt.« (Eckstein)

Werkzeugformen, die häufig auf den Sarkophagen der Alyscamps dargestellt sind: Senkblei, Symbol der Gleichmachung durch den Tod; Dachsbeil (Dechsel), Werkzeug zum Einreißen von Mauern und Häusern. Todessymbol; Setzwaage, ein anderes Symbol der Gleichmachung durch den Tod

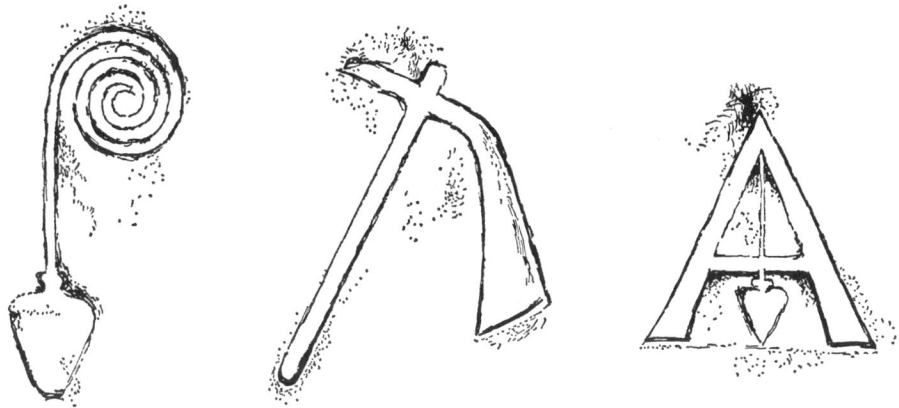

Der Taufkapelle in dem kleinen, hoch am Berg gelegenen Venasque eignet jedoch mehr noch als den älteren und auch größeren von Aix und Fréjus eine ganz besondere strenge Schönheit.

Der schlichte Rundbau mit seinem Kranz von acht römischen Säulen, die vier aus roh behauenen Steinen harmonisch gewölbten Apsiden, die dem Grundriß die Form eines griechischen Kreuzes geben, das achteckige Taufbecken im Zentrum des Ganzen, dazu ein ehemals heidnischer, nur auf einer Säule ruhender Altartisch aus herrlichstem hellen, leicht gilbendem Marmor in einer der Kapellen, auf dessen ebenmäßig geglätteter Platte kaum sichtbar ein Fisch, Symbol des neuen Glaubens, eingeritzt ist – dies alles ist vollkommen in Maß und Haltung und strahlt urchristliche Würde aus. Eine Kuppel überdachte ursprünglich das Säulenrund. Sie war die einzige Lichtquelle des Baus, durch die Sonnenschein in das achteckige Wasserbecken mit dem Mosaik auf seinem Grund fiel, wenn zu Ostern – und nur zu Ostern – getauft wurde. Vier Quellen speisten das Baptisterium, in einer der vier Apsiden lag das Tepidarium, in dem der Täufling sich durch Waschungen auf den rituellen Akt vorbereitete. Das Kapellenrund, in dem der antike Altartisch steht, der wohl als Hauptaltar diente, zeigt oben in seiner Wölbung fünf Löcher im ungefügen Gemäuer. Hier sollen Amphoren eingesetzt gewesen sein, die wie die Kuppel im Lauf der Jahrhunderte zerbrachen und herabstürzten. In dem damals noch rundum geschlossenen Raum ermöglichten sie eine offenbar beabsichtigte feierliche Echowirkung. Heute gibt eine seitlich später eingebaute Tür Ausblick auf das schöne Tal und den fernen Mont Ventoux.

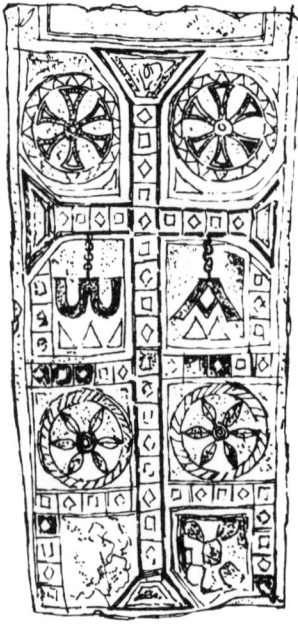

Grabstein des Boethius, Bischof von Carpentras und Venasque, gest. 604

116

Nicht weit von der merowingischen Taufkapelle von Venasque ist übrigens noch ein anderes seltenes Werk dieser christlichen Frühzeit zu sehen: der Grabstein des Bischofs Boethius von Carpentras, der im Jahr 604 starb. Man findet ihn in der sonst unbedeutenden *Chapelle Notre-Dame-de-la-Vie* 2,5 Kilometer unterhalb der Stadt, wenn man von der D 28 in die D 4 einbiegt. Er steht gleich rechts neben dem Eingang, ein eigentümlich starkes Stück primitiver Steinmetzarbeit, in dem das Kreuz dominiert, an dem die Buchstaben Alpha und Omega aufgehängt sind. Da ist nichts mehr von Antike zu spüren, weder Eleganz noch Glätte, nur schwerfälliger Ernst, wohl aber schon die zu dieser Zeit wirksam werdenden Einflüsse aus dem christlichen Orient, aus dem koptischen Ägypten und aus Syrien, den Ländern, in denen die ersten Klöster entstanden waren und den westlichen als Vorbild dienten. Der fränkische Kopist und offenbar auch seine Auftraggeber scheinen jedoch so gut wie nichts vom griechischen Alphabet gewußt zu haben; denn die so wesentliche Reihenfolge der Buchstaben – Anfang und Ende – ist vertauscht worden. – Aber: ist das, was aus der Sicht des 20. Jahrhunderts als plumper Bildungsmangel erscheint, nicht aus der des frühen Christentums voll mystischer Symbolkraft? Das Ende, der irdische Tod, als das, was dem eigentlichen Anfang, dem ewigen Leben, vorangeht?

Sechseckig wie das Taufbecken von Venasque und gleichfalls von einem Säulenrund umgeben ist auch das größere in *Saint-Sauveur* in Aix (Farbt. 20). Seine acht schönen, sehr hohen römischen Säulen mit korinthischen Kapitellen sollen aus einem Apollo-Tempel stammen, der, wenn nicht überhaupt an der gleichen Stelle, so doch jedenfalls in unmittelbarer Nähe gestanden hat. Die über das Ganze gewölbte Kuppel aus dem 16. Jahrhundert erhöht seltsamerweise den Eindruck von Erhabenheit, den diese Anlage vermittelt.

Der Unbefangenheit, mit der Antik-Römisches in christliche Kirchen übernommen wird, begegnen wir sonst mit so vielen Beispielen nur noch in Italien, vor allem in Rom selbst. Insofern bleibt auch im ersten Jahrtausend die Provence tatsächlich noch ein Rom im Kleinen. Säulen und Altäre aus der späten Kaiserzeit wird man hier immer wieder in entlegenen Kapellen und berühmten Kathedralen finden. Und ebenso vieles, was ganz aus dem alten Geist geschaffen wurde. So steht in dem auch wegen vorgeschichtlicher und keltischer Funde sehenswerten *Museum* von *Cavaillon* ein wundervoller Altar aus der Merowingerzeit, um dessen Außenkante das in dieser Frühzeit häufige Rebenrankenmotiv läuft, nun jedoch durch ein griechisches Kreuz vor der Altarmitte unterbrochen, das von je einem Taubenpaar flankiert ist. Besonders reizvoll ist dabei die eigentümliche, gewiß sinnerfüllte Anordnung der Vögel. Das rechte Paar ist nämlich im Gegenüber einander zugekehrt, das linke jedoch wie in Gefolgschaft hintereinander verschränkt. Auch dieser Altar hat wie der in Venasque, im Gegensatz zu den vier in Vaison, die sehr alte Form: seine Platte ruht auf einer einzigen Mittelsäule.

Pirenne hat darauf hingewiesen, daß im 8. Jahrhundert in ganz Südgallien viele Bischofsthrone unbesetzt geblieben zu sein scheinen, so jahrzehntelang in Arles, Avignon, Orange, Carpentras, Aix, Nîmes und Uzès. Das letzte gallische Konzil soll 695 stattgefunden haben und das nächste dann erst wieder 742. Das beweist einen Verfall des kirchlichen Lebens, der mit dem Verfall der Städte, des Handels, der Verwaltung und des Wohlstands Hand in Hand ging. Aber hier ist hinzuzufügen, daß die Araber, wenn auch 732 von Karl Martell bei Tours und Poitiers geschlagen, doch schon 735 wieder Arles und 737 Avignon eroberten und 739 nochmals die Provence durchzogen und erst 752 durch Pipin zurückgeschlagen wurden. Das 8. Jahrhundert war hart für das Land.

Das Erstarken des Islam, seine vollständige Beherrschung des Mittelmeers, die den Westen vom Osten und von Afrika trennte, und die verheerenden arabischen Einfälle von Spanien und den Küsten her (von 711 an) haben große Veränderungen bewirkt. Die fränkischen Merowinger (486–751 und seit 535 Herren über die Provence) konnten sich noch lange der alten römischen Verwaltung, ihrer Systeme und ihres Wissens bedienen, Karl der Große (768–814) und seine Nachfolger konnten es nicht mehr. »Als die Karolinger die Macht übernahmen, war das Goldgeld bereits verschwunden« (Pierre Riché) und war durch silbernes ersetzt worden. »Die einzige wirklich ausgeprägte Münze war das Pfennigstück« (Pierre Riché). Vorwiegend die Geistlichkeit konnte noch lesen und schreiben. Karl der Große lernte es erst im Alter. Der Gläubige verstand nicht mehr das Latein seiner Priester am Altar.

Aus dieser Perspektive haben wir die Kunst der Karolingerzeit und die der nachfolgenden Jahrhunderte zu betrachten. Wenige Stücke sind erhalten; denn wenige wurden überhaupt angefertigt, monumentale schon gar nicht. Und diese wenigen sind unbeholfen dem von Germanen und Kelten mitgebrachten Ornamentstil oder dem ostkirchlichen verpflichtet, wenn sie nicht immer noch vom Geist der Antike getragen wurden. Für uns strahlen sie jedoch mit ihren Flechtmustern einen neuartigen primitiven Reiz aus, dem wir uns nicht zu entziehen vermögen. Sie sind eigentümlich kraft- und symbolgeladen wie alle noch junge Kunst. Die behauenen Platten an der Decke in der vorromanischen Krypta der Kathedrale von Apt und der guterhaltene schwerfällig-großartige Sarkophag im Dämmerlicht von Saint-Honorat an den Alyscamps in Arles sind solche einmaligen Stücke, die sich eigenwillig ganz von dem übermächtigen römischen Vorbild gelöst haben.

Die an Karl des Großen Hof durch Alkuin gepflegte antike Bildung trägt nicht zu Unrecht den Namen ›karolingische Renaissance‹. Man versuchte etwas zu beleben, was nicht mehr lebendige Gegenwart war, vor allem nicht im Norden des Reiches. Im Süden, in der Provence, die so besonders lange römisch gewesen war, blieb diese Vergangenheit dagegen wirksam.

Der Überlieferung nach soll der alte Bau der Kirche *Notre-Dame-d'Aubune* (Abb. 50), die am Westhang der Dentelles de Montmirail an der D 7 liegt, von Hildebrand, dem Bruder Karl Martells, also einem Karolinger, als Dank für den Sieg über die Araber bei Poitiers und Tours (732) errichtet worden sein. Ursprünglich lag in dieser Einsamkeit allem Anschein nach ein antikes oder noch älteres Quellheiligtum, und der Beiname der Gottesmutter ist von ›alba‹, dem weißen Wasser der noch fließenden Quelle abgeleitet worden. Inzwischen weiß man, daß der Glockenturm in das 2. Viertel des 12. Jahrhunderts zu datieren ist und das nördliche Seitenschiff ins 17. Jahrhundert, während die Strebebögen im 18. Jahrhundert angefügt wurden. Der wundervolle Turm mit seinen hochgezogenen römischen Pilastern, seinen hohen und schmalen, von Säulen eingefaßten Fensteröffnungen, ist ganz antikisch empfunden. Einige der Säulchen in diesem Turm zeigen die gewundene, kannelierte Form,

Fränkische Krieger, 1. Hälfte 9. Jh., nach der Bibel Karls des Kahlen. National-bibliothek, Paris

die von den Arabern nach Europa gebracht wurde – vielleicht eine Erinnerung an den siegreich beendeten Feldzug gegen den Islam, ähnlich jenem arabischen Doppelfenster in Hufeisenform, das sich weiter nördlich gegenüber der Kirche von *La-Garde-Adhémar* an der alten Büßerkapelle eingefügt findet.

Als die Arabergefahr gebannt war, wirkte der Geist der Antike noch lange in der Provence fort. Wir finden die Spuren überall im Land. Römische Säulen, antike oder ihr nachgebildet, stehen in Kathedralen und Kreuzgängen des 11. und 12. Jahrhunderts, und in den entlegensten Orten, in *Saint-Restitut, Saint-Gabriel, Saint-Trinit* oder *Saint-Christol*, fügen sie sich, als könne es gar nicht anders sein, in die so ganz anders gearteten Kapellen und Kirchenschiffe. Saint-Restitut im Norden besitzt an seiner sehenswerten, sehr ehrwürdigen Kirche ein ganz und gar klassisches, wahrhaft bezauberndes antikes Giebelportal (Abb. 54), und in der nahen, einsam über einer bukolischen Weite gelegenen Wallfahrtskapelle *Saint-Sépulcre* (Abb. 60) aus dem 11. Jahrhundert einen sechseckigen Bau von vollkommenem Ebenmaß, aus dem gleichen Geist erschaffen.

Am Zusammenfluß von Rhône und Durance, im Herzen der Provence, ist es nicht anders. An der uralten Wegkreuzung, am Schnittpunkt der von Arles nach Norden führenden Straße des Agrippa mit der Via Aurelia, die Italien mit dem Rhôneübergang bei Tarascon verband, erstand im 12. Jahrhundert die *Saint-Gabriels-Kapelle* (Farbt. 16, Abb. 53), christlicher Mittelpunkt einer Gemeinde von Flößern, Fuhrleuten und Rhôneschiffern, die hier die über die Handelswege von Nord, Süd, Ost und West kommenden Waren umluden und über die Sümpfe und Wasserläufe zum oder vom großen Strom brachten. Die kleine Kirche am Berg verleugnet das römische Ernaginum nicht, aus dem der mittelalterliche Ort hervorging, weil die Arbeit der Flößer, Packer und Fuhrleute auch ein Jahrtausend später in dieser sumpfigen Ebene gebraucht wurde: wie ein römischer Tempelgiebel ist ihre Vorhalle gestaltet mit Säulen, Kapitellen, Akanthusblättern, Perl- und Eierstabfriesen, deren Vorbilder in

Arles und anderen Städten des Imperiums zu suchen sind. Die kraftvoll primitiven Darstellungen von Daniel in der Löwengrube, von Adam und Eva, von der Verkündigung und Heimsuchung (Abb. 53) im Rundbogen und im Giebelfeld stammen wahrscheinlich aus einem erheblich älteren, noch vorromanischen Bauwerk. Sie steigern mit ihrem ungefügen Ernst noch den eigentümlich adligen Reiz dieses ganz und gar klassisch empfundenen Kirchenvorraums.

Wie im Norden und an Durance und Rhône die Vergangenheit fortlebte, so auch im Süden: auch Saint-Sauveur (Abb. 111), die Kathedrale von Aix, im Castellbezirk des alten Aquae Sextiae an der Kreuzung von Decumanus und Cardo errichtet, hat ein Seitenportal, das in einen römischen Tempel führen könnte.

Die Antike starb langsam in der Provence.

Das hohe Mittelalter

Die heiligen Marien und die Mönche von Montmajour

Wie die Gründung des griechischen Massalia von einer romantischen Sage umsponnen ist, so hat die Verkündung des Christentums in der Provence ihre Spiegelung in einer Legende gefunden, die – wie könnte es anders sein? – vom Mittelmeer ihren Ausgang nahm. Das geheimnisumwitterte, unbewohnbare Sumpfland des Rhônedeltas, in dem man im Altertum den Eingang zur Unterwelt vermutete und in dessen Nebeln sich Seltsames ereignen konnte, war denn auch wie geschaffen für die Legende von der Ankunft eines kleinen steuerlosen Schiffes, das die ersten Heiligen der Provence hier an Land trug. Der Nachen, der um das Jahr 40 n. Chr. ohne Segel, ohne Ruder und ohne Proviant von den Juden Jerusalems ausgesetzt, Palästina verließ und auf wunderbare Weise das Meer überquerte, brachte acht Menschen, die zu den ersten Aposteln in der bis dahin heidnischen Narbonensis wurden. Es kamen Maria Jakobäa, die Schwester der Jungfrau, und Maria Salome, die Mutter der Apostel Jakob und Johannes, ferner der auferstandene Lazarus mit seinen beiden Schwestern und Maria Magdalena, schließlich Maximin und Sidonius, der geheilte Blinde. Den beiden Marien war außerdem noch ihre schwarze Dienerin Sarah gefolgt, die, ursprünglich im Heiligen Land zurückgelassen, so verzweifelt am Ufer ihren Herrinnen nachklagte, daß Maria Salome ihr den eigenen Mantel zuwarf, auf dem sie dann unversehrt übers Wasser hin die Barke mit den Ausgesetzten erreichte.

Die Legende spiegelt so die frühe Christianisierung der Provence, indem sie Menschen, die Jesus noch persönlich gekannt hatten, zu den ersten Missionaren des Landes machte. Angeblich bekehrte Martha Tarascon, Lazarus Marseille, Maximin und Sidonius Aix, und Maria Magdalena tat Buße in La Sainte-Baume, das schon in vorkeltischer Zeit ein heiliger Ort war. Die beiden Marien jedoch blieben mit ihrer schwarzen Dienerin Sarah, der Ägypterin, dort, wo sie noch heute alle drei verehrt werden, in Les Saintes-Maries-de-la-Mer.

Daß hier vorher schon die römisch-keltischen Mütter, die Junones, ein Heiligtum besaßen, dessen Altar dann in der Krypta in der christlichen Kirche verblieb, ist bereits erwähnt worden. Auch sie erschienen stets zu zweit oder dritt, die keltischen Matronae stets in der Dreizahl. Der Gestaltwandel der Götter ist in diesem Fall besonders einsichtig. Der Kult und die beiden Wallfahrten nach *Les Saintes-Maries-de-la-Mer* im Frühling und Herbst (die sie zu Fruchtbarkeitsspenderinnen machen), sind also sehr alt, zwei Jahrtausende gewiß, vielleicht jedoch drei oder sogar noch mehr. Seit Zigeuner in Europa leben, kommen sie am 24. und 25. Mai, um ihre Schutzpatronin, die schwarze Sarah, in der Krypta zu verehren, ihr Geschenke zu bringen und ihr Bitten vorzutragen.

Das christliche Sanktuarium, das auf einem sehr viel älteren Heiligtum im 5. oder 6. Jahrhundert entstand, hieß ursprünglich Notre-Dame-de-la-Mer und war der ›Jungfrau vom Meer‹ gewidmet, hinter der wie in Seenebelschleier gehüllt noch einmal die um gut 1000 Jahre ältere Göttergestalt der phokäischen Aphrodite sichtbar wird. Im 9. Jahrhundert wurde das kleine Heiligtum zu einer bedeutenden Wehrkirche (Abb. 55) ausgebaut, wie es sonst in der Provence nur noch in Saint-Andiol eine ähnliche gibt.

Sie war ursprünglich in die Stadtmauer eingefügt, als letzter Zufluchtsort der Bevölkerung während der Jahrhunderte der ständigen Arabereinfälle und ist deshalb ungewöhnlich hoch, mit einem Wehrgang auf dem Dach und einem Brunnen innerhalb des Schiffes versehen und fast fensterlos. Das Innere ist deshalb so dunkel, daß die seltene Schönheit der romanischen Säulenkapitelle, die zu den besten der Provence gehören, kaum zu erkennen ist.

Wie dringend notwendig es war, daß die Kirche diesen burgähnlichen Charakter erhielt, beweist die Geschichte von dem Erzbischof von Arles, der 869 in die Camargue kam, um den Fortgang des Baus zu überwachen, von Arabern überfallen und verschleppt wurde, schließlich gegen hohes Lösegeld in Silber und je 150 Mäntel, Schwerter und Sklaven freigelassen werden sollte, jedoch, bevor es dazu kam, starb und schließlich, nachdem alle Forderungen der Sarazenen erfüllt waren, als feierlich im Ornat thronender Leichnam ausgeliefert wurde. Die Unsicherheit jener Jahrhunderte, in denen die Araber das Land ständig mit ihren Raubzügen bedrohten, kann kaum besser bezeugt werden. Sie erklärt auch den kulturellen Verfall in diesem langen Zeitraum, der mit dem allgemeinen wirtschaftlichen Niedergang und der Wehrlosigkeit einer von niemand wirklich geschützten Bevölkerung zusammenhing. Daß die Kirche der heiligen Marien noch im 12. Jahrhundert diese ihre endgültige burgartige Gestalt erhielt, zeigt klar, wie lange dieser Zustand anhielt.

Über das 8. Jahrhundert im Süden des Landes schrieb Emil Nack: »735 bedrohten wieder Araber die Provence, besetzten Arles und brandschatzten das Land vier Jahre lang. Wohl erschien Karl (Martell) vor Arles und sicherte die wiedergewonnene Stadt sowie Marseille durch seine Leute, aber Verrat burgundischer Großer begünstigte neue Einfälle der Feinde, ihren Übergang über die Rhône und Wegnahme von Avignon. Karl sandte seinen Halbbruder Hildebrand, den Urheber der fränkischen Reichsgeschichte, der Fortsetzung der Historia Francorum des Fredegar, zunächst mit einem Heer voraus und folgte dann selbst. Avignon wurde erobert, dann drang er in das gotisch-arabische Gebiet bis Narbonne vor, also bis zum Ausgangspunkt der letzten Angriffe. An der Mündung des Flüßchens Berre schlug er 737 ein arabisches Entsatzheer, dann durchstreifte er Septimanien (die ehemalige westliche Narbonnensis), gab aber die Belagerung Narbonnes auf. Ein wiederholter Angriff der Araber machte vor einem Heer des von Karl zu Hilfe gerufenen Langobardenkönigs Luitbrand kehrt. Das Land wurde bis zum Meer unterworfen, doch vermochten sich die Araber in Narbonne immerhin bis 759 zu halten.«

Im 9. Jahrhundert unterstand die Provence der Herrschaft der gewöhnlich fernab residierenden Karolinger, im 10. Jahrhundert, d. h. von 962 an, dem Heiligen Römischen Reich Deutscher Nation. Das bedeutete, daß die Unabhängigkeit der Grafen der Provence und des Adels überhaupt ständig zunahm und ebenso die der Städte. Von nun an wurden die Klöster zu den eigentlichen Kulturträgern, und dies in doppeltem Sinn: Sie wurden Hüter des christlichen Geistesgutes und machten die Wildnis urbar.

Auch die Geschichte der Kirche der heiligen Marien ist eng mit der eines Ordens verbunden. Im Jahr 1080 übertrug das Erzbistum Arles die Fürsorge für sie der Obhut der Mönche von Montmajour als Lehen, die den burgartigen Charakter und ihren Ausbau bis ins 12. Jahrhundert zu fördern gezwungen waren, denn der Ort war nicht nur ständig von arabischen Seeräubern bedroht, er war auch wie Montmajour selbst als Stätte des Gebets in das System der großen Pilgerstraßen nach Compostela einbezogen, von denen noch die Rede sein wird. Ein Weg am Meer entlang, der vielleicht nur im Sommer und gewiß nur in Zeiten größerer Sicherheit vor Sarazeneneinfällen benutzbar war, führte von Italien und Marseille hier vorbei nach Arles, Saint-Gilles und weiter nach Spanien. Es galt also nicht nur die wenigen Einwohner des Ortes selbst, sondern auch Pilger und Handelsreisende zu schützen.

Benediktiner gründeten 949 die *Abtei Montmajour* (Abb. 56) nordöstlich von Arles, inmitten von Wasser und Sümpfen auf einem Felsen, der schon in prähistorischer Zeit als Nekropole gedient hatte. Sie betreuten zuerst nur einen kleinen christlichen Friedhof, zu dem die Toten von nah und fern gebracht wurden, um dort ein Grab zu finden, das nicht in Schlamm und Schilf versank. In dieser Zeit wurde der älteste Teil der Abtei, die an der Südseite des Hügels gelegene Kapelle *Saint-Pierre* mit dem Relief des heiligen Petrus, erbaut, von deren Apsis man in die Felseneremitage gelangt, in der die ersten Einsiedler lebten. An einem schönen Pilaster und den Säulenkapitellen sind hier noch karolingische Flechtornamente zu sehen, die zu der Legende von der Gründung durch Karl den Großen beigetragen haben mögen. Tatsächlich entstand das Kloster mehr als 100 Jahre nach seinem Tode, gewann dann aber rasch durch Schenkungen und besondere Begünstigung durch die Grafen von Provence, die im 11. Jahrhundert in Montmajour beigesetzt wurden, an Bedeutung. Die Baugeschichte der Abtei ist lang. Erst im 14. Jahrhundert wurde der gewaltige Abtturm als Verteidigungsbollwerk errichtet. Zu dieser Zeit war die Abtei noch immer eine Insel inmitten von Wasser, Schilf und Sumpf; denn ein Bürger von Arles konnte von seiner Wallfahrt am 3. Mai 1409 berichten, daß etwa 150 000 Pilger in Kähnen zum ›Pardon von Montmajour‹ gekommen seien, um die Reliquien des ›wahren Kreuzes‹ zu verehren. Indessen hatten die Mönche, ihrer Ordensregel entsprechend, die sie zu Handarbeit verpflichtete, längst begonnen, den sie umgebenden Sumpf Quadratmeter um Quadratmeter trocken zu legen und in Ackerland zu verwandeln. Vom 11. Jahrhundert an unterstützte die jährliche Wallfahrt und der mit ihr verbundene Ablaß diese Kulturarbeit durch reichliche Spenden.

Das Zentrum der Wallfahrt ist die kleine, einige hundert Meter vom Kloster entfernte schön gegliederte *Kapelle vom heiligen Kreuz* gewesen, die gleichzeitig für die sie rings umgebenden Felsengräber der Laien als Friedhofskapelle diente (Abb. 59). Sehr rein in der

Form erhebt sie sich als architektonisches Juwel des ausgehenden 12. Jahrhunderts über dem grünen Wiesenplan zwischen den offenen Felsengräbern, ausgezeichnet durch eine überwältigende Akustik, die unvermutet aus dem kleinen kleeblattförmigen Heiligtum einen hallenden Dom zu machen scheint.

Die Bedeutung des Wallfahrtsortes erforderte wohl die großen Neubauten des 12. Jahrhunderts, den der Kirche, des Kreuzgangs mit den einer ausführlicher Betrachtung werten romanischen Kapitellen, des Kapitelsaals und des Refektoriums. Einzigartig ist die Krypta, voll elementarer Wucht mit ihren meterdicken Mauern und dem schweren Bogenrund, das den sehr alten Hauptaltar von dem ihn umgebenden Kapellenkranz abschließt (Abb. 61, 62). Das handwerklich vollkommene Mauergefüge aus großen Quadern ist den Unebenheiten des gewachsenen Fels angepaßt, als sei es ein Teil von ihm. Den gleichen strengen Ernst bewahrt draußen im Hof der kleine Friedhof der Mönche, dessen wenige, knapp bemessene Gräber wie die bei der Chapelle Sainte-Croix in den gewachsenen Stein gehauen sind und aus denen die Gebeine des am längsten dort Ruhenden entfernt werden mußten, wenn wieder ein Toter in seiner Kutte zu bestatten war.

Seltsam berührt es, an der Mauer des Kreuzgangs unter Konsolen die Köpfe teuflischer Ungeheuer zu finden, in denen nach einem Jahrtausend noch keltischer Geist kaum verändert fortzuleben scheint: die erschreckende Fabelwelt des menschenverschlingenden Untiers, das alte Thema des abgeschlagenen Kopfes, ja, selbst der typische keltische Schnurrbart und die merkwürdig vorquellenden Augen. Werke des Mittelalters mit den aufrecht gesträubten Flammenhaaren burgundischer Teufel, aber doch ganz und gar keltischer Überlieferung verhaftet. Die unerhörte Beharrlichkeit des provençalischen Volkes, das nichts einmal Durchlebtes zu vergessen scheint, wird hier wieder einmal deutlich, nicht anders als im nicht endenwollenden Nachhall der Antike (Abb. 57, 58).

Über der Abtei erhebt sich kraftvoll der viereckige *Abtturm* des 14. Jahrhunderts, das letzte große Bauwerk der Mönche von Montmajour. In seiner zinnenbewehrten, unzugänglichen Verteidigungsbereitschaft entspricht er ganz dem kriegerischen Geist seiner Zeit und ähnelt der festen Burg von Tarascon, dem Turm Philipps des Schönen und dem Fort Saint-André in Villeneuve-lès-Avignon. So bestimmt er noch heute weit über die inzwischen fruchtbar gewordene Ebene hinweg den Umriß der alten Abtei.

Über ihr weiteres Schicksal schreibt Jean-Maurice Rouquette: Sie »wurde im 18. Jahrhundert von den Mauristen reformiert; das zu jener Zeit neuerbaute Kloster wurde nach der Französischen Revolution verkauft und zu Beginn des 19. Jahrhunderts zerstört.«

Die Pilgerstraße nach Santiago de Compostela

Für Menschen unserer Tage ist es leichter, sich die wirtschaftliche und politische Situation des frühen Mittelalters vorzustellen als in seine Geisteswelt einzudringen. Sie ist so ganz anders als die unsere. Das Erfülltsein vom Christentum und seinen Forderungen, die Furcht vor Hölle und Tod und die Sorge um das künftige Seelenheil, offenbar verbunden mit einer

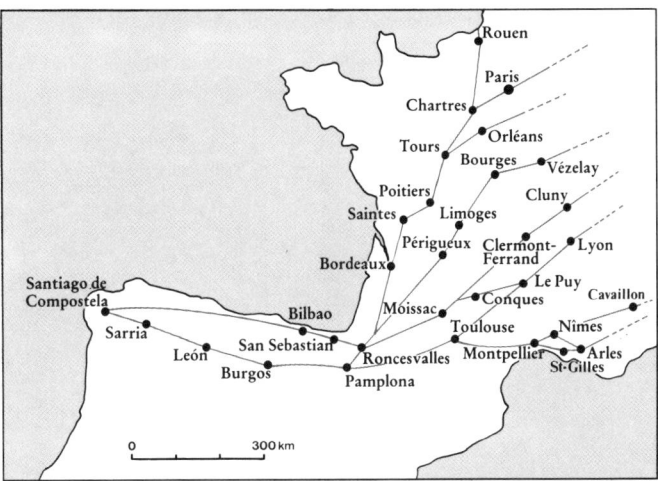

Pilgerwege nach Santiago de Compostela in Galicien

tiefen Unruhe und einem Ungenügen, das in langen mühseligen Pilgerfahrten, in Kasteiung, Bußübungen, Selbstaufgabe hinter Klostermauern und schließlich in den Kreuzzügen seinen Ausdruck fand, ist uns fremd und ebenso geheimnisvoll wie erschütternd. Das Über-sich-selbst-Hinausstreben großer Volksmassen, die freiwillig härteste Opfer »um Christi willen« auf sich nahmen, bestimmt den Geist des hohen Mittelalters, d. h. die Zeit vom Beginn des 11. bis zur Mitte des 13. Jahrhunderts, also etwa ein viertel Jahrtausend. Es bestimmt sie auch künstlerisch. Begonnen jedoch hat diese Bewegung schon ein Jahrhundert früher, nur konnte sie sich da noch nicht in großen Bauwerken dokumentieren.

Adémar de Chabannes berichtet vom Herzog von Aquitanien (etwa 959–1030), daß er »seit seiner Jugend die Gewohnheit angenommen hatte, jedes Jahr die Ruhestätte der Apostel in Rom zu besuchen, und in den Jahren, in denen er nicht nach Rom ging, eine Wallfahrt nach Santiago in Galicien zu unternehmen«. Dieser große Herr, den ein Gefolge begleitete, das nicht weniger begierig war als er, durch diese Pilgerfahrten ewiges Seelenheil zu erwerben, ist alles andere als eine Einzelerscheinung. Wie er zogen jährlich viele Tausende hin und her durch Europa, um Ablaß zu gewinnen, vor allem aber zu den drei bedeutendsten Stätten der Christenheit: nach Jerusalem, nach Rom und nach Sankt Jakob de Compostela. Einer der Wege nach diesem spanischen Nationalheiligtum im äußersten Nordwesten der Halbinsel, das im ganzen Mittelalter einen fast unglaublichen Ruhm genoß, führte für jeden Pilger aus Süddeutschland, der Schweiz und Italien durch die Provence, d. h. von Norden mehr oder weniger die alte Via Domitia entlang nach Arles und von Osten auf der Via Aurelia ebenfalls dorthin. Von Arles ging es über Saint-Gilles geradeaus oder über Agde nach Toulouse und weiter nach Pamplona. Den ganzen Weg, richtiger die ganzen Wege quer durch Frankreich bis nach dem spanischen Pamplona und von dort bis zum fernen Santiago säumten Klöster und Kirchen, Pilgerunterkünfte und Heilstätten, in denen gebetet und

Das Pferd Fauvel, Sinnbild der Falschheit, sitzt gekrönt auf einem Thron. Nach einer Handschrift des 14. Jh. Nationalbibliothek, Paris, und ›Breviari d'amor‹, 14. Jh., der Teufel treibt den Liebenden, die Dame anzubeten. Hofbibliothek, Wien

gerastet und nicht selten auch unter der Obhut von Mönchen an Erschöpfung oder Seuchen gestorben wurde. »Bekanntlich geschahen seit dem 11. Jahrhundert eine ganze Reihe von Wundern entlang der sogenannten ›Via Francigena‹, deren einer Ausgangspunkt in Paris in der Rue Saint-Jacques lag, die daher so benannt wurde. Dem himmlischen Weg Sankt Jakobs durch die Sterne der Milchstraße entsprach auf Erden eine ›Via Miraculosa‹, die in Frankreich ihren Anfang nahm und am Grab des unbesiegbaren Apostels endete« (Americo Castro, ›Spanien, Vision und Wirklichkeit‹). Die Erinnerung an diesen alten, Jahrhunderte hindurch benutzten Pilgerweg und seine himmlische Entsprechung hat sich in der Provence bis in die Neuzeit erhalten. In Alphonse Daudets ›Briefe aus meiner Mühle‹ erklärt der junge Schäfer aus dem Luberon seiner ebenso jungen Herrin die Sterne: »Da gerade über uns, das ist die Straße des heiligen Jakob. Sie geht von Frankreich gerade nach Spanien hinüber. Der heilige Jakob von Galicien hat sie angelegt, um dem tapferen Karl dem Großen den richtigen Weg zu zeigen, als dieser gegen die Sarazenen in den Krieg zog.«

Die irdische Straße des heiligen Jakob war bald durch Reichtum, prachtvolle Bauten und Internationalität gekennzeichnet. Die großen Herren und die zahllosen namenlosen Pilger, die in den Klöstern, die überall am Wege entstanden, ausruhten, spendeten reichlich für die genossene Gastfreundschaft, von der Gewißheit erfüllt, daß jedes gestiftete Goldstück himmlischen Lohn finden werde. Von ihren Gaben und den durch den Fleiß der Mönche erworbenen Vermögen wurden nicht nur wohlhabende Abteien, sondern auch Kirchen mit reichen Portalen, Krypten und Kreuzgängen erbaut, in deren plastischen Schmuck sich die aus Symbolik, tiefer Frömmigkeit, Wunderglauben und wuchernder Phantasie eigentümlich gemischte Geisteswelt des hohen Mittelalters ausdrückte. Was an künstlerischer Überlieferung von der Antike noch erhalten geblieben war, wurde nun in die strenge Formensprache christlicher Romanik übersetzt. In der Provence sind die Kirchen von Saint-Gilles und Saint-Trophime in Arles die weitaus bedeutendsten Zeugnisse dieser Kunstepoche.

Saint-Gilles und Saint-Trophime

Die Plastiken des Portals von *Saint-Gilles* (Abb. 63–67, 69) sind, obwohl während der Französischen Revolution grausam verstümmelt, noch vollkommener als die außerordentlich schönen von *Saint-Trophime* (Abb. 68, 70–74), die Ende des 12. Jahrhunderts entstanden. Saint-Gilles-du-Gard ist die ältere der beiden Kirchen, sie wurde schon 1116 begonnen und ihre Westfassade zwischen 1125 und 1152 gestaltet.

Nach der Legende verschenkte der heilige Ägidius (gest. 721), der hier verehrt wird, alles, was er besaß, an die Armen, bestieg in Griechenland ein Schiff, überließ es dem Willen Gottes und der Fluten, wohin es ihn trug, und gelangte so – kaum anders als die heiligen Marien – in die Provence. Dort lebte er als Einsiedler in einer Grotte, von der Milch einer Hindin ernährt. Eines Tages jagte ein großer Herr diese Hirschkuh, sie floh schutzsuchend zu dem Heiligen, und dieser vermochte es, den schwirrenden Pfeil in der Luft anzuhalten. Ergriffen von dem Wunder beschloß der Jäger – es soll der Westgotenkönig Wamba gewesen sein –, an diesem Ort ein Saint-Gilles geweihtes Kloster zu gründen. Der Eremit begab sich also nach Rom, um die geplante Gründung genehmigen zu lassen. Hier schenkte ihm der Papst zwei skulptierte Türen für seine Kirche, die der Einsiedler, offenbar mit Wundern und Wassern gleich gut vertraut, in den Tiber warf, von wo sie übers Mittelmeer und die kleine Rhône aufwärts schwammen und gleichzeitig mit ihm vor seiner Grotte eintrafen. Die neugegründete Abtei wurde ein Benediktinerkloster, das im 12. Jahrhundert seine Blütezeit hatte; Saint Gilles liegt in der Krypta begraben und wird als einer der vierzehn Nothelfer verehrt.

Man muß eine solche Gründungslegende kennen, um den Geist zu verstehen, aus dem solche Bauten entstanden sind, diese Mischung aus Wunderglauben, Frömmigkeit, Ehrfurcht, schöpferischer Volksphantasie und Erinnerung an Gehörtes und jahrhundertelang Überliefertes. Das Portal von Saint-Gilles (Abb. 65, 67) atmet diesen Geist und birgt dazu noch sehr viel ältere, heidnische Elemente: in den Meisterwerken seiner Tiergestalten, in den schleichenden Ungeheuern des Tierfrieses und den mythische Gewalt ausstrahlenden menschenverschlingenden Löwen als Sockel der Apostelfiguren lebt keltischer Dämonenglaube, nur jetzt durch Christus entmachtet, fast unverändert fort; im bogenschießenden, einen Hirsch jagenden Kentauren die Antike (Abb. 69). Die Vergangenheit ist keineswegs tot im 12. Jahrhundert.

Die Gegenwart jedoch war voll erschreckender Widersprüchlichkeit und von einem Glaubenseifer beseelt, der vor Grausamkeit und Verbrechen aller Art, im Namen Christi begangen, nicht zurückschreckte. Die Kirche von Saint-Gilles ist der Ausgangspunkt für die mit entsetzlicher Brutalität geführten Kriege gegen die Albigenser, die von den Ideen des persischen Manichäismus beeinflußte Sekte der Katharer, die nach der Stadt Albi im Languedoc benannt wurde und sich rasch in Südfrankreich ausbreitete. Raimond VI., der Graf von Toulouse, dessen Herrschaft auch Albi unterstand, begünstigte sie, und als Papst Innozenz III. ihn zum Kampf gegen seine ketzerischen Untertanen aufforderte, ließ er den päpstlichen Legaten Pierre de Castelau, der ihm diesen Auftrag zu überbringen hatte, beim Verlassen der Abtei Saint-Gilles durch einen seiner Leute ermorden. Daraufhin exkommunizierte der Papst Raimond und ließ den Kreuzzug gegen ihn predigen. Dem Grafen von Toulouse blieb nur die Unterwerfung unter die ihm diktierten Sühnebedingungen übrig. Am 12. Juni 1209 stand er fast nackt als Büßer vor dem großen romanischen Kirchenportal von Saint-Gilles, schwor dem Papst Gehorsam und wurde von dem neuen Legaten anschließend mit Rutenhieben in die Kirche hinein und vor das Grab des Ermordeten gepeitscht, ein Vorgang, der von nah und fern Schaulustige herbeizog und das auch zweifellos sollte. Alles in allem eine Demonstration päpstlicher Macht, die wohl kaum zur Verfeinerung der Sitten jener Zeit beitrug.

Graf Raimond VI. entfachte denn auch wenig später den Widerstand gegen die Verfolgungen der Albingenser aufs neue, wurde 1211 seines Landes für verlustig erklärt und das Kreuzheer mit dem Vollzug dieses Urteils beauftragt. Wenn man liest, daß allein in Béziers die ganze Bevölkerung der Stadt, etwa 20 000 ›Ketzer‹, ermordet wurde, versteht man, warum in diesen Jahrhunderten so viele Menschen sich ganz von der Welt abwandten und den Frieden hinter Klostermauern suchten. Nach dem Tod des Grafen Raimond 1222 setzte sein Sohn den Kampf fort, bis er durch die Parteinahme des Königs für den Papst 1229 – d. h. 20 Jahre nach jenem denkwürdigen Junitag vor Saint-Gilles – zu einem demütigenden Frieden gezwungen wurde. Die gleichzeitig einsetzende päpstliche Inquisition vollendete dann gewaltsam die ›Bekehrung‹ der Andersgläubigen, soweit sie nicht in entlegene Gebirge wie den Luberon oder in die einsamen piemontesischen Täler flohen.

Ähnliches, nämlich der todesmutige, tiefreligiöse Widerstand einzelner Gruppen oder Sekten, mochten sie nun Albigenser, Waldenser, Reformierte oder Hugenotten heißen, sollte sich durch die Jahrhunderte hindurch ständig in der Provence wiederholen und ebenso seine leidenschaftliche Bekämpfung mit Feuer und Schwert bis zur endgültigen Vernichtung, der die Verfolgten mit unvorstellbarem Bekennermut entgegensahen. Wie hier Glauben, Frömmigkeit und die Bereitschaft, für das als wahr Erkannte sowohl zu sterben wie zu töten, stets den gleichen Impulsen auf der meist mächtigeren, von Zerstörungswut besessenen Gegenseite begegneten, das gehört zweifellos auch zum Charakterbild des Provençalen. Die dem Franzosen, auch dem des Südens, eigene Veranlagung zur ratio hat immer wieder gegen den von Legenden farbig überwucherten Katholizismus Front gemacht, um zur ›reinen Lehre‹ und Geistesklarheit zurückzufinden, zu jedem Opfer dafür bereit. Saint-Gilles bietet überzeugende Beispiele hierfür: die herrlich kraftvollen Figuren der Heiligen am Kirchenportal, denen die Köpfe abgeschlagen wurden, das in Brand gesteckte Kloster, von dem nur noch Trümmer blieben, und der Brunnen in der Krypta, in den 1562 die Mönche geworfen und in dem sie ertränkt wurden. Dann, 60 Jahre später, 1622, die Zerstörung des großen Glockenturms und schließlich die Verwüstung durch die Revolution im 18. Jh.

1, 2 Grotten von Calès

4   GLANUM bei Saint-Rémy-de-Provence, vorn der Altar der ›Guten Göttin‹

6   GLANUM bei Saint-Rémy-de-Provence

7   NÎMES   Diana-Tempel im Jardin de la Fontaine

8   ›Entführung der Europa‹, römisches Mosaik, 4. Jh. n. Chr. Musée d'art païen, Arles

9 ORANGE Triumphbogen, 1. Jh. n. Chr.

10 GLANUM Les Antiques, Kenotaph und Stadttor, 1. Jh. n. Chr.

11   NÎMES   Amphitheater, Stich von 1794. Musée du Vieux Nîmes

13   ORANGE   Theaterwand ▷

12   NÎMES   Amphitheater

14 Pont du Gard

15 ARLES   Les Alyscamps mit Saint-Honorat

16   Kapelle Saint-Gabriel, Ende 12. Jh. ▷

17   Vincenz von Beauvais, Miniatur, 15. Jh. British Library, London

18　Provençalischer Maler, ›Jakobs Traum‹, um 1500. Musée du Petit Palais, Avignon

19　Zisterzienserkloster Le Thoronet ▷
20　AIX-EN-PROVENCE　Saint-Sauveur, Taufkapelle mit römischen Säulen, 5. Jh. ▷ ▷

21 Meister der
Verkündigung
von Aix, ›Ver-
kündigung‹,
1443. Sainte-
Marie-Made-
leine, Aix-en-
Provence

23 Nicolas
Froment,
›Maria im
brennenden
Dornbusch‹,
Mittelteil des
Flügelaltars,
2. Hälfte
15. Jh. Saint-
Sauveur, Aix ▷

24 LES BAUX ▷

22 Enguerrand
Charonton
(Quarton),
›Krönung der
Jungfrau‹,
1453. Musée
de l'Hospice,
Villeneuve-
les-Avignon

ILLUM·QUEM·VIDERAT·MOYSES·INCOMBUSTUM·CONSERVATAM·AGNOVIMUS·TUAM·LAUDABILEM·VIRGINITATEM·SANCTA·DEI·GENITRIX

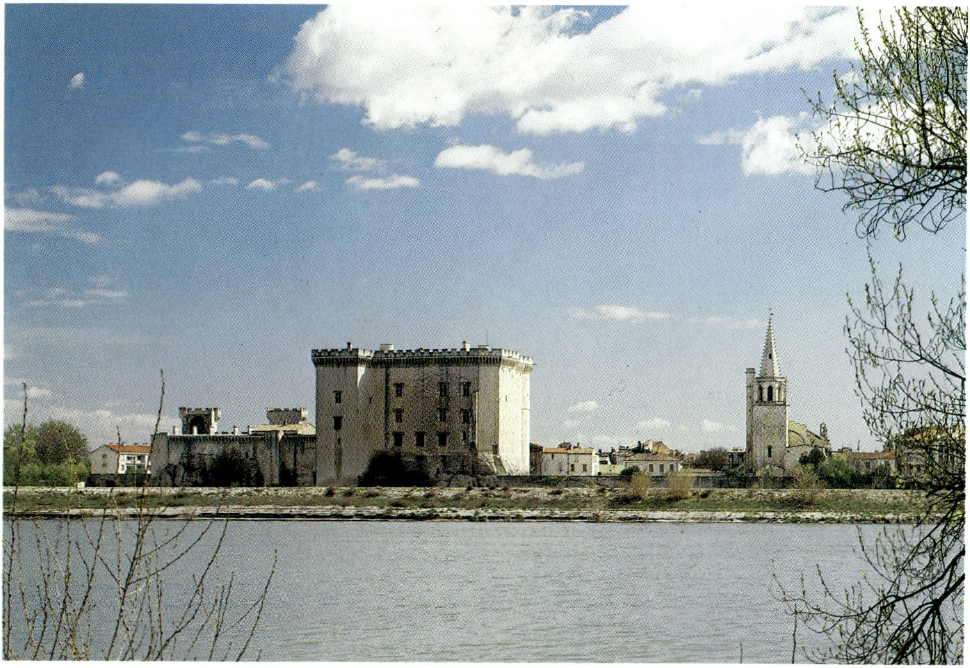

26 TARASCON Burg, 12.–15. Jh., und Kirche Sainte-Marthe am Rhôneufer

◁ 25 GORDES mit dem Renaissanceschloß

28 AVIGNON Stadt und Papstpalast ▷

27 AIGUES-MORTES Mittelalterliche Stadtbefestigung

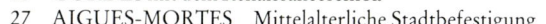

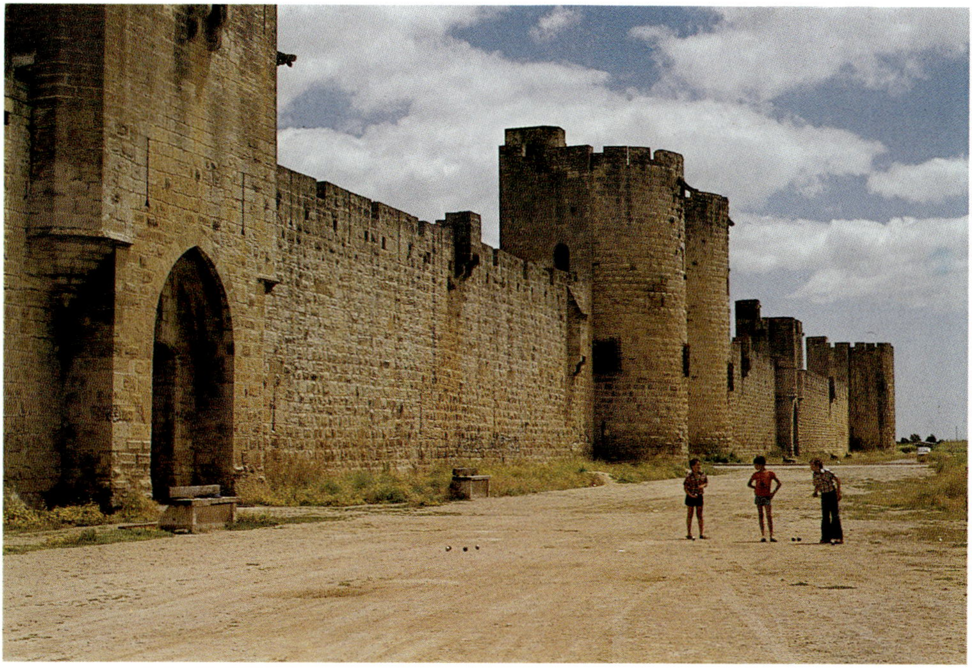

29 AVIGNON Papstpalast   31 NÎMES Jardin de la Fontaine ▷

30 AVIGNON Papstpalast, ›Fischfang im Teich‹, Fresko im Turm ›de la Garde-Robe‹

32 Schloß Grignan

33 Schloß Lourmarin

34   Schäfer mit Herde

35   Hirtenhütte bei Saintes-Maries-de-la-Mer

36 Bauernküche im Bergland

37 ›Le Moulin des Bouillons‹, alte Ölpresse gallo-römischen Stils (unter Denkmalschutz)

38 CARPENTRAS Apotheke im Hôtel-Dieu, Mitte 18. Jh.

39 Glasarbeiten aus Biot

40, 41 Fayencen aus Moustiers, 17. und 18. Jh.

42 Paul Cézanne, ›Steinbruch
und Montagne Sainte-Victoire‹, 1898–1900. The Baltimore Museum of Art

43 Der ›gute König René‹, Ausschnitt aus dem Altar von Nicolas Froment. Sainte-Marie-Madeleine, Aix-en-Provence

44 Jean-Honoré Fragonard (1732–1806), Selbstporträt im Renaissancekostüm. Musée Fragonard, Grasse

45 Paul Cézanne (1839–1906), Selbstbildnis, 1875–1877. Neue Pinakothek, München

46 Vincent van Gogh (1853–1890), Selbstbildnis, gemalt im Mai 1890 in Saint-Rémy-de-Provence. Louvre, Paris

Auch hieran muß man denken, wenn man vor dem romanischen Kirchenportal steht, das eines der schönsten in Südfrankreich und gewiß das schönste in der Provence ist. Denn der Geist jener starken Spannungen, die den Glauben provençalischer Menschen bestimmten, durchströmt auch die Szenen und die Symbolwelt dieser Kunst. Gestalten wie die der in diesem Buch abgebildeten Apostel oder die in der Gruppe des Judaskusses sind bis in die Formensprache der Gewänder hinein ganz von diesem leidenschaftlichen und kraftvollen Geist erfüllt. Eine gewisse Gedrungenheit der Figuren verleiht dem Fries mit den Schilderungen aus dem Passionszyklus, der über einem antiken Mäanderband abrollt, Ernst und Eindringlichkeit (Abb. 66). Volkstümlich kraftvoll wird hier erzählt und gebildnert, die christlichen Themen ebenso lebensnah dargestellt wie die monströsen, stämmig-bedrohlichen Untiere, die unter ihnen dahinschleichen, Lemuren einer vergangenen heidnischen, noch nicht ganz vergessenen Zeit.

Das alles ist sehr stark. Sensitiv jedoch und von einer verhaltenen, durch Formenstrenge gezügelten Lyrik erfüllt sind einige der wenigen nicht den Bilderstürmern zum Opfer gefallenen Köpfe von Heiligen und Aposteln und auch jener männlich schöne bärtige Christuskopf, der über der großen Krypta den Schlußstein eines Gewölbes bildet. Hier hat der von hohem geistigen Streben erfüllte Adel provençalischer Troubadoure und Kreuzritter seine ebenbürtige Form gefunden.

Daß an der Westfront von Saint-Gilles dreierlei Steinmetzwerkstätten, die Schule von Toulouse (Hauptportal, ältester Teil), die aus der Ile de France (Seitenportale) und eine einheimische, etwas unbeholfenere, gearbeitet haben, will dabei wenig besagen. Das Ganze ist ein durchaus von provençalischem Geist erfülltes großes Werk.

Nicht ganz so bedeutend ist das vollständig erhaltene und darum wohl auch bekanntere Portal zur Kathedrale *Saint-Trophime* in Arles (Abb. 70, 71, 73). Um das zu erkennen, genügt ein Blick auf die etwas eintönige Reihung der Erlösten und Verdammten in dem Fries des Jüngsten Gerichts. Hier ist Überlieferung frühchristlicher Sarkophagkunst in der sehr alten Bischofsstadt noch allzu deutlich wirksam, wie überhaupt und sonst in positivem Sinn, der Einfluß der römischen Antike unverkennbar ist. Die Heiligen scheinen mit gesammeltem Ernst in ihren Säulennischen zu verharren, eines würdig gelebten Lebens bewußt, aber dafür weniger geisterfüllt, weniger leidenschaftlich und formenreich gestaltet als jene von Saint-Gilles.

Saint Trophime war der Legende nach der erste Bischof von Arles, historisch nachgewiesen ist jedoch der heilige Marcian im Jahre 254 als erster Bischof in der Provence. Er residierte in der Hauptstadt Arelate, die also schon 70 Jahre, bevor das Christentum durch Konstantin den Großen zur Staatsreligion erklärt wurde, christliche Einwohner hatte. Saint Trophime soll ebenso wie Saint Gilles griechischer Herkunft gewesen sein, und er ist jedenfalls der Lieblingsheilige von Arles geworden, von vielen Legenden zärtlich und liebevoll umsponnen – obwohl er vielleicht gar nicht gelebt hat. Seine Gestalt hat sogar Saint Genès verdrängt, der in den Alyscamps in Saint-Honorat beigesetzt wurde und in dessen Nähe die Frommen begraben zu werden wünschten. Saint Trophime soll ebenfalls dort ruhen, und

Arles, Place Royale (heute Place de la République) mit Saint-Trophime und Obelisk. Stich des 19. Jh.

der Ruf seiner Heiligkeit zog schließlich mehr Gläubige an als der des halb vergessenen Saint Genès.

Der heutigen Kirche Saint-Trophime ging ein karolingischer Bau voraus, von Grund aus verändert im 11., 12. und 15. Jahrhundert, wozu die Steine des nahen antiken Theaters unbedenklich und reichlich verwendet wurden. Kreuzgang und Portal entstanden Ende des

Arles, Kreuzgang von Saint-Trophime. Stich des 19. Jh.

162

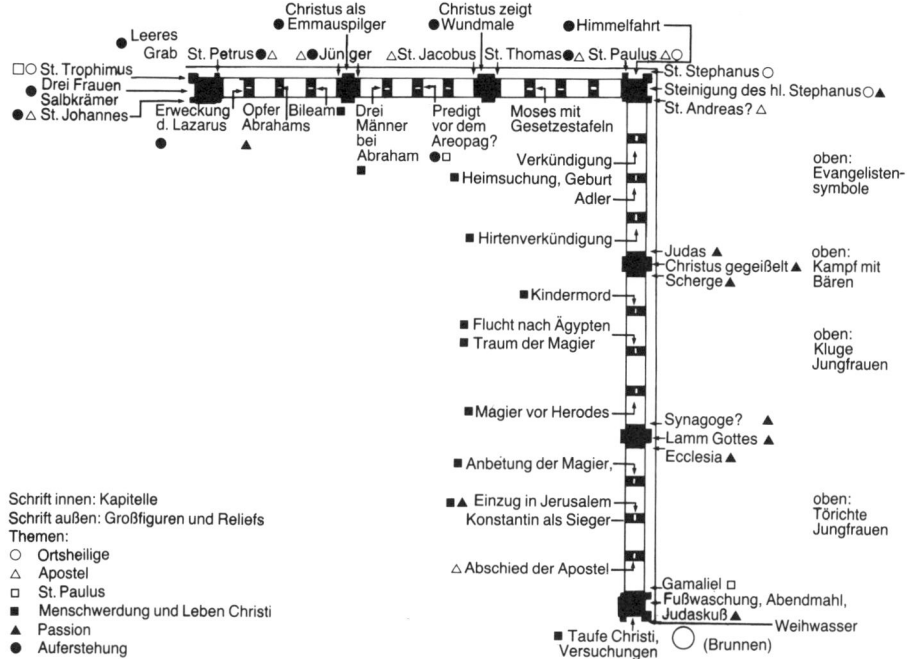

Arles, Saint-Trophime, Kreuzgang, romanische Flügel

12. Jahrhunderts, waren also wohl schon beendet, als 1178 Friedrich Barbarossa hier zum König von Arles gekrönt wurde. Der Kreuzgang, der den Kanonikern, die nach der augustinischen Lehre lebten, zum Aufenthalt und als Begräbnisstätte diente, ist der schönste in der Provence und das letzte große Kunstwerk provençalischer Romanik (Umschlagvorderseite; Abb. 75). Der maßvollen Gehaltenheit seiner Pfeilerstatuen steht die Bewegtheit und der Einfallsreichtum einzelner Gruppen gegenüber, wie etwa die Steinigung des heiligen Stephanus (Abb. 72). Die Kapitelle des nördlichen und des nordöstlichen Teil des Kreuzgangs – nur diese beiden Flügel stammen aus romanischer Zeit – sind Stück für Stück kleine Kostbarkeiten, sorgfältiger Betrachtung wert (Abb. 74).

Die Symbolik romanischer Kreuzgänge und Kirchen

Die Provence ist reich an Kreuzgängen, weil sie reich an Klöstern war. Selbst da, wo die Mönchszellen längst verschwunden sind, blieben diese Orte der Stille und Sammlung, in denen der Geist frommer Jahrhunderte besonders spürbar ist, nach Möglichkeit erhalten oder wurden wiederhergestellt. Dem heutigen Besucher bleiben viele von ihnen unvergeß-

Arles, Saint-Trophime, Kreuzgang, Nordostpfeiler. Von links nach rechts: A Hl. Andreas, B Steinigung des Stephanus (s. Abb. 72), C Hl. Stephanus, D Himmelfahrt Christi, E Hl. Paulus

Nordwestpfeiler: 1 Hl. Petrus, 2 Auferstehung Christi, 3 Hl. Trophimus, 4 Die hl. Frauen und die Salbenhändler, 5 Hl. Johannes

lich, so der Kreuzgang von *Saint-Paul-de-Mausole* in *Saint-Rémy*, dessen symbolträchtige Kapitelle auch schon van Gogh beschäftigt haben müssen. Und dann der feierliche, der Kathedrale Saint-Sauveur angemessene in *Aix* mit den anmutigen Doppelsäulenarkaden und dem steinernen Schmuck seiner Kapitelle. Ihm nicht unähnlich ist der von *Fréjus* aus dem 12. und 13. Jahrhundert, auch er mit Doppelarkaden und von einer bemalten Balkendecke aus dem 15. Jahrhundert überspannt. Sein besonderer Reiz ist – außer den jetzt in ihm ausgestellten Museumsstücken – der zweigeschossige Nordflügel, der das Motiv der Doppelsäulenarkade wiederholt und damit dem ganzen Hof Grazie und Leichtigkeit verleiht (Abb. 86).

So viele unvergeßliche Kreuzgänge – aber auch so viel Rätselhaftes und Dunkles in ihnen, was uns merkwürdig und unverständlich erscheint.

Menschen unseres Jahrhunderts ist es so gut wie unmöglich, in den Reichtum mittelalterlicher Symbolik einzudringen. Wir sind davon kaum weniger weit entfernt als von den Sinnbildern vorgeschichtlicher oder keltischer Menschen. Die bewußt gewählte Enge eines Klosters, die Beschränkung auf ein einziges, immer wiederholtes Thema, nämlich das Leben Christi, das Gebot des Schweigens, der Askese und Versenkung, der Steigerung des religiösen Erlebens als einzigem Inhalt von Tagen, Monaten und Jahren haben eine Phantasiewelt geboren, die wir kaum ahnen können, und das Nächstliegende, Wirkliche ganz mit einem

Sinn erfüllt, der auf das Überirdische abzielte. An einem Kirchenportal, in einem Kreuzgang, einem Kapitell muß alles, auch das Geringste, eine auf die Heilslehre bezogene Bedeutung haben und zu denken geben, muß Anlaß zu endlosen Meditationen sein über ein ewig gleiches Thema. Wie auch die Einbildungskraft wuchern, welche Gesichte auch die Einsamkeit gebären mag, jede Vision, auch die von Dämonen und Höllenungeheuern, ist auf das Eine, Raum und Zeit Sprengende bezogen.

An der Außenmauer der Kathedrale von *Vaison-la-Romaine,* in der sich so viele Jahrhunderte zu begegnen scheinen, steht über die ganze Länge des nördlichen Seitenschiffs hinweg eine Inschrift in den schönen Kapitalen des 12. Jahrhunderts, eine Inschrift, die nur vom Kreuzgang aus zu lesen ist und deren lateinische Hexameter also den Mönchen des Klosters galten:

> Obsecro vos fratres aquilonis vincite partes
> sectantes claustrum quia sic venietis ad austrum
> trifida quadrifidum memoret succedere nidum
> ignea bissenis lapidum sit ut addita venis
> pax huic domui.

Wilhelm Messerer schreibt dazu in seinem Buch ›Romanische Plastik in Frankreich‹: »Das ist etwa zu übersetzen: ›Inständig bitte ich euch, Brüder, überwindet die Gegenden des Nordwindes, indem ihr den Kreuzgang überschreitet; denn so werdet ihr zum Süden (Südwind) kommen. Die dreifache Feurige möge das vierfältige Nest entzünden, daß sie den zwölf steinernen Gefäßen beigegeben sei. Friede diesem Hause.‹

Obwohl die Deutungen der Inschrift in Einzelheiten abweichen, läßt sich soviel sagen: die regulierten Domherren werden beschworen, aus dem, der ganzen mittelalterlichen Symbolik als Sitz des Bösen geläufigen, kalten Norden (aus dem in dieser Gegend der Mistral weht) in den heilsamen Süden vorzudringen, dorthin, wo sich in Vaison die Kirche befindet, und zwar durch den Kreuzgang, Mittelpunkt des gemeinsamen Lebens, d. h. durch Erfüllung der Regeln und Aufgaben der Gemeinschaft. Eine feurige, dreifache, göttliche Kraft, die offenbar wie die Sonne im Süden ihren Ort hat und bei der vielleicht auf die drei Apsiden der Kirche, wohl sicher aber auch auf die Dreifaltigkeit angespielt ist, soll das vierfältige Nest erfüllen, d. h. den Kreuzgang, vielleicht als Bild der durch die Vierzahl (gegenüber der göttlichen Dreiheit) symbolisierten Erde, und ist zugehörig den ›Gefäßen‹ der zwölf (vier mal drei, die Zahl der Apostel wiederholenden) Kleriker, welche kaminbewehrte Zimmer um den Kreuzgang bewohnten.«

Die Inschrift und der Versuch ihrer Deutung zeigt, wie weit sich der Bogen aus jener Zeit in unsere Gegenwart spannt. Alles ist sinnvoll im Kreuzgang, bis zum Brunnen, dessen klares Wasser zum Symbol der Reinheit wird, eingegliedert in Tagesablauf und Gottesdienst. Aber was bedeutet in Vaison z. B. jener merkwürdige, in einen Stein geritzte bärtige Kopf über dem Ausgang nach Osten? Es ist, wenn man den Ausführungen O. Beigbeders in seinem ›Lexique des Symboles‹ folgen darf, Christus, der hier sowohl in einem lunaren wie in seinem solaren Aspekt und damit als Herrscher des Universums dargestellt wird. Wäh-

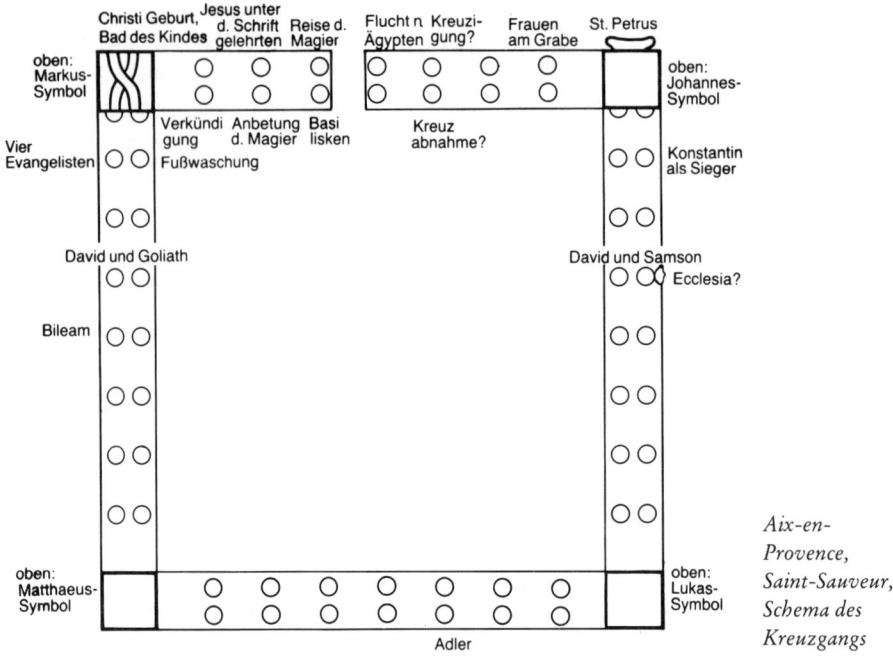

Aix-en-Provence, Saint-Sauveur, Schema des Kreuzgangs

rend der wachsende Mond hinter seinem Haupt ihm als Aureole dient, versinnbildlicht der doppelte Bart die Sonnenstrahlen und bezeichnet ihn damit als ›Sonne der Gerechtigkeit‹, die im Süden, im Mittag steht, wo sich die Kirche des Klosters befindet. So ist er im Kreuzgang also im Osten ebenso wie im Süden vertreten, im Sonnenaufgang wie im Mittag und auch in der Nacht leuchtend und die Welt erhellend. Erst Jahrhunderte später wurde aus einem ganz anderen Geist heraus jenes Kruzifix geschaffen, das jetzt in der Nordwestecke aufgestellt ist und das Geburt und Kreuzestod zum Gegenstand hat. Aus esoterisch verschlüsselter Abstraktion des Unfaßbaren ist nun die realistische Darstellung eines menschlichen Schicksals geworden, die einem schon sehr veränderten Weltbild angehört, zu dem wir leichter Zugang finden als zu jenem frühen, symbolträchtigen.

Seit die Wissenschaft beweisen konnte, daß z. B. der im ganzen Mittelalter gern und häufig dargestellte Löwe in einem Fall das unterjochte Böse, im anderen den siegenden Christus symbolisierte, erscheinen alle Sinngebungen aus unserem Lebensgefühl noch fragwürdiger als zuvor. Kreuzgänge sind eben mehr als nur angenehme Aufenthalts- und Entspannungsorte für Mönche und Priester. Sie sind als Stätten geistiger Sammlung und Konzentration auf ewige Themen geplant. Und die eigentümliche Aura, die so ehrwürdige wie den herrlichen von Saint-Sauveur in Aix mit der kraftvollen Petrusstatue, den rührendschlichten der Kathedrale von Cavaillon oder den kleinen des Klosters von Saint-Paul-de-

Mausole umgibt, entstammt dieser Hinwendung zu dem Ablauf eines ewigen Themas, das der darin Verweilende immer wieder nachvollziehen soll.

In den Kirchen, und ganz besonders in den ältesten, meist noch von Mönchen gebauten, waltet der gleiche Geist. Niemals ist hier Ornament nur schmückendes Beiwerk, stets ist es Lehre und sinnerfüllt. Daß es daneben schön, ja, wenn möglich vollkommen sei, ist eine Forderung, die sich aus seiner Bestimmung für den Dienst am Höchsten von selbst versteht.

So gibt es in der kleinen Kirche von *Limans* in der Haute Provence einen leicht getönten Altar aus der Zeit der Merowinger, dessen Vorderwand nur rein ornamentalen Schmuck trägt. Dieser aber ist voller Symbolik, die dem Gläubigen seiner Zeit so ablesbar war, daß er vielleicht nicht einmal der Erklärung durch einen Geistlichen bedurfte: Seine zwei Leuchter mit Kerzen versinnbildlichen den Alten und den Neuen Bund oder das Alte und das Neue

Idealplan eines Zisterzienserklosters   1 Sanktuarium   2 Totenpforte   3 Mönchschor   4 Kranken-bänke   5 Lettner   6 Konversenchor   7 Narthex   8 Dormitoriumstreppe   9 Sakristei   10 Arma-rium   11 Mandatum – Steinbänke zum Lesen und zur Fußwaschung   12 Mönchspforte   13 Konver-senpforte   14 Kapitelsaal   15 Dormitoriumstreppe   16 Auditorium   17 Mönchssaal   18 Noviziat   19 Mönchslatrine   20 Wärmeraum   21 Kreuzgang   22 Brunnen   23 Mönchsrefektorium   24 Lese-kanzel   25 Küche   26 Sprechraum des Cellerars   27 Konversengasse   28 Vorratsraum   29 Konver-senrefektorium   30 Konversenlatrine

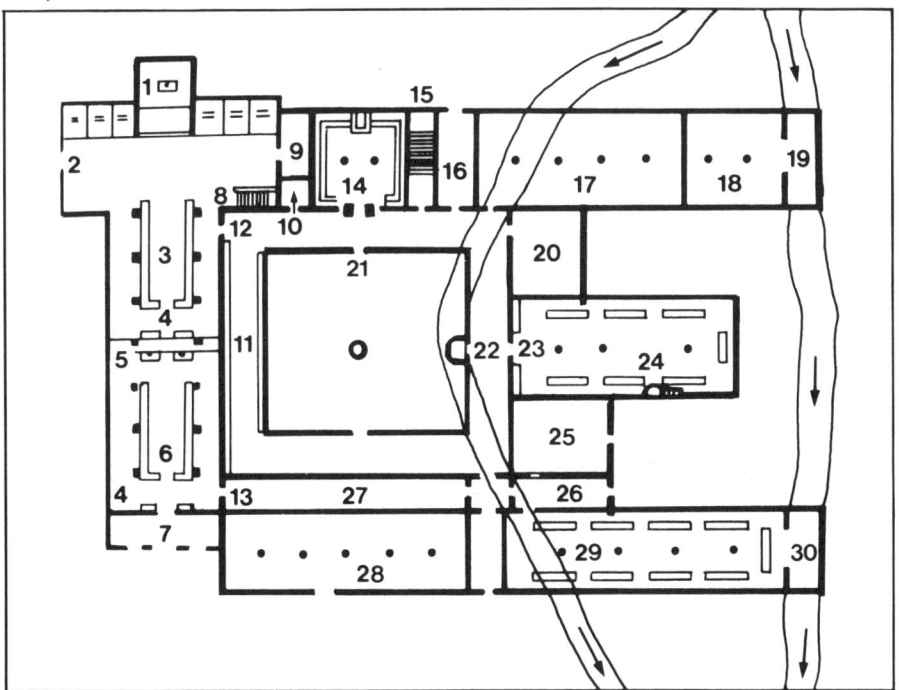

Merowingischer Altar in der Kirche von Limans

Testament, der Kranz – ein Vorrecht der Fürsten, dem später die Krone entspricht – die Majestät Gottes; die Ähren, aus denen er gebildet ist, sind ein Symbol der Ernte und des Abendmahls; der den Kranz oben abschließende dreifache Kreis das der Trinität. Im Mittelpunkt steht das Kreuz des Erlösers mit den griechischen Alpha- und Omegazeichen darunter. Anfang und Ende sind damit unter den Schutz Christi gestellt, und es ist wohl kaum Zufall, daß hier wie auf dem ungefähr gleichzeitigen Grabstein des Boethius (s. Fig. S. 116) in Venasque, das Omega, der letzte Buchstabe im Alphabet, vor dem ersten steht. Dem irdischen Tod folgt der Anfang des ewigen Lebens.

Nicht weit von Limans, ist in der Kirche von Mane, *Notre-Dame-de-Salagon* (s. S. 179), ein Flachrelief in die Seitenwand eingelassen, das an die Kunst der Merowingerzeit erinnert, möglicherweise jedoch älter ist. Es zeigt den Lebensbaum, der drei stilisierte Zweige mit je drei Blättern oder Blattknospen trägt und vor dem ein Hirsch sich niedergekauert und den rechten Huf an den Stamm gelegt hat, als suche er Schutz. Unmittelbar hinter ihm steht drohend ein bärtiger Mann mit einem Messer in der erhobenen rechten Hand. Es besteht wohl kein Zweifel, daß der Hirsch, der den jugendlichen, von Versuchungen bedrohten Täufling hier wie auch anderswo symbolisiert, Zuflucht bei dem dreieinigen Gott und dem Baum des ewigen Lebens sucht, um der ihn bedrohenden Gefahr der tödlichen Sünde – der einen Bart tragende Mann gilt als Sinnbild der Wollust und brutalen Männlichkeit – zu entgehen.

Erst die während des letzten halben Jahrtausends verlorengegangene Kenntnis christlicher Symbolsprache erschließt uns so eigentümlich kraftvolle, ins Wesentliche zielende Aussagen wie die der Bilderwelt in den merkwürdigen Apsiden von Saint-Christol und Notre-Dame-d'Ortiguière, Kirchen, die wie verloren, aber mit uralter Weisheit erfüllt, in der windigen Weite des Plateau d'Albion liegen.

Die Chorapsis der später vergrößerten Propsteikirche von *Saint-Christol* hat das Ende der Zeiten zum Thema. In ihrem Zentrum, unter der mittleren ihrer fünf Säulen, d. h. ehemals hinter dem Altar, symbolisiert der Löwe mit *einem* Kopf und zwei Leibern unter der Säule,

Sgraffito über dem Ostausgang des Kreuzgangs der Kathedrale von Vaison-la-Romaine. Der bärtige Kopf mit der Mondsichel stellt Christus als Herrscher des Universums dar.

die hier die ›kosmische Achse‹ oder den ›Weltenbaum‹ darstellt, die Idee Gottes und der Auferstehung. Er zerbeißt die Schlange, d. h. den Tod und alles Irdische (Abb. 81). Vorher jedoch bläst der Engel – links außen, d. h. vom Ende der Erde – zur Auferstehung. Sein Kopf ist mit einem Tuch, dem Symbol des Himmels, bedeckt, und über ihm an der Säule deuten die Trauben auf Abendmahl und Opfertod Jesu, Adler auf seine Himmelfahrt. Der Bartmann neben ihm ist in der romanischen Kunst stets Sinnbild der Männlichkeit. Sein doppelter Löwenleib zeigt an, daß bei ihm das Tierische überwiegt, daß er der Unzucht und Gewalttätigkeit verhaftet ist. Die vierte Symbolgestalt blieb nicht mehr erhalten, mit der fünften, einer Sirene, wird die Versuchung des Fleisches personifiziert. Sehr eigentümlich ist die Vogelsäule (Abb. 79, 80), die sich über ihr erhebt. In der Verbindung mit Sirenen und Jüngstem Gericht bedeuten aufgereihte Vögel (›en file‹) oft die Seelen der Verdammten, hier jedoch scheint eher die sehr alte, schon in der Antike bekannte Vorstellung gestaltet zu sein, daß einzig der Adler, ein Symbol Christi, der Sonne ins Auge zu schauen vermag und daß er seine Jungen ins Licht emporträgt, sie prüfend, ob sie fähig sind, so viel Helligkeit zu ertragen, und sie fallen lassend, wenn sie die Kraft dazu nicht besitzen. Daß er dabei lose mit einer Schnur an die Säule, d. h. die ›kosmische Achse‹ bzw. den Lebensbaum, gebunden ist, steht dieser Deutung nicht im Weg, bestätigt vielmehr seine Existenz zwischen Himmel und Erde. Über ihm im Kapitell entfaltet der Weltenbaum sein Blattwerk. Das Motiv würde sich demnach gleichfalls auf das Jüngste Gericht mit seiner Scheidung des Erwählten von den Verworfenen beziehen und damit das Thema des Halbrunds abschließen: Mahnung und Warnung vor der Sünde zu sein, damit der Gläubige die ewige Seligkeit gewinne.

Was in späteren Jahrhunderten in reicher figürlicher Darstellung über die Portale der Kirchen und ganze Fassaden und Chorwände gerückt ist, Christus als Weltenrichter, der Heil und Verdammnis über die auferstandene Menschheit verhängt, ist so in der Frühzeit auf engem Raum knapp im Symbol ausgesagt worden. Auch bei der plastischen Gestaltung der vorromanischen Apsis in der nahen Kapelle von *Notre-Dame-de-l'Ortiguière* ist an das Weltende gedacht, hier aber einzig das Schicksal der christlichen Seele geheimnisvoll ver-

Detail eines der vier Pilaster in der Kapelle Notre-Dame-de-l'Ortiguière bei Revest-du-Bion, vorromanisch(?), frühes 11. Jh. (?) (s. auch Abb. 76)

schlüsselt dargestellt worden. Die Vierzahl der Konsolen wie die Vierzahl der Symbole – vier Atlanten stützen das himmlische Jerusalem in den vier Himmelsrichtungen; denn über dreien von ihnen befinden sich je vier darauf bezügliche Zeichen – sollen das Bild von den vier Enden der damals noch quadratisch gedachten Welt wachrufen, über der sich das (Apsis)-Rund des Himmels wölbt. Wie stets ist diese Bilderschrift von links nach rechts zu lesen. So stellt die erste Konsole den Kampf des Menschen mit den gefährlichen Mächten der irdischen Welt dar. Er bedroht mit einem Pfahl die kraftvoll s-förmig sich aufbäumende Schlange, deren Stachelhorn erdwärts weist, während ihn von unten das menschenverschlingende Ungeheuer angreift, an dessen Bild uralte germanische, keltische und orientalische Vorstellungen mitgewirkt haben. Über ihm der Himmelsträger, über diesem, wenn jetzt auch kaum noch am Umriß der ersten erkennbar, ursprünglich die Vierzahl der Kugeln, d. h. der Kreis, seit ältester Zeit Sinnbild des Universums. – Die zweite Konsole steht schon im Zeichen Christi (Abb. 76). Das zeigt das vierfache Initial seines Titels, das X, das griechische Chi (für ›Messias‹), an, das nun über die vier Enden der Welt herrscht. Es verkörpert nicht nur die Idee des Universums und seine Lenkung durch den Erlöser, sondern auch die Etappen seiner irdischen Existenz. Dem entsprechend drängt unter dem Himmelsträger auch verwandelnd die pflanzliche Form durch den Totenschädel, Lebens- und Unsterblichkeitssymbol zugleich. – Unter den vier Kugeln, die das Weltall versinnbildlichen, zeigt dann die dritte Konsole (Abb. 77) den verwandelten Auferstandenen, der mit dem Lebensbaum eins geworden ist und aus ihm emporwächst und aus dessen Armbeugen neues Leben in der heiligen Drei- und Vierblattform sprießt. Von der Vollendung des himmlischen Jerusalems durch die Trinität, durch drei Kuben symbolisiert, spricht schließlich die vierte, die letzte Konsole. Dreifach, im Zeichen der heiligen Dreieinigkeit, ringelt sich nun auch die Schlange darunter. Ihr Stachelhorn wie ihr Schwanz sind jetzt gen Himmel gerichtet, ihr Kopf in die Erde zurückgekehrt. Der göttliche Triumph ist vollkommen, die Hölle besiegt.

(Die Möglichkeit zur Deutung der christlichen Symbolik verdanke ich vor allem dem ausgezeichneten *Lexique des Symboles* von Olivier Beigbeder aus der Zodiac-Serie ›La nuit des temps‹.)

Simiane, die Kathedrale von Apt und das Kloster Ganagobie

Simiane

Eine Burg, eine Kathedrale, ein Kloster – drei bedeutende romanische Baukomplexe, alle, wenn auch in ihren bescheidenen Anfängen älter, in ihren wesentlichen Teilen im 3. Viertel des 12. Jahrhunderts, oder im ersten Viertel des 13. Jahrhunderts im kargen, dünnbesiedelten Bergland der östlichen Provence entstanden, eng umgeben von zahlreichen Dorfkirchen und Klostergemeinschaften aus der gleichen Epoche – was für ein Jahrhundert, was für eine Kraft, dem Geist dieser Zeit solche Häuser zu bauen in einem armen Heideland, in dem nur Schafe Weide finden und der Lavendel gedeiht!

Wenige Kilometer trennen hier ein Sanktuarium vom anderen. Die Kathedrale von Apt wird von einem Kranz von Kirchen umringt, im Umkreis von Ganagobie stehen nicht weniger als dreißig romanische Kirchen und Klosterruinen.

Und nun dies Seltsame: Von all diesen Bauwerken, die heute noch, und sei es als Ruinen, ihre alten Namen tragen, geriet nur eines so sehr in Vergessenheit, daß bis in unsere Tage keiner mehr seine eigentliche Bestimmung kannte, obwohl es weithin sichtbar mit einem gewaltigen Turm in einer der schönsten Landschaften der östlichen Provence aufragt. ›La Rotonde‹ wird dieser Turm von Simiane genannt, der von fern die Form eines gewaltigen umgestülpten Eimers annimmt, und noch aus der Nähe unzugänglich, fremdartig und düster wirkt. La Rotonde – ein ›Donjon‹, eine fürstliche Kapelle oder gar das gewaltige Totenmal eines großen Herrn?

Wolf von Niebelschütz hat diesen Turm in seinem unvergeßlichen provençalischen Roman ›Die Kinder der Finsternis‹ diese Bedeutung gegeben, andere vor ihm. Aber was heute ›le Château de Simiane‹ genannt wird, trägt auch diesen Namen nicht ganz zu Recht. La Rotonde ist das, was von einer Burg übrig blieb, die einmal zu einem Befestigungssystem gehörte, dem ›castrum Simianae‹ mittelalterlicher Texte. Zum ersten Mal wird sie in einem Dokument von 1031 erwähnt, das in der Urkundensammlung von Saint-Victor de Marseille aufbewahrt wird.

Ein Plan der ursprünglichen Anlage und die wissenschaftlichen Untersuchungen, die bis in die siebziger Jahre unseres Jahrhunderts fortgesetzt wurden, bestätigen diese Bedeutung. Der Turm war zweistöckig mit einem früh erbauten, primitiv gefügten Untergeschoß und einem herrenmäßigen Obergeschoß, dem heute der Fußboden fehlt, dessen Säulen und plastischer Schmuck im Innern jedoch erhalten geblieben sind.

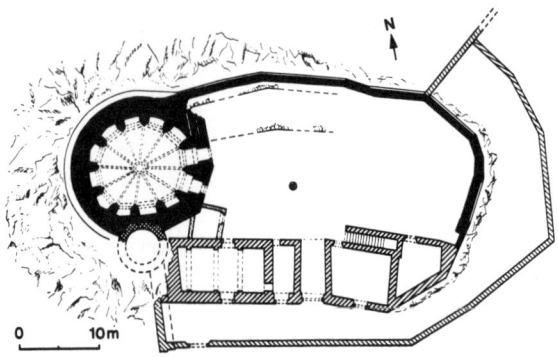

Simiane-la-Rotonde, Grundriß

»Zwölf Nischen tragen eine weite, hoch aufragende halbelliptische Kuppel (Abb. 84), die von zwölf hervortretenden Rippen gestützt wird«, schreibt Guy Barruol im Zweiten Band der ›Provence Romane, l'Haute-Provence‹ der Zodiac-Reihe ›La Nuit des Temps‹. Er setzt die Entstehung des Turmes auf das Ende des 12. oder den Beginn des 13. Jahrhunderts an und fügt hinzu: »Der Burgturm, dessen Grund- und Aufriß in der südfranzösischen Architektur ungewöhnlich ist, diente sowohl militärischen wie auch administrativen Zwecken: das Erdgeschoß bildete Waffensaal, Vorratskammer und Keller, das darüberliegende Stockwerk Prunk- und Empfangssaal, in dem sich die örtlichen Versammlungen und Verhandlungen abspielten; der obere Abschnitt des Turmes konnte einer kleinen Garnison als Beobachtungs- und Verteidigungsredoute von Nutzen sein. Die Burg von Simiane ist so eines der ältesten und seltensten Beispiele profaner und militärischer Architektur Südfrankreichs; hinter der Grobschlächtigkeit des äußeren Mauerwerks verbirgt sich ein den Grundherren des Ortes, den d'Agoult-Simiane, angemessener Dekor.«

Die Kathedrale von Apt

Die Kathedrale von Apt im Herzen der kleinen Stadt ist zwar in ihrer heutigen Gestalt erst wie so viele andere provençalische Kirchen im 12. Jahrhundert – und erst in seinem dritten Viertel – erbaut, stammt jedoch schon aus dem antiken Apta Julia und ist über der Ruine eines gallo-romanischen Gebäudes errichtet, wie die ersten Mauerschichten des jetzigen Chors erkennen lassen. Apt, an der alten römischen Via Domitia gelegen (s. hintere Umschlagklappe), die über Nîmes-Nemausus, Beaucaire-Ugernum, Tarascon-Tarusco, Cavaillon-Cabellio und über Apt-Apta Julia hinauf nach Sisteron-Segustero nach Briançon-Brigantium über die Alpen führte, ist also schon früh Sitz eines christlichen Bischofs gewesen. Darauf deutet auch der Name der Kathedrale hin, die unter dem Patronat der hl. Jungfrau und des hl. Castor steht, der im 5. Jahrhundert Bischof von Apt gewesen ist.

Vor allem beweisen es die Funde von frühchristlichen Sarkophagen aus einer christlichen Nekropole des Stadtteils La Marguerite, außerhalb der Stadtmauern, die heute im Museum der Stadt und im Musée Calvet in Avignon stehen. Einer der schönsten von ihnen, wahrscheinlich in den Werkstätten von Arles aus Marmor der Pyrenäen gegen Ende des 4. Jahrhunderts gestaltet, dient heute in einer der nördlichen Seitenkapellen der Kirche als Altar. An seiner noch ganz antik empfundenen Längswand ist in der Mitte ein jünglingshafter bartloser Christus mit einem hohen Kreuz in der linken Hand als siegreich Auferstandener dargestellt, der mit der Rechten die ihn Umstehenden segnet: Hippolyte, einen provençalischen Märtyrer des dritten Jahrhunderts, und Papst Sixtus II., der ihm mit der antiken Geste der Akklamation huldigt. Die Schmalseiten des Sarkophags sind den vier Evangelisten gewidmet; es ist eine der ältesten und seltensten Darstellungen dieses Themas.

Nicht weniger schön ist der reich ornamentierte Altartisch in der karolingischen Krypta und der ihn umgebende Raum gestaltet (Abb. 49). Hier ist die Harmonie der Maße in Wölbungen und Bögen und die Bearbeitung der Steine vollkommen, wahrhaft ein Meisterstück des an Meisterwerken der Baukunst nicht armen 12. Jahrhunderts in der Provence. Die untere, also noch ältere, gallo-römische Krypta ist bescheiden. Sie birgt nur einen primitiven, von einem Tonnengewölbe überdachten Altar. In beiden Krypten scheinen die Reliquien der ersten Märtyrer von Apt bewahrt gewesen zu sein: die des hl. Auspicius, der im 3. Jahrhundert die Kirche gründete, und später die des hl. Castor. Von seltener Kraft und voll Symbolgehalt (Trauben, Lebensbaum und Kreuz) sind die beiden Steinplatten aus der Karolingerzeit, die – ursprünglich Chorschranken – die untere Krypta überdachen.

Die Kathedrale ist im frühen Mittelalter mehrfach zerstört und wieder aufgebaut worden. Dem, was im 12. Jahrhundert entstand, wurde im 13. das südliche, im 14. das nördliche Seitenschiff hinzugefügt und in der folgenden Zeit bis ins 18. Jahrhundert immer wieder Erweiterungen und Veränderungen, die jetzt den Gesamteindruck beeinträchtigen. Der Chor wurde noch zur Zeit des Klassizismus zerstört. Es blieb jedoch der romanische Altar in der südlichen Apsidiole erhalten. Seine drei, durch je zwei römisch anmutende Säulen getrennten Bogenfassungen, die offensichtlich in ihren Nischen einmal Figuren trugen, wirken durch ihr Mäandermotiv seltsam antik. Ebenfalls aus romanischer Zeit stammen die Symbole der vier Evangelisten in den Ecken des Kuppelgewölbes, das den niederen Turm trägt. Der Stier des hl. Lukas und der Löwe des hl. Markus fügen sich besonders kraftvoll und eigenartig in den beschränkten vorgegebenen Raum. In anderen Kirchen der Provence kehrt dies Motiv der Eckenfüllung an der Vierung, über der sich die Türme zu erheben pflegen, nicht selten wieder. Hier jedoch sind die Evangelistensymbole besonders formal gelungene Kunstwerke. – Die Schatzkammer der Kathedrale enthält ebenfalls einige sehenswerte Stücke.

Man wird kaum Apt verlassen, um in den Süden oder Westen des Landes zurückzukehren, ohne durch das Tal von Buoux zu fahren, um einmal (oder auch zum zweiten oder dritten Mal) den Turm der ehemaligen Propstei *Saint-Symphorien* zu betrachten, so vollkommen ist er. Saint-Symphorien war schon vor dem Jahr 1000 eine Propstei im Walde an der sehr alten Straße durch den Luberon und wurde schon 1053 an die Abtei Saint-Victor von Marseille angeschlossen. Ihre Gebäude sind verfallen, doch wird seit Jahren daran gearbeitet zu retten, was noch zu retten ist, von dem, was zwischen dem 11. und 12.

Jahrhundert entstand. Aber der Glockenturm, an Harmonie und Eleganz eigentlich nur noch mit dem von Uzès zu vergleichen, ist mit seinen vier Stockwerken, seinen säulengeschmückten Maueröffnungen (Abb. 48) und seinem plastischen Dekor, in dem sich frühe Herbheit mit Anmut und Ernst glücklich vereint, erhalten geblieben und überragt noch immer den umgebenden Wald. Auch er gehört in das große 12. Jahrhundert der Provence.

Das Kloster Ganagobie

Über das Kloster Ganagobie, das 350 Meter hoch über der Durance auf einem von Pinien, Ginster und immergrünen Steineichen bewachsenen Plateau an einem Platz liegt, der, wie seine Steinsetzungen zeigen, schon vor Jahrtausenden ein heiliger Ort gewesen ist, wurde um 1500 in dem sogenannten ›Livre vert‹ von Sisteron berichtet. Es ist jedoch schon um die Mitte des 10. Jahrhunderts durch den Bischof Jean III. von Sisteron auf dem ›Podium Ganaguobiense‹, einer Domäne, die seiner Familie gehörte, gegründet worden. Er ließ dort zwei Kirchen bauen, Notre-Dame und Saint-Jean-Baptiste, in der er begraben werden wollte. Zwischen 960 und 965 machte er das Kloster Cluny zum Geschenk. Zu jener Zeit, nämlich 40 Jahre lang, von 954 bis 994, war der heilige Mayeul Abt der mächtigen Abtei Cluny in Burgund. Er stammte aus einer provençalischen Familie, die in den Diözesen von Apt, Riez und Sisteron Besitzungen hatte. Es ist also wahrscheinlich, daß familiäre Beziehungen zwischen dem heiligen Mayeul und dem Bischof von Sisteron bestanden haben. Der Anschluß an eine sehr bedeutende Abtei war in der Zeit der Karolinger, einer Epoche großer Unsicherheit in der Provence, nicht selten: wir kennen das gleiche von Carluc und von Saint-Veran de Vaucluse.

Auch im 11., 12. und 13. Jahrhundert empfing Ganagobie, jetzt ›Cella Ganagobiacensis‹, später ›Ganagobiense monasteriolum‹ genannt, zahlreiche Schenkungen von den großen Familien des Landes, und bis zum Ende des 14. Jahrhunderts scheint das Priorat immer noch an Wohlstand zugenommen zu haben.

Daß wir so gut darüber unterrichtet sind, verdanken wir den ›Visites de l'ordre de Cluny‹, d. h. den Aufzeichnungen, die das Ganagobie übergeordnete Kloster in Burgund über die regelmäßigen Kontrollbesuche in diesem seinem Priorat machte. Wir wissen daher auch, daß im 13. und 14. Jahrhundert etwa zwölf bis vierzehn Mönche außer dem Abt hier lebten, und daß die kleine Mönchsgemeinde, trotz ihrer Einsamkeit doch immer zu Gastlichkeit und Caritas verpflichtet, Schwierigkeiten aller Art zu bestehen hatte. So stellte der kontrollierende Besucher aus Cluny im Jahr 1404 fest, »daß alles so schlecht ging (omnia sunt in ruina), sowohl in geistlichen wie in weltlichen Dingen, daß es schwer sein werde, dem abzuhelfen«. Der Abstieg begann. Die Brüderschaft umfaßte damals nur noch vier, fünf oder sechs Mönche, die Gebäude verfielen, und der Landbesitz wurde schlecht verwaltet. Am Ende des 15. Jahrhunderts durchlebte das Priorat vorübergehend bessere Zeiten, danach jedoch durch die politischen Verhältnisse um so schlechtere. Unter dem Prior Pierre de Glandèves

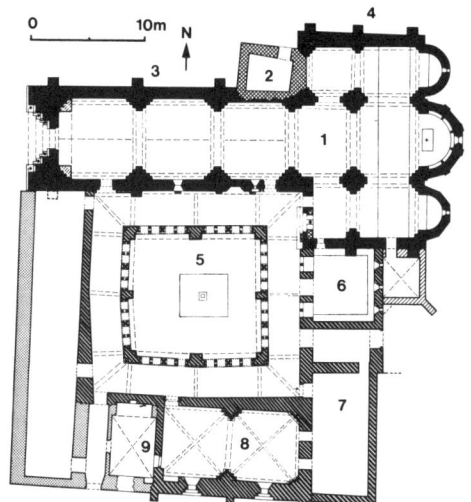

Kloster Ganagobie 1 Kirche 2 Turm
3 Friedhof 4 Schlafsaal oben 5 Kreuzgang
6 Kapitelsaal 7 Wärmeraum (?)
8 Refektorium 9 Küche

(1502–1550) erholte sich Ganagobie zwar wieder und konnte die mittelalterlichen Gebäude ausbessern, aber während der in der Provence besonders erbarmungslos geführten Religionskriege wurde das Kloster geplündert und u. a. auch die Archive verbrannt. 1579 fanden die Kontrolleure aus Cluny niemand mehr in Ganagobie außer einigen Hirten, die im Gebirge Schafe weideten. Die Kirche und die sie umgebenden Gebäude waren weitgehend verfallen oder stark beschädigt, »jedoch Kreuzgang, Küche, Keller und Refektorium in gutem Zustand«. Wiederaufbau und Niedergang wechselten miteinander in den beiden nächsten Jahrhunderten ab, bis 1787 der Orden von Cluny aufgehoben und während der französischen Revolution die Propstei teilweise zerstört wurde. Erst am Ende des 19. Jahrhunderts begann die langjährige Arbeit der Wiederherstellung, die im Mai 1985 endlich ihren Abschluß finden soll. Heute gehört Ganagobie den Benediktinermönchen der Abtei Hautecombe (Savoyen).

Die wechselvolle Geschichte dieses alten Klosters mit seinen wenigen Mönchen ist typisch auch für die anderen zahlreichen in der Haute-Provence, die heute nur noch Ruinen sind. Sie ›blühten‹, wie man im antiken Griechenland gesagt hätte, im 11., 12. und 13. Jahrhundert und erhielten ihre romanische Gestalt in dieser stark von Religiosität geprägten Zeit. Ganagobie wurde um die Mitte oder im dritten Viertel des 12. Jahrhunderts mit dem vielleicht bedeutendsten Bodenmosaik Frankreichs beschenkt, das, fast 70 Quadratmeter groß, in den Farben Weiß, Rot und Schwarz den Boden der drei Apsiden und vier Fünftel des östlichen Querhauses bedeckt.

Nichts nur annähernd Gleichwertiges aus diesen Jahrhunderten hat Frankreich zu bieten, es sei denn, man denkt an den im letzten Viertel des 11. Jahrhunderts entstandenen, 70 Meter langen und 50 Zentimeter hohen Bildteppich von Bayeux oder an die zwischen 1375 und

175

1380 angefertigten, 168 langen und 5 Meter hohen Teppiche der Apokalypse in Angers. Die Mosaiken von Ganagobie würden allein den Besuch auf diesem Hochplateau lohnen. Voraussichtlich von Mai 1985 an werden sie nach Jahren der Restaurierung in Périgueux wieder zu besichtigen sein. Erst Ende des 19. Jahrhunderts sind sie gefunden worden, so vollkommen hatten sie Schutt und Ruinen bedeckt.

Eine Inschrift, die an der Peripherie der Mittelapsis entlang läuft, läßt darauf schließen, daß Kirche und Mosaik in der Mitte oder im dritten Viertel des 12. Jahrhunderts entstanden sind. Auch die Themen der Mosaiken sprechen mit ihrem Symbolgehalt dafür. Ein eleganter und zugleich kraftvoller Ritter, in dessen Rücken das dreifache Heilszeichen steht und dessen die Zügel seines Pferdes haltende Linke von einem Kreis, dem Bild der Vollkommenheit und des Himmels, umgeben ist, stößt seine Lanze in das Maul des alles Böse verkörpernden Drachen (Abb. 83), ein zweiter stürmt entschlossen mit eingelegter Lanze gegen angreifende Untiere an: beide sind Sinnbild des die Versuchungen der Welt tapfer bezwingenden Christen. In diesen Mosaiken finden sich viele der altüberlieferten Symbole wieder: der die Kirche tragende Elefant, uraltes Sinnbild der Kraft, Klugheit und Keuschheit; der Greif, das aus dem Orient stammende Fabeltier mit doppelter Bedeutung, hier durch die Vierzahl der Flügelfedern dem Irdischen zugeordnet, durch die Zweiteilung seines Schwanzendes den Dualismus zwischen Gut und Böse anzeigend und mit der Dreiteilung des Hahnenkamms doch auf die Dreieinigkeit hinweisend. Ihm kämpferisch gegenüber steht ein gewaltiges Fabeltier, vermutlich der siegreiche Löwe, denn sein Schweif mündet in das dreifach verschlungene Heilszeichen. Auch der bogenschießende Kentaur fehlt nicht, ebensowenig die Fische, Sinnbilder des lebendigen Wassers und damit auch der Taufe und des Christentums. Der langhalsige Vogel mit den vier Flugfedern und den zweigeteilten Krallen, hier also Weltlichkeit und Polarität verkörpernd, hält den Fisch, das Christussymbol, im Schnabel gefangen. Mahnungen in Bildern, wie sie der Zeit entsprachen.

Aber man kehrt nicht nur wegen dieser Mosaiken, die jetzt endlich wieder zu betrachten sein werden, auf das Hochplateau von Ganagobie zurück und sitzt auf Einlaß wartend auf dem sonnenheißen Mäuerchen vor dem eigenartigen Kirchenportal, dessen fünf Spitzbogenrundungen von kleinen Säulen getragen werden. In diesem vertieften Türbogenfeld thront Christus in der Glorie, von zwei knienden Engeln umgeben, über den Evangelistensymbolen. Der Türsturz unter Bogenwölbungen, dem Himmelssinnbild in dieser am ägyptischen Christentum orientierten Zone, zeigt in primitiv-würdiger Reihung die zwölf Apostel. Im Innern der Kirche ist der plastische Schmuck spärlich, doch besitzt sie eine majestätisch das Kind zeigende hölzerne Madonna, die wahrscheinlich aus dem 14. Jahrhundert stammt. Reicher blieb der bescheidene Kreuzgang ausgestattet mit seinen schweren romanischen Doppelsäulen, die romanische Bogenwölbungen tragen. In der eindrucksvoll herben Skulptur eines bärtigen Mannes an einer der Ecken des Kreuzganges vermutet man ein Bild des hl. Majeul. Wir wissen noch nicht, wie sich all dies nach der endgültigen Wiederherstellung des Klosterbezirks darstellen wird, aber gewiß bleibt der Eindruck von Strenge und tiefem Ernst erhalten, betont durch die Stärke der Mauern, die Fensterlosigkeit nach außen und die Abgeschlossenheit des Baus in der Einsamkeit eines ›hohen Ortes‹ im alten Sinn.

Man wird Ganagobie nicht verlassen, ohne den Pfad links neben der Kirche zu folgen, der ›Allée des Moines‹, der zu dem Felsvorsprung mit der Quelle und dem Wasserbecken führt, von dem man einen überwältigenden Fernblick über das Tal der Durance hat. Und wird, wenn möglich, am Saum des Plateaus entlang weitergehen bis zu den Grotten und den Ruinen der *Villevielle*, einer Siedlung, die schon 1471 für unbewohnt erklärt worden ist. Man kann von ihr über das Plateau zum Kloster zurückkehren. Etwa auf halbem Weg dorthin liegt die bescheidene Kapelle *Saint-Martin*, deren Chorteil sowie die an ihn anschließenden Mauern aus romanischer Zeit stammen. Sie wurde später um etwa die Hälfte zur Tür hin verlängert.

Auch der vom Kloster gerade aus nach links führende Weg, die ›Allée de Forcalquier‹ genannt, ist interessant. Nach 400–500 Metern findet man links die ›stehenden Steine‹ aus dem Neolithikum, rechts Mühlen und Bassins und Grotten der ›Maquisards‹, also steinerne Unterkünfte der in den Maquis Geflüchteten. Von hier überblickt man das Becken von Forcalquier, sieht den Luberon und die Montagne de Lure, während man von der Allée des Moines an klaren Tagen nicht nur das nahe Plateau de Valensole und die Voralpen von Digne, sondern auch bis zum Mont Viso sehen kann.

Romanische Kirchen und Klosterruinen der Haute-Provence

Die ältesten, in ihrem ursprünglichen Zustand weitgehend erhaltenen, jedenfalls später nur unbedeutend veränderten romanischen Kirchen und Klöster der Provence liegen in den weniger dicht besiedelten östlichen Berglandschaften, die auch kaum von den Fremden besucht werden, die vor allem das römische Erbe sehen wollen. Man hat also Gegenden wie die *Baronnies*, die *Montagne de Lure*, die *Monts de Vaucluse*, das *Plateau d'Albion* oder die *Montagne du Luberon* und selbstverständlich auch die Täler um den *Mont Ventoux* aufzusuchen, um sie – und oft nur ihre Ruinen – kennen zu lernen (s. auch Karte S. 240). Wir wissen, daß in diese entlegenen Täler das Christentum durch Mönche gebracht wurde, die ihre Unterweisungen in ägyptischen Klöstern empfangen hatten, mit der sehr viel älteren Symbolik dieses Landes vertraut waren und sie in den neuen Glauben übertrugen. Dies gilt für den größten Teil der Gallia Narbonensis, also von nördlich Lyon bis etwas südlich von Aix und im Westen bis etwas über Saint-Gilles hinaus, während im Süden und weiter westlich die sogenannte ›mesopotamische Zone‹, d. h. die von kleinasiatischen Mönchen bekehrte, anschließt.

Nicht nur in der Wahl und Bedeutung der Symbole, sondern auch in den Architekturformen unterscheiden sich diese Gebiete. Während z. B. außerhalb der Provence, sowohl im angrenzenden Roussillon als auch in Burgund fast jeder Kirchenbau eine Vorhalle, den ›Narthex‹, besitzt und das Portal mit reichem plastischem Schmuck ausgestattet wird, in dem sich die Einladung für den Frommen, hier einzutreten, mit der Warnung für den Sünder zu verbinden pflegt, ist in der sogenannten ›ägyptischen Zone‹, zu der die Provence gehört, dies nur ausnahmsweise – so in Saint-Gilles und Saint-Trophime – der Fall. Sonst ist es

Pernes-les-Fontaines (Vaucluse), Fresko im Turm Ferrande, 13. Jh.: Clemens VII. übergibt Karl von Anjou eine Belehnungsurkunde

dagegen üblich, das Zentrum des Baus nach innen zu verlegen, vor allem in den Chorraum, in dem der Altar, also das Allerheiligste, steht. Er ist so würdig wie möglich auszustatten und enthält, oft sparsamst in Symbolen ausgedrückt, das sittliche Programm, das mitgeteilt werden soll. Auch dem Turm kommt wenig Bedeutung zu. Meist erhebt er sich nicht sonderlich hoch über der Vierung. Der Haupteingang ist häufig ganz unbetont und liegt nicht selten sogar an einer der Längsseiten, so in Vaison-la-Romaine, in Saint-Restitut und in Cavaillon. Wichtig ist die Kuppel, sei es über der Vierung oder auch nur über der Apsis. Sie stellt den Himmel dar, auch wenn er später nicht mehr gestirnt ist wie noch in der ehrwürdigen Ruine von Saint-Donat.

Klar zeichnen sich diese Bautendenzen in der eindrucksvollen Ruine der einsam links von der Straße N 96 nach Sisteron gelegenen Kirche *Saint-Donat-de-Montfort* ab (Abb. 82). Auf einem Hügel gelegen, mit massiv vorgewölbtem Chor und zwei Apsiden wirkt sie mit ihren kleinen Fenstern wehrhaft. Drinnen tragen die festen, schmucklosen Säulen noch immer die harmonisch gewölbten Arkaden der beiden Seitenschiffe. Im Verfall erhalten blieb – d. h. vermutlich so lange als möglich erhalten – der Sternenhimmel des Chors. Saint-Donat wurde wahrscheinlich im zweiten Viertel des 9. Jahrhunderts von lombardischen Bauleuten für Benediktinermönche errichtet, ist also eine der ältesten Kirchen der Provence.

Näher noch an Sisteron liegt nördlich am Ufer der Durance *Saint-Martin-de-Volonne*, heute ebenfalls eine Ruine, jedoch jetzt als Friedhofskapelle dienend. Auch sie ist von Lombarden erbaut, ähnelt Saint-Donat und dürfte also wohl um die gleiche Zeit entstanden sein. Harmonisch in ihren Maßen und mit dem kraftvollen Würfelschmuck ihrer Kapitelle, in die das Motiv des Lebensbaum eingeschnitten ist, lohnt sie einen Besuch, der sich mit dem von Saint-Donat und Sisteron verbinden läßt.

Das Land um Forcalquier besitzt fast in jedem Dorf eine rein romanische Kirche. Sie sind alle nicht oder kaum jemals verändert, und das Wenige, was sie an plastischem Schmuck besitzen, stammt aus der Frühzeit des Mittelalters, aus den Jahrhunderten, in denen die Frömmigkeit groß und die Geldsäckel klein waren. Die Propstei *Notre-Dame-de-Salagon* (Abb. 78) gehörte damals wie Saint-Donat de Montfort zum Besitz der Benediktinerabtei Saint-André von Villeneuve, ist allerdings später, erst im letzten Viertel des 12. Jahrhunderts, erbaut worden. Jetzt liegt sie mit ihrem breitgeschwungenen dreifachen Bogenportal und der schlichten Fensterrosette verlassen in der fruchtbaren Feldeinsamkeit bei Mane. Schön – und ohne die Antike nicht denkbar – sind die sechs Säulen mit ihren Pflanzenschmuckkapitellen, welche die Bogen tragen, und die Ornamente der Friese, die von ihnen zu beiden Seiten ausgehen. An den Kapitellen des Innenraums begegnet man noch der phantasievollen Symbolik romanischer Zeit, im leichten Bruch der Arkadenwölbungen der Schiffe schon einer Neigung zur frühen Gotik. Eigenartig symbolträchtig ist das reizvoll primitive, in eine Seitenwand eingelassene Relief eines zusammenbrechenden Hirsches, den ein Bärtiger mit seinem großen Messer bedroht: Sinnbild des jugendlichen Täuflings, den die Sünde – der Bartmann ist stets Verkörperung der fleischlichen Sünde – zu Fall bringt und mit ewigem Tod bedroht. Ein Motiv, das in der Provence in Variationen mehrmals wiederkehrt.

Nur etwa 400 Meter westlich vom ehemaligen Kloster wird das Flüßchen *La Laye* von einer Brücke mit drei Bögen überspannt, die ebenfalls aus dem letzten Viertel des 12. Jahrhunderts stammt, also romanisch ist, an Harmonie jedoch einer römischen nicht nachsteht.

Die Ruine des Klosters *Saint-Pierre-de-Carluc* liegt in einem bewaldeten Tal zwischen Céreste und Reillane, östlich vom Luberon, ist also leicht von dort aus oder über die D 936 von Aix oder Pertuis zu erreichen. Bäume sind längst im Begriff, die Mauern zu überwuchern und umgeben den gut erhaltenen Chor, dessen zwei Mauerecken von je einer kanne-

Notre-Dame-de-Salagon, Hirschrelief

179

lierten Säule mit einem romanischen Kapitell ausgefüllt werden, deren Symbolschmuck gut erhalten ist. Die Abtei ist wahrscheinlich sehr alt und war ursprünglich möglicherweise nur eine Einsiedelei oder gehörte einer sehr kleinen Mönchsgemeinde. Man weiß so gut wie nichts über die Umstände der Gründung, um so stärker ist der Eindruck, den der gedeckte Gang mit den in den Fels gehauenen Bänken und Becken, den abgetretenen Stufen und dem sparsamen Skulpturenschmuck in seinem Verfall hinterläßt. Es sind Räume, die noch im Vergehen das Signum dessen tragen, was hier in der strengen Einsamkeit des Tales einmal gelebt wurde.

Im Anfang des 11. Jahrhunderts, so viel ist bekannt, wurde das Kloster durch den Abt von Montmajour zum ersten Mal restauriert. Damals gehörten drei Kirchen zu ihm: Sainte-Marie, Saint-Pierre und Saint-Jean-Baptiste. Es wurde zu einer der bedeutendsten Propsteien der ungefähr fünfzehn, die damals Montmajour unterstanden. Im zweiten Viertel des 12. Jahrhunderts ergab sich ein Neubau des Klosters. Heute liegen die Ruinen all dieser Bauten derart verlassen in dem grünen Tal, daß man es sich kaum von so starkem religiösen Erleben erfüllt vorstellen kann.

Anders ist es mit der Kirche von *Saint-Michel-de l'Observatoire*, nicht weit von Saint-Pierre-de-Carluc. Sie ist noch heute in das Leben des ihr zu Füßen liegenden Dorfes einbezogen (Abb. 85). Da ihr romanischer Teil nur aus einem tonnenförmig gewölbten Schiff, der halbkreisförmigen Apsis und der Kuppel darüber bestand, ist sie zwischen dem 14. und 18. Jh. vergrößert und erneuert worden. Doch der plastische Schmuck der Westfassade, des Chors und das Weihwasserbecken mit den phantastischen Löwen aus romanischer Zeit sowie die aus der ersten Hälfte des 14. Jh. stammenden Fresken machen sie sehenswert.

Ein Ausflug auf das entlegene *Plateau d'Albion* zwischen dem Ventoux und der Montagne de Lure (D 950, von bzw. nach Sault, D 22 von oder nach Apt, D 18 bzw. D 30 Zwischenverbindung) führt nicht nur durch die ursprüngliche karge Landschaft der Haute-Provence, sondern auch vorüber oder in die Nähe von romanischen Kirchen, von denen fast jede ein kurzes Verweilen wert ist.

Noch in den Baronnies im Norden (D 994) liegen, wenn man vom Nordwesten kommt, *Sainte-Jalle* und *Saint-André-de-Rosans*, die Erstgenannte ein zweifellos an antiken Vorlagen orientiertes Kirchlein aus der Mitte oder dem dritten Viertel des 12. Jahrhunderts mit einem schönen, leider schon stark verwitterten Eingangstorbogen, den zwei Säulen stützen, und einer harmonisch gestalteten, durch ein hohes Bogenfenster erhellte Chorhalbrund, in dem das Säulen- und Bogenmotiv glücklich wiederholt wurde. Sainte-Jalle, obwohl scheinbar abgelegen, ist noch heute in Gebrauch.

Die ehemalige Propstei *Saint-André-de-Rosans*, 998 gegründet und Cluny unterstellt, ist nur noch eine Ruine, obwohl sie im ganzen Mittelalter zu den bedeutendsten Propsteien der Hochprovence gehörte. Ihr rein romanischer Anlageplan erinnert an Ganagobie, doch wird es dem Laien schwer, sich die noch vorhandenen Mauerreste mit ihren Skulpturbruchstücken von z. T. hoher Qualität zu dem ehemaligen Bauwerk in der Phantasie zusammenzusetzen. Großartige Teile ihres romanischen Skulpturenschmucks sind heute im Museum von Gap aufbewahrt.

Weiter südlich, östlich von Sault, liegt an der D 950 eine kleine wohlerhaltene Kirche, die schon äußerlich durch ihr von zwei Säulchen flankiertes Rundbogenfenster und das niedrige Glockentürmchen auf dem Dach einen harmonischen und stilreinen Eindruck erweckt: *Saint-Trinit.* Betritt man sie, so verstärkt sich dieser erste Eindruck. Ohne Besonderheiten an plastischem Schmuck ist jede ihrer Wölbungen, Säulchen und hohen schmalen Fenster klar und gut gegliedert. In ländlicher Stille ist sie ein kleines Meisterwerk romanischer Baukunst, das nur der Frömmigkeit dienen will.

Von Saint-Trinit ist über die D 30 bzw. über die D 18 *Saint-Christol* zu erreichen, dessen etwas abseits und höher gelegene Kirche durch ihren Skulpturenschmuck das wohl interessanteste Bauwerk dieses Gebiets ist. Nicht nur die besondere Schönheit der plastischen Arbeiten zeichnet sie aus, sondern ebenso der ungewöhnliche, reiche Symbolgehalt, ja, das Weltbild einer uns fernliegenden Zeit, das hier auf dem schmalen Raum einer kleinen Chorapsis ein bedeutender Künstler entwickelt hat. Alles, was in dieser alten Propsteikirche zur Zeit der Gotik und in der zweiten Hälfte des 17. Jahrhunderts hinzugefügt wurde, ist nur der flüchtigsten Betrachtung wert, der Chor jedoch lohnt den weitesten Weg.

Sechs Säulen und fünf von ihnen getragene Bögen umgeben das Halbrund, in dessen Mitte der Altar steht, der als ›Quelle des Heils‹ wahrscheinlich vom selben Meister geschaffen wurde wie sie. Der bedeutende Sinngehalt dieses Säulenensembles ist schon im Kapitel über die Symbolik romanischer Kirchen (s. S. 163 ff.) beschrieben worden, nicht jedoch der des Altars, der, Jahrzehnte oder auch Jahrhunderte lang, an einer entlegenen Stelle der Kirche unbeachtet gestanden hat. Erst 1975 wurde er wieder an seinen ursprünglichen Platz, über den kein Zweifel bestehen kann, gebracht. Er ist das eigentliche Zentrum dieses symbolträchtigen Raums: aus seinen drei, von je zwei Steinkreisen umgebenen Brunnenmündungen ergießen sich die drei Ströme des ewigen Lebens in drei halbkreisförmige Becken und damit in die Erde, aus der die Efeublätter des ewigen Lebens wachsen. Altes und Neues Testament sprechen von diesen Wassern des Lebens und geben ihnen immer wieder neue Namen: ›Glaube, Hoffnung und Liebe‹, ›Flüsse des lebendigen Wassers‹, ›Dreieinigkeit, Quelle des

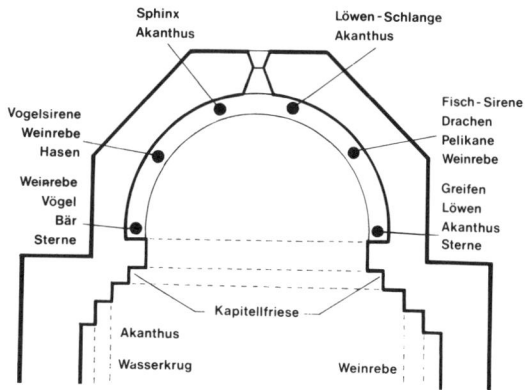

Saint-Christol, Apsis

181

Lebens‹ und andere. Das Motiv kehrt auch sonst gelegentlich, so auf dem einen Sarkophag in der Kathedrale von Apt, wieder.

Die Entstehungszeit des Baus und seines plastischen Dekors dürfte ins 3. Viertel des 12. Jahrhunderts anzusetzen sein. Darauf deutet eine lateinische Widmung hin, die sich innerhalb der Kirche an der Rückseite des Nordpfeilers in Augenhöhe befindet und glücklicherweise erhalten blieb.

Heute liegen diese Kirchen, diese Klöster und ihre Ruinen meist verlassen im Hügelland der Haute-Provence, nicht selten jedoch steht schon in Sichtweite das nächste bescheidene Gotteshaus aus dem gleichen Jahrhundert. Das macht dem sie Besuchenden klar, welch außerordentlicher Glaubenseifer jedes der beiden Jahrhunderte, das 11. und 12., erfüllt hat, in dem die meisten von ihnen entstanden sind. Haben zuerst fromme Eremiten sich eine bescheidene Klause aus dem Fels gehauen, um darin einsam ihrem Gott zu dienen, wie es offenbar der hl. Donat getan hat, so gesellten sich ihm bald andere, die, vom gleichen Geist beseelt, seine Nähe suchten, bis sich eine kleine Bruderschaft um ihn bildete.

Forscht man dann auch nur ein wenig in der Geschichte der neuen heiligen Stätte nach, so ergibt sich fast jedesmal das gleiche: Benediktinermönche haben hier gebaut und gelebt.

Benedikt von Nursia, um 480 in Umbrien geboren, in dem von ihm gegründeten Monte Cassino nach 542 als dessen Abt gestorben, hat den geistigen Plan dieser frühen Klostergemeinschaften des Abendlandes entwickelt und in die Tat umgesetzt. Er hatte die Gefahren erkannt, die das ägyptische Eremitentum, das Sich-selbst-Überlassensein des einzelnen in sich barg, und hatte deshalb zur Gründung von Mönchsgemeinschaften aufgerufen, die selbstgewählten geistigen Führern folgen und Gehorsam leisten sollten. »Indem wir so leben... wandeln wir den Pfad von Gottes Geboten in unaussprechlich lieblicher Süße; so daß wir, wenn wir niemals Seine Schule verlassen, sondern im Kloster bis zum Tode in Seiner Lehre verharren, durch unsere Geduld teilhaben am Leiden Christi und so verdienen, in Sein Königreich einzugehen.« Dies ist die Einleitung zur Regel des hl. Benedikt, des Schöpfers des abendländischen Klosterlebens.

Unzählige sind ihm gefolgt, Unzählige waren bereit, den Einsiedlern zu helfen, Gemeinschaften zu gründen. Der Graf von Provence schenkte den Brüdern, die sich um das Grab des hl. Donat seit dem 6. Jahrhundert niedergelassen hatten, das Land, auf dem sie ihre Abtei bauen konnten. Doch dies war nur ein Anfang. Andere Große folgten seinem Beispiel mit weiteren Schenkungen an Land und Besitz. Vom 11. bis 13. Jahrhundert entstanden ringsum Kirchen und Klöster in der Haute-Provence, die meisten im 12. Jahrhundert. Viele waren Propsteien mit wenigen Mönchen, ihrerseits wieder einer bedeutenden Abtei zur Kontrolle unterstellt. Zu Saint-André-de-Villeneuve gehörten von den hier Genannten während des hohen Mittelalters: Saint-Donat-de-Montfort, Notre-Dame-de-Salagon in Mane, Saint-Michel de l'Observatoire, Saint-Christol und Saint-Trinit. Die große Propstei André-de-Rosans unterstand der bedeutenden Benediktinerabtei Cluny in Burgund; Saint-Martin-de-Volonne schon im 11. Jahrhundert der Abtei Saint-Victor-de-Marseille, desgleichen die Propstei Saint-Symphorien seit 1053. Vom 11. Jahrhundert ab gehörte Saint-Pierre-de-Carluc zum Kloster Montmajour. Die großen Abteien wiederum waren nur dem Papst unterstellt und waren dadurch vor allen weltlichen Eingriffen der Großen geschützt. So bildeten die Benediktiner-Klöster einen Staat im Staate.

Ganagobie hatte ein besonderes Schicksal (s. auch S. 174 ff.). Ursprünglich eine karolingische Gründung, soll es der Bischof von Sisteron in der Mitte des 10. Jahrhunderts auf Land, das seiner Familie gehörte, ausgebaut oder ›eingerichtet‹ und dann der Abtei von Cluny, mit deren Abt er verwandt war, übergeben haben. Mit wenigen Mönchen, zeitweise etwa sechs, zeitweise sogar zwölf und ein Prior, war es ein Priorat an einem Ort, wo schon seit Menschengedenken eine heilige Stätte gewesen war. Bis zur Aufhebung des Ordens 1787 blieb es bei Cluny. In den Wirren der Revolution und der Religionskriege wurde es weitgehend zerstört und blieb eine halbe Ruine, bis es am Ende des 19. Jahrhunderts wiederhergestellt und an die Benediktinerabtei Haute-Combe in Savoyen angeschlossen wurde. Seitdem werden, besonders seit den fünfziger Jahren unseres Jahrhunderts, die Restaurationsarbeiten entsprechend den vorhandenen Mitteln ständig fortgesetzt.

Es war dem hl. Benedikt zu verdanken, daß die Unabhängigkeit der Klöster vor weltlichen Einflüssen, vor Herrschaftsansprüchen von Bischöfen, Gemeinden, Adel und Fürsten gesichert war durch diese mächtige Hierarchie des Ordens, dem nur noch der Papst übergeordnet war. So besaß sie Kraft genug in sich, die einzelne kleine Bruderschaft zu leiten und ihr Leben zu regeln. Wahrscheinlich ermöglicht das Überleben des Ordens in den unruhigen Zeiten eine auch heute noch gültige, besonders kluge Regel des hl. Benedikt: Wer sich nämlich einmal – und das nach Jahren der Prüfung – für ein bestimmtes Kloster entschieden hat, darf dies nie mehr verlassen. Es bleibt seine Heimat bis ans Ende seiner Tage.

Die grauen Mönche von Cîteaux

Von der Strenge und dem Geist mönchischen Lebens im 12. Jahrhundert zeugen in der Provence drei Klöster der Zisterzienser: Sénanque, Silvacane und, weiter östlich gelegen, Le Thoronet. *Le Thoronet* (Farbt. 19, Abb. 91), das kleinste und älteste, 1136 gegründet, aus dem wundervollen rötlichen Sandstein des Esterelgebirges, liegt inmitten von Wäldern. *Sénanque* (Abb. 88–90) ist das größte und besonders eindrucksvoll durch seine einsame Lage am Ende eines sonst ganz unbesiedelten Tals, von bewaldeten Bergen umschlossen, die sich nur für die Wegbreite zur Hochebene von Vaucluse öffnen. Dies entspricht ganz der Ordensregel des heiligen Bernhard, der strengste Abgeschiedenheit von der Welt und allen, auch den geringsten menschlichen Siedlungen für seine Klostergründungen forderte und sonst nur die Nähe eines reinen fließenden Wassers und urbar zu machende Erde.

Das kleinere *Silvacane* (Abb. 87), 1147, ein Jahr vor Sénanque gegründet, lag einst ebenso verlassen, nämlich, wie sein lateinischer Name sagt, im ›Silva cane‹, d. h. im ›Rohrwald‹ des sumpfigen Duranceufers, doch wird man sich dessen durch die Trockenlegung des Flusses und die nahen Autostraßen nicht mehr bewußt. Da die Ordensregel in allen Klöstern der Zisterzienser genau den gleichen Tagesablauf vorschrieb, unterscheiden sie sich im wesentlichen nur durch die Größe und die Lage. Der gesamten Baugestaltung lag immer der Plan der Abtei von Clairvaux zugrunde, geringfügig abgewandelt, wenn Gelände, Zahl der Mönche und Konversen (Laienbrüder) oder ganz besondere Umstände es erforderten. Daß alles aus Stein sei und zwar aus einem hellen, lichtwirkenden Stein war ebenso Vorschrift wie völlige Schmucklosigkeit – ein geradezu revolutionärer Gedanke in einer Zeit, in der jede Kirche über und über mit farbigen Fresken ausgemalt, jedes Portal, jeder Pfeiler, jedes Kapitell mit Kreuzgang so phantasievoll wie möglich ausgestattet wurde. Licht- und farblos hatten auch die leinenen und wollenen Kutten der Mönche zu sein, in denen sie angezogen auf ihren Pritschen im gemeinsamen Dormitorium sechs bis sieben Stunden schliefen, vom Chordienst in der unheizbaren Kirche unterbrochen, der ebenfalls sechs bis sieben Stunden des Tagesablaufs in Anspruch nahm. Kristallinische Reinheit, Klarheit, Askese und Stille sollte das Wesen des Baus, der Ordensregel und jedes einzelnen bestimmen, eine fast übermenschliche Strenge der Lebensführung wurde gefordert, die denn auch zur Folge hatte, daß ein Zisterziensermönch nur ein Durchschnittsalter von 28 Jahren erreichte.

»Von Ostern bis zum 14. September aß man zweimal am Tage, am Mittag und am Abend. Im Sommer wurde das Mittagessen auf 14 Uhr verschoben, damit man die Feldarbeit nicht unterbrechen mußte. Von Mitte September an begnügte man sich mit nur einer Mahlzeit um 14 Uhr, die man in der Fastenzeit auf den Abend nach der Vesper gegen 18 Uhr verschob. Ein Frühstück war unbekannt.« Wolfgang Braunfels, der dies in seinem Buch ›Abendländische Klosterbaukunst‹ schreibt, berichtet weiter über die Refektorien: »In diese prächtig gewölbten Steinsäle kamen die Mönche während eines halben Jahres nur einmal am Tage, zogen schweigend ein, beteten lange und laut, bevor sie sich setzten, und hörten schweigend die Lesungen, während sie die karg zugemessenen Speisen ohne jede Hast verzehrten. Kein Hauch von Begier oder Genuß durfte sich auf ihren Mienen zeigen.«

Fügt man hinzu, daß außer dem kleinen ›Wärmeraum‹ alle Gebäude des Klosters ungeheizt waren und daß dieser nur einem Sich-aufwärmen und dem Herrichten von Pergamenten und Tinten, dem Trocknen von Kutten und dem Einfetten von Schuhen diente, also keinesfalls ein längeres Verweilen gestattete, so wird einem die beispiellose Härte der Selbstaufgabe für ein überirdisches Ziel vollends offenbar. Daß Tausende von jungen Männern sich freiwillig diesen Zwang auferlegten, ist nur durch die Wirkung einer so überragenden Persönlichkeit wie die des hl. Bernhard zu erklären.

Nun war es ohne Zweifel keineswegs leicht, derartig anspruchsvolle Bauvorhaben mit allen ihren Erfordernissen für eine größere Ordensgemeinschaft in so kurzer zeitlicher Aufeinanderfolge und noch dazu in besonders einsamen Gegenden zu errichten, und Georges Duby schreibt denn auch in seinem Buch ›Der heilige Bernhard und die Kunst der Zisterzienser‹: »Sénanque, Silvacane, alle die anderen zisterziensischen Bauten waren sehr kostspielig. Man kann sich ausrechnen, daß es einer Unzahl von Arbeitstagen bedurfte, um die Menge der in diesen Bauten verwendeten Steine mit den Techniken ihrer Zeit aus dem Felsen zu brechen, sie zu transportieren, zu behauen und schließlich zusammenzufügen. Gewiß arbeiteten die Mönche schwer und noch schwerer die Laienbrüder. Fromme Laien kamen ihnen zu Hilfe. Wie der heilige Ludwig, der auf Tragen die Steine von Royaumont

Initiale aus der zweiten Bibel Karls des Kahlen. Nationalbibliothek, Paris

ᴇᴀᴛᴜꜱ ᴜɪʀ ꞯᴜɪɴᴏɴᴀʙɪ
.ɪᴛɴᴄᴏɴꜱᴛʟɪᴏɪᴍᴘɪᴏ
ʀᴜ̄.ᴇᴛɪɴᴜɪᴀᴘᴇᴄᴄᴀ

transportierte und seine Brüder tadelte, weil sie nur widerwillig zu dem Werk beitrugen. Die Bruderschaften waren jedoch nie sehr zahlreich. Die mitgliederstärksten Klöster zählten zwei- bis dreihundert Brüder. Wenn die Arbeit nur von ihnen verrichtet worden wäre, hätte sie sich unendlich in die Länge gezogen. Es scheint jedoch, daß sie in Etappen rasch vonstatten ging. Die Mönche wurden offenbar von bezahlten Arbeitern unterstützt. Selbst in Clairvaux hätte man nicht ohne Geld bauen können ...

Man braucht nicht lange nachzuforschen, um festzustellen, daß jedes zisterziensische Bauwerk mit einer stattlichen Schenkung beginnt. Die Schenkung des Bischofs von Norwich steht am Beginn von Fontenay, die von Bertrand des Baux an dem von Silvacane. Wenn die Schenkung aus Goldschmiedearbeiten bestand, behielten die Mönche sie nicht. Sie boten das Gold und die Edelsteine anderen, weniger strengen Äbten an, die es nicht ablehnten, ihre Altäre zu schmücken. Suger machte auf diese Weise gute Geschäfte und kaufte für die Ausgestaltung seines Kloster zu günstigem Preis einen ganzen Satz Edelsteine, ein Geschenk des Grafen von Champagne an drei Zisterziensergemeinschaften, die es schleunigst weiterveräußert hatten – gegen klingende Münze. Was sie brauchten, war Geld – denn damit konnte man Steinmetzen und Maurer bezahlen.«

Gewiß war das gaze 12. Jahrhundert religiös bestimmt. Das Benediktinerkloster Cluny in Burgund, 910 mit zwölf Mönchen von Berno von Baume gegründet, beherrschte im 12. Jahrhundert rund 1500 Abteien und Priorate in allen Teilen Europas und war zu einem einflußreichen Mönchsstaat angewachsen, der außer Wohlstand auch politischen Einfluß gewonnen hatte und die Aufgabe vor sich sah, ihn im Sinne der Kirche zu nutzen. Die ursprüngliche Absicht des einzelnen, in Armut und Stille einzig Gott zu dienen, die ›Flucht aus der Welt‹ war damit gefährdet, ja unmöglich geworden. Schon 1075 verließ deshalb der Benediktinerabt Robert sein Kloster Saint-Michèle-de-Tonnère und zog mit sieben weiteren Mönchen in den Wald von Molesme und später, als der Ruf der Heiligkeit auch in dieser Einsamkeit Menschen anzuziehen begann, mit dreiundzwanzig Mönchen weiter in die Sümpfe von Cîteaux. Aber, wie Braunfels schreibt, »das entscheidende Ereignis in der Geschichte des Ordens war der Zug Bernhards von Fontaines (1091–1153) mit 30 Adligen, darunter vier seiner Brüder, 1112 nach Cîteaux... Auch der eigene Vater mit seinem jüngsten Sohn sollte ihm 1120 nachfolgen. Drei Jahre später konnte Bernhard mit zwölf Brüdern Clairvaux gründen. 72 persönliche Neugründungen sollten im Laufe von kaum 40 Jahren folgen. Es muß eine zwingende Überzeugungskraft von dieser mittelalterlichsten unter allen mittelalterlichen Heiligengestalten ausgegangen sein. In seiner Persönlichkeit verband sich theologischer Scharfsinn, unbegrenzte Tatkraft einem gleich grenzenlosen Askeseverlangen. Jedes Wort, das er gesprochen oder geschrieben hat, ist von einem bezwingenden Lyrismus durchwirkt gewesen, der eine ganze Jugend für den Klostergedanken erwärmte... Bernhards unbegrenzte geistige Macht vermochte sein Jahrhundert in das

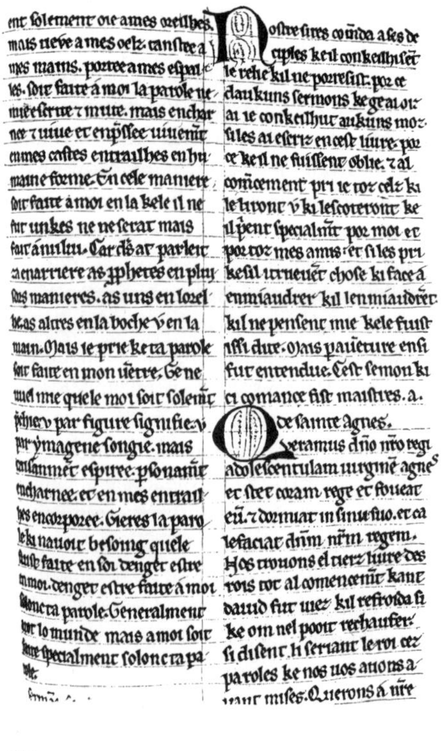

Schluß einer Homilie Bernhards über das ›Missus est‹ und Anfang einer Blütenlese von Predigtstellen. Handschrift im Museum von Nantes

Zeitalter der grauen Mönche zu verwandeln. Sie haben alle Einsamkeiten Europas von Irland bis an die Grenzen des russischen Reiches nach Pflanzstätten für neue Klöster abgesucht. 69 Klöster gab es beim Tode Bernhards und 742 am Ausgang des Mittelalters, wozu noch die 761 Frauenklöster kommen, welche lokalisiert werden konnten. Von den Männerniederlassungen waren 525 im 12. und 169 im 13. Jahrhundert entstanden. Dann ebbte die Bewegung ab.«

Das kleine Zisterzienserkloster Silvacane ist 1147 gegründet worden, das größere Sénanque wurde 1148 nach dem Plan des zwölf Jahre älteren Le Thoronet gebaut. In Sénanque mußte der Idealplan einer Zisterzienserabtei seitenverkehrt abgewandelt werden, vor allem wohl, weil die Kirche, obwohl ursprünglich einzig für das Kloster bestimmt, das erste vom Tal her zugängliche Gebäude wurde, in dessen Schutz sich dahinter die Räume der Bruderschaft zum Talende hin, von Bergen umgeben, anschlossen. Ein weiterer Grund für die Abweichung vom Idealplan wird die von Norden nach Süden fließende Sénancole gewesen sein. Der kleine Wasserlauf mußte der Regel nach sowohl durch den Trakt der Mönche wie durch den der Laienbrüder und in den Brunnen des nur den Mönchen vorbehaltenen Kreuzgangs geleitet werden, aber auch mit einem Seitenarm die Latrinen beider Gebäudeteile durchspülen, da äußere wie innere Reinlichkeit zu Bernhards vornehmsten Geboten gehörte.

Grundsätzlich waren die Bezirke der Mönche von denen der Konversen streng getrennt. Die Mönche konnten vom Dormitorium, das stets über dem deshalb niedrigen Kapitelsaal lag, auf einer Treppe nachts in den zum Hauptaltar führenden Kirchenteil hinabsteigen, die Laienbrüder hatten ihren eigenen Eingang zu dem ihnen zugewiesenen anderen, portalnahen Kirchenende. Sie schliefen, aßen und lebten in anderen Räumen als die Mönche, in ihrem Trakt lagen die Wirtschafts-, Küchen- und Vorratsräume, in dem der Mönche die kleine Sakristei, der Kapitelsaal und die Sprechzelle des Priors, in welche die Mönche einzeln einzutreten hatten und wo sie ihre Arbeit und die dazu nötigen Geräte angewiesen bekamen. Im Armarium neben der Sakristei war die bescheidene Bibliothek des Klosters untergebracht, gelesen wurde auf den steinernen Bänken des Kreuzgangs, doch nur von den Mönchen. Die Laienbrüder durften kein Buch lesen und sollten nur das Paternoster, das Credo, das Miserere und einige andere Gebete auswendig wissen und singen können. »Keinem Abt, keinem Mönch, keinem Novizen ist es gestattet, ohne Erlaubnis des Generalkapitels neue Bücher zu schreiben«, hieß die Vorschrift. Wer Verse machte, hatte in ein anderes, strengeres Kloster versetzt zu werden. Die Novizen, die ebenfalls im Mönchstrakt lebten, wurden nicht unterrichtet – ein erstaunliches, zielbewußtes Nicht-Bildungskonzept für eine so hochgeistige Persönlichkeit, wie es Bernhard von Clairvaux war. Er dürfte erkannt haben, wie schnell Grübeln und fremden Gedankengängen zu folgen von dem fortführte, was ihm ein sinnvoll gelebtes Leben schien. Alle geistigen Energien wurden, so weit sie sich nicht auf das gesungene Lob Gottes und die Versenkung in das Evangelium bezogen, auf die praktische Arbeit verwandt. Die Zisterzienser wurden die besten Ackerbauern, Fisch- und Viehzüchter und Förster des Mittelalters, wurden die vollkommensten Liturgiesänger; denn der geringfügigste Fehler im Gesang oder Gebettext wurde als Mangel an andächtiger Sorgfalt

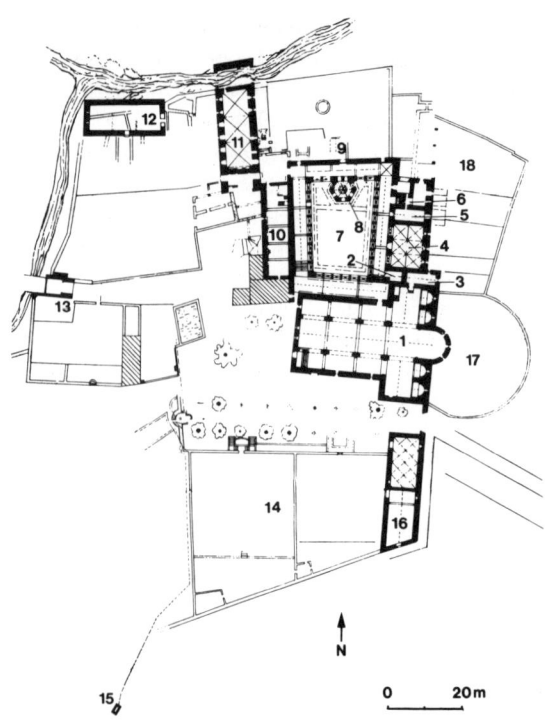

Le Thoronet

1 Klosterkirche
2 Armarium
3 Sakristei
4 Kapitelsaal
5 Sprechraum
6 Treppenaufgang zum Schlafsaal
7 Kreuzgang
8 Brunnen
9 Refektorium
10 Vorratskeller
11 Konversengebäude
12 Gästehaus
13 Pförtner
14 Weinberg
15 Quelle
16 Zehntscheuer
17 Friedhof
18 Garten der Mönche

N

0   20 m

streng bestraft. Täglich hallten die hohen, herrlich gewölbten Kirchen stundenlang vom vollendeten Chorgesang der Mönche wider, der einzigen erlaubten, ja, geforderten Kunstausübung.

Doch konnte es nicht ausbleiben, daß noch eine andere sich unversehens einschlich: die Kunst, vollkommene Bauten zu errichten, in denen alles Geist, edles Maß und Größe war. Die Zisterzienser haben den Übergang zur Gotik eingeleitet, weil sie für ihre Bauten das gebrochene Tonnengewölbe brauchten. Im Kapitelsaal konnten sie die schönen gebündelten Säulen nicht entbehren, weil dieser das darüber liegende Dormitorium zu tragen hatte. Und wenn die Kapitelle im Kreuzgang keinen figürlichen Schmuck zeigen durften, so konnten sie doch in vollendeter Harmonie zueinander stehen.

Die älteste der drei Zisterzienserabteien der Provence, Le Thoronet (Farbt. 19), ist auch die kleinste, intimste und durch ihre bezaubernde Lage und den rötlichen Esterelstein, aus dem sie erbaut ist, von ganz besonderer Schönheit. Silvacane und Sénanque, die nach dem Grundriß von Le Thoronet errichtet wurden, sind lichter, weiter, durchsichtiger, wenn man so sagen will. Le Thoronet wurde 1136 gegründet, Silvacane 1147, Sénanque 1148, und jedes der Klöster ist größer als das zuvor gebaute. So schnell ergriff der Geist des heiligen Bernhard sein Jahrhundert. Eine einzigartige Wandlung religiöser Einkehr vollzog sich. Der Klosterbau der Zisterzienser mit seiner Abkehr vom farbenprächtigen Bilderreichtum und von den wuchernden Phantasieschöpfungen kennzeichnet den Übergang von der Romanik zur Gotik.

Wie stark der neue Geist die Menschen seiner Zeit ergriff, zeigte die Wandlung des Troubadours Folquet von Marseille, der die Gattin seines Gönners, des Vizegrafen Barral von Marseille, besang, von ihr verbannt wurde, doch auch am Hofe Wilhelms von Montpellier nicht aufhörte, ihr seine Lieder zu widmen, obwohl er verheiratet war und zwei Söhne besaß. Gegen Ende des 12. Jahrhunderts jedoch verzichtete dieser Mann, den Dante in seinem ›Paradies‹ auf die Venus versetzt hat, auf höfisches Leben und Minnedienst, wurde 1196 Mönch und später Abt in Le Thoronet. Im Jahr 1205 wurde er gar Bischof von Toulouse und als solcher grausamer Verfolger der Albigenser, um so seine weltlichen Sünden zu büßen. An der Tafel des Königs von Frankreich soll er einmal, schamrot im Gesicht, zufällig eins seiner Minnelieder gehört und sich daraufhin für diesen Tag zu Wasser und Brot verurteilt haben.

Die wasserklare Reinheit des Geistes, den die Ordensregel forderte, durchdringt in Sénanque, Silvacane und Le Thoronet den gesamten Bau. Sie bestimmt auch die Lichtführung in den hohen Räumen, deren Fenster aus farblosem Glas zu sein hatten, und belebt sie auf eine eigentümlich erhellende Weise. Den Menschen des 12. Jahrhunderts, die an lebhafte Farben, Prunkentfaltung und reichen Gold- und Edelsteinschmuck an priesterlichen Gewändern und in Kirchen gewöhnt waren, mußten diese unverputzten, fast weißen Räume, diese Kirchen, in denen nur hölzerne Kreuze, eine Marienstatue, silberne Kelche, eiserne Leuchter und unbestickte helle Meßgewänder geduldet wurden, sehr fremd, ja, in eine himmlische Klarheit entrückt vorkommen, wenn die jungen Mönche in ihren lichten Kutten den engelhaft vollkommenen Wechselgesang anstimmten. Die Bewegung, die der hl. Bernhard entzündet hatte, war etwas absolut Neues. Ein Weg schien beschritten, der geradewegs in überirdische Seligkeit führen mußte.

Die Kreuzzugstadt Aigues-Mortes

Bernhard von Clairvaux hatte in der Mitte des 12. Jahrhunderts in Vézelay zum zweiten Kreuzzug aufgerufen, fast ein halbes Jahrhundert nach jenem ersten, der mit der Einnahme Jerusalems und der Errichtung des gleichnamigen Königreichs geendet hatte. Unter dem Einfluß der glühenden Überzeugungskraft des großen Zisterziensers hatten diesmal nicht nur Adlige, sondern auch König Ludwig VI. von Frankreich und Kaiser Konrad III. das Kreuz genommen. Fast 200 Jahre lang (von 1096 bis 1270) sollte die Befreiung Jerusalems und der heiligen Stätten Palästinas vom Islam die edelste Aufgabe des christlichen europäischen Adels und seiner Könige bleiben, eine Pflicht, von Generation zu Generation überliefert, durch Gelübde neu beschworen, durch Exkommunikation notfalls erzwungen. Die beiden letzten Kreuzzüge, den sechsten und siebten, hat Ludwig IX., der Heilige genannt,

Ludwig IX., nach einer goldenen Büste, wiedergegeben in Du Canges Joinville-Ausgabe, Paris 1667

unternommen und geleitet, ein Mann von höchster Lauterkeit des Charakters, Vorbild christlichen Rittertums in jeder Stunde seines Lebens wie der seines elenden Todes in Tunis, wo er zu Beginn des siebenten Kreuzzugs fünfundfünfzigjährig an der Pest starb.

Im Dezember 1244 hatte sich Ludwig, damals ein Neunundzwanzigjähriger und seit acht Jahren König, entschlossen, das Kreuz zu nehmen. Aber erst vier Jahre später, 1248, waren die Vorbereitungen dazu abgeschlossen; denn der französische König besaß keinen Hafen am Mittelmeer, er mußte ihn sich erst schaffen, ehe er ins Heilige Land aufbrechen konnte. 1240 hatte er von einem Kloster, von dem einzig noch der Name – Psalmodi – überliefert ist, inmitten der Sümpfe der Camargue das Stück Land erhalten, auf dem sich heute noch *Aigues-Mortes* von mittelalterlichen Mauern und Türmen umschlossen fast genau so erhebt, wie es damals die Gruppen der Kreuzritter sahen, wenn sie sich von Norden kommend auf dem einzigen schmalen Damm, der zwischen den Sümpfen hindurchführt, der Stadt näherten (Farbt. 27; Abb. 93). Ein vierschrötiger Turm, die *Tour Carbonnière,* sperrte den Damm drei Kilometer vor der Stadt. Heute kann man ihn umfahren, damals mußte jeder sein breites Tor passieren, der nach Aigues-Mortes wollte. Aber rechts und links vom Damm und Turm breitet sich noch immer der Sumpf, in dem weiße Reiher fischen und Frösche quaken. Aigues- Mortes ist von Wasser und Morast umgeben; um die offene See zu erreichen, mußte Ludwig IX. den ›Kanal des Königs‹, le Grau du Roi, bauen lassen.

Die neue Stadt wurde mit besonderen Privilegien ausgestattet, um Menschen anzuziehen, die sich dort niederließen. Der Umfang war durch den Mauergürtel gegeben, und innerhalb von acht Jahren war Aigues-Mortes, die ›Toten Wasser‹, eine Stadt, mit allem Nötigen versehen, um ein Heer von Kreuzfahrern zu verschiffen. Ludwig der Heilige wurde von seiner Königin, Margarete von Provence, und seinen Brüdern, den Grafen von Artois und Anjou, begleitet, und viele vom hohen Adel Frankreichs nahmen ebenfalls teil. Zwei Jahre später, nachdem der König in sarazenische Gefangenschaft geraten und gegen das von ihm eroberte Damiette und hohes Lösegeld freigekauft worden war, sollten ihm die Barone in

Akkon zur Rückkehr raten: »...denn von allen Rittern, die in Eurer Gesellschaft kamen und von denen Ihr 2800 nach Zypern führtet, sind in dieser Stadt keine 100 übrig...« Zahlen wie diese umreißen die Größe – und die Nutzlosigkeit – des Unternehmens und dies um so mehr, als hier ja nur von den Rittern und überhaupt nicht von ihren Gefolgsleuten die Rede war. Ein Augenzeuge, selbst ein Kreuzfahrer, schätzte das »Heer der Christenheit«, das in Aigues-Mortes am Tage des Festes des heiligen Augustin Ende August (1248) absegelte, »auf 2500 Ritter, 5000 Armbrustschützen und viele andere Leute zu Fuß und Pferde«.

Ungeheure Vorräte waren schon lange vorher auf Zypern für den Feldzug gehortet worden. In Aigues-Mortes war man ebenfalls wohlversorgt auf die achtunddreißig in Genua erbauten Schiffe gegangen, die 500 bis 800 Menschen oder 100 Pferde faßten. Jeder Kreuzfahrer hatte einen langen Holzkoffer mitzubringen, der ihm als Behälter für persönliche Habe, als Bett und äußerstenfalls als Sarg dienen sollte, außerdem eine bestimmte Menge Proviant, ein kleines Faß Süßwasser, eine Laterne, persönliches Geschirr. Das Admiralsschiff hatte Gemächer für das Königspaar und selbstverständlich eine Kapelle. Ehe die Segel gesetzt wurden, fielen alle auf die Knie zu gemeinsamem Gebet und Gottesdienst.

Der mit so viel Umsicht und siegreich begonnene Feldzug – die rasche Eroberung von Damiette schien den Sieg zu verheißen – verlief letztlich glücklos. Sechs Jahre war Ludwig im Heiligen Land gewesen, als er heimkehrte. 1270 brach er noch einmal in Aigues-Mortes auf, ein Mann von 55 Jahren, der das Ziel seines Lebens doch noch zu erreichen hoffte. Er kam nur bis Tunis, erkrankte an der Pest und sah sein Ende nahe. In der Nacht vor seinem Tod fand man ihn vor seinem Bett auf dem Boden knien und seufzen: »O Jerusalem, o Jerusalem!« Sein letztes Gebet galt der glücklichen Heimkehr derer, die unter seiner Führung diesen letzten, siebenten Kreuzzug unternommen hatten.

Ludwig IX. hat all das verkörpert, was im 12. und 13. Jahrhundert unter dem Ideal eines christlichen Ritters verstanden wurde. Johann von Joinville, sein Freund und Kampfgefährte, überlieferte uns sein Bild: »Ich sah niemals einen so schönen Ritter, denn er schien über all seinen Leuten zu stehen, die er um einen Kopf überragte, einen goldenen Helm auf dem Haupt und ein deutsches Schwert in der Hand.« Dem körperlichen Adel entsprach der seelische. In sarazenischer Gefangenschaft erbot sich Ludwig, allein als Geisel zurückzubleiben, bis sämtliche Loskaufbedingungen erfüllt waren, wenn dafür seine Gefährten frei würden. Das Gefühl der Verantwortung für alle, die mit ihm gezogen waren, hat ihn offenbar keinen Augenblick verlassen.

Das kleine *Aigues-Mortes* liegt heute weiter vom Meer entfernt als damals und das Leben scheint in ihm stehen geblieben zu sein. Das ist es auch entsprechend dem, was Wolfgang Braunfels in seinem Buch ›Abendländische Stadtbaukunst‹ schreibt: »Der König starb, ehe die Befestigungswerke auch nur begonnen worden sind. Seine Nachfolger, Philipp der Kühne seit 1272 und Philipp der Schöne seit 1289, griffen den Gedanken auf und letzterem gelang es endlich, die rechteckige Mauer mit ihren fünf Toren, vier Ecktürmen und der Folge von Verstärkungstürmen zu vollenden. Im Innern füllten sich die rechtwinkelig gezogenen Straßenachsen mit Wohnhäusern. Es fehlte weder ein Markt noch die Kirche. Doch neben dem Ertrag der Landwirtschaft ernährten diese Stadt allein die Bauarbeiten. Sobald die königlichen Subventionen für sie ausblieben, mußte das Gemeinwesen verfallen. Der Anlaß, die Kreuzzüge, hatte sich überholt.« So vermittelt die kleine Stadt merkwürdig viel vom Geist des 13. Jahrhunderts. Die mittelalterliche Kirche tut es mit der schlichten Inschrift, auf der die Abfahrtsdaten der beiden Kreuzzüge verzeichnet sind und ihr Wahlspruch: »Dieu le veut« und ebenso der Rundgang auf der zinnenbewehrten, 1700 Meter langen Stadtmauer. Man sieht die Tore und Törchen zur Meerseite hin und die Türme zur Landseite, das ganze Verteidigungssystem einer mittelalterlichen Befestigung wird erkennbar. Der Blick geht über die Dächer der rechteckig angelegten, von geraden Straßen durchzogenen Stadt und weit hinaus in die ebene Sumpflandschaft der Camargue und über die Salzgärten hin zum Meer.

Bevor man jedoch den hochgelegenen Wehrgang betritt, sollte man Aigues-Mortes ganz oder teilweise umfahren, um den goldfarbenen Stein seiner Mauern unter dem silbrigen Himmel der Meereshelle zu erleben, und sollte dann durch die *Porte de la Gardette*, das Haupttor, zur *Tour de Constance* gehen, wo auch der Rundgang über die Mauern beginnt. Der Name dieses mächtigen Rundturms, der durch tiefe Wassergräben und Fallgitter abgesichert ist, könnte mit gutem Grund als ›Turm der Standhaftigkeit‹ verstanden werden, so viele haben in ihm heroisch gelitten, er heißt jedoch nach Constance de France, der Gemahlin des Grafen Raimond V. von Toulouse. Ludwig der Heilige hat hier in seiner Kapelle gebetet, gebetet aber haben hier auch in den oberen Geschossen jahrzehntelang Gefangene, Tempelherren und Hugenotten, Opfer der immer wieder die Provence heimsuchenden Glaubenskriege. 500 Jahre lang war dieser Turm ein Kerker – ein Kerker, durch dessen schmale Ausguckscharten man weithin über die Ebene sehen und Frühling, Sommer, Herbst und Winter wieder und wieder erleben konnte, ohne je in diese lockende Ebene hinauszugelangen. Der Blick in die besonnte Ferne im unvergleichlichen Licht der Provence muß eine zusätzliche Qual für die hier Eingeschlossenen gewesen sein, die hinter meterdicken Mauern froren, wenn nicht das Mitleid ihrer Wärter ihnen zu einigen Bündeln Holz für ein Feuerchen auf dem Steinboden verhalf. Unvorstellbar die Willenskraft, mit der die Gefangenen über Jahre und Jahrzehnte hinaus der Versuchung widerstanden, ihrem Glauben abzuschwören.

Nach der Aufhebung des Edikts von Nantes, das 1598 auch den Protestanten Religionsfreiheit gewährte, hatte im Jahre 1685 die Verfolgung der Hugenotten auch in der Provence von neuem begonnen. Ihre Opfer verschwanden in diesem Turm. Noch sind in der Mauer des Rittersaals Namen Eingekerkerter zu lesen und dahinter zwei ineinandergefügte V: Vae victis – wehe den Besiegten. Auch Marie Durand, fast ein Kind noch, ein fünfzehnjähriges Mädchen, wurde mit anderen Glaubensgenossen in die Tour de Constance gebracht. Sie blieb dort 38 Jahre. Die unerschütterliche Willenskraft dieser Frau bezeugt noch heute ein Wort, in den steinernen Rand eines der Beobachtungslöcher geritzt: »RECISTER«, widerstehen. Das ›c‹ statt des üblichen ›s‹ in diesem RECISTER erhärtet es auf eigentümlich überzeugende Weise. Die beispiellose geistige und seelische Leistung dieser unbeugsamen Frau hat schließlich einen Mann so tief betroffen gemacht und erschüttert, daß er sie und die letzten

72   ARLES   Saint-Trophime, Steinigung des hl. Stephanus, Kreuzgang

73 ARLES Saint-Trophime, Tympanon

74 ARLES Saint-Trophime, Kapitell im Kreuzgang

75 ARLES Saint-Trophime, Kreuzgang und Turm

76, 77 Kapelle Notre-Dame-de-l'Ortiguière, Konsolen der Apsis: pflanzliche Formen wachsen durch Totenschädel und verwandelter Auferstandener
78 Notre-Dame-de-Salagon, Kapitelle

79, 80   Saint-Christol, Vogelsäule

81   Saint-Christol, Löwe zerbeißt die Schlange

83　Kloster Ganagobie, Mosaik in der Kirche

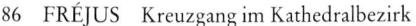

85 Saint-Michel-d'Observatoire

86 FRÉJUS   Kreuzgang im Kathedralbezirk

87 Zisterzienserkloster Silvacane

88 Zisterzienserkloster Sénanque ▷

89, 90 Zisterzienserkloster Sénanque, Kreuzgang und Schlafsaal der Mönche

91 Zisterzienserkloster Le Thoronet ▷

92   Kapelle Sainte-Marie-Madeleine, 11. Jh. bei Bédoin (Vaucluse)

93 AIGUES-MORTES mit Stadtmauer (s. auch Farbt. 26)

94, 95 LES BAUX Taubenschlag und Fenster beim Haus Manville mit Inschrift ›Post tenebras lux‹, 1571

96 TARASCON Burg, 12.–15. Jh.

14 gefangenen Protestanten freiließ. 1767 kam der Gouverneur des Languedoc auf einer Inspektionsreise nach Aigues-Mortes und sah Marie Durand. Die nun Dreiundfünfzigjährige muß auf diesen katholischen Edelmann wie eine Heilige gewirkt haben.

In Aigues-Mortes ist kein großes Kunstwerk zu betrachten. Wen aber der Geist der Geschichte und menschliche Größe anzurühren vermag, der sollte diese kleine Stadt in der Camargue auf einer Provence-Reise nicht auslassen. Hier ist beides spürbar.

Der Liebeshof Les Baux

Wenn Aigues-Mortes mit der Gestalt Ludwigs IX. den Geist christlicher Ritterschaft lebendig macht, so rufen die Burgruinen auf den Felsen von *Les Baux* die Erinnerung an den Geist weltlich gesinnter herauf (Farbt. 24). Les Baux, im Herzen des Landes auf den Hügeln der Alpilles gelegen, uneinnehmbarer Adelssitz eines großen Geschlechts, das über 79 Ortschaften herrschte, mit den Königshäusern Europas verschwägert war und sich nicht scheute, seine Abkunft von Balthasar, einem der heiligen drei Könige, herzuleiten und deshalb den Stern von Bethlehem im Wappen zu führen, ist im 13. Jahrhundert, dem Jahrhundert der Kreuzzüge Ludwigs des Heiligen, einer der berühmten Liebeshöfe gewesen, Pflegestätte feiner höfischer Sitte, Schauplatz ritterlicher Turniere, des Minnedienstes für unerreichbar hochgestellte Damen und des Troubadour-Gesangs, dessen europäische Form in der Provence geboren wurde. Mousket, ein französischer Chronist des 13. Jahrhunderts, erzählt, daß Karl der Große, als er die eroberten Länder unter seine Getreuen verteilte, die Provence den Musikern und Spielleuten gab. Das ist die legendäre Umkleidung für die Herkunft des neuen Kunst- und Lebensstils aus dem arabisch-spanischen Raum, der zuerst den Südwesten Frankreichs erreichte. Herzog Wilhelm IX. von Aquitanien, 1071 in Poitiers geboren, gilt als der erste Troubadour, Graf Raimbaut III. von Orange (gest. 1173) als ein anderer; Guilhem Figueira (offenbar spanischer Abkunft) zitierte im 13. Jahrhundert Avignon in einem seiner Sirventes. Beaucaire wird oft in den Liedern der Troubadoure besungen, und noch der junge ›gute König René‹, damals erst Graf von Provence und Herzog von Anjou (1409–1480), galt in seiner Jugend als Minnesänger. »In der Provence pflegte man früher als in Frankreich die Minnedichtung. Die eigentliche Provence gehörte damals nicht zum Königreich Frankreich, und die Troubadours waren nicht immer Provenzalen – sie kamen aus dem Limousin, aus der Auvergne, dem Périgord, aus Aquitanien. Der Irrtum entstand dadurch, daß man häufig das ganze Verbreitungsgebiet der Langue d'oc als Provence bezeichnete. Oft genug verrät schon der Name die – nichtprovenzalische – Herkunft: Wilhelm von Aquitanien, Bernhard von Ventadour, Bertrand de Born, Peire von Auvergne, Peire Vidal und viele andere Troubadours waren keine Provenzalen.« (Josef Theisen, Geschichte der französischen Literatur)

Für das Jahrhundert zwischen 1150 und 1250 sind rund hundert Namen von Troubadours bekannt, und das Überraschende ist, daß darunter etwa zwanzig Damen genannt wurden, wie denn überhaupt in dieser Zeit die Frauen sich in der Gesellschaft einen bevorzugten Platz zu schaffen wußten. Die Gräfin Beatrix von Die bekannte in den fünf von ihr noch erhaltenen Liedern offen ihre Liebe zu dem Grafen Raimbaut de Orange; Klara von Anduse, Marie von Ventadour, Isabella von Malaspina und vor allem auch die bedeutende Dichterin Marie de France, die eine von drei Schriftstellern war, die zwischen 1160 und 1180 einen neuen Romanstil schufen (die anderen sind Gautier von Arras und Chrétien de Troyes) – sie alle waren Provençalinnen. Gewiß, eine künstliche, höfische Welt, diese Welt der adligen Troubadoure an den berühmten Liebesgerichtshöfen der Provence, wo den Damen, die das Urteil fällten, der erhöhte Platz, den ihnen dienenden Rittern die niedrigeren Bänke zukamen, aber doch der nicht erfolglose Versuch von Frauen, Kultur und Gesittung in diese sonst eisenharte Männerwelt des Mittelalters einzuführen. Friedrich Heer weist in seinem Werk ›Mittelalter‹ in ›Kindlers Kulturgeschichte‹ darauf hin, daß noch die Gesellschaft des 18. und 19. Jahrhunderts von dem Fundus zehrte, »den in der Provence und im nahen spanischen christlichen und islamischen Südwesten die erste höfische Gesellschaft geschaffen hat, ehe sie dem Sturm aus dem Norden, der Ausrottung der Albigenser und der eigenständigen Kultur dieses Südens erlag«.

Spielleute, ihre Künste ausübend. Nach Handschriften des 11.–13. Jh. Nationalbibliothek, Paris

Pernes-les-Fontaines, Fresko im Turm Ferrande, Ritterturnier, 13. Jh.

Les Baux selbst ist mit keinem der berühmten Namen der Troubadour-Dichtung verbunden, doch sind die Namen einiger Damen überliefert, denen zu Ehren Ritter, in die Farben ihres Hauses gekleidet, im Wettstreit die ihnen gewidmeten Verse zur Laute sangen, sich um keinen anderen Lohn als einen Kuß der Schönen und eine Pfauenfederkrone bewerbend. Das Lied hatte stets einer fremden Frau, niemals etwa der eigenen, zu gelten, die ›Minne‹ hatte rein zu bleiben, die Geliebte unerreichbar fern – ein höfisch-feines Spiel also, geboren aus der Sehnsucht nach dem ›höheren Leben‹, das durch plumpe Wirklichkeit nicht entweiht werden sollte. Inwieweit ein solches Ideal tatsächlich zu leben war, bleibt eine andere Frage.

Amor führt drei seiner Kinder, ›Süßes Sinnen‹, ›Wonne‹ und ›Hoffnung‹, zu Guillaume de Machaut. Nach einer Handschrift des 14. Jh. Nationalbibliothek, Paris

Dichterkrönung. Nach einer Handschrift des 15. Jh. Nationalbibliothek, Paris

An Ehebruch, Mord und blutiger Rache hat es in jener Zeit jedenfalls nicht gefehlt. Bérengère des Baux gab einem ihrer Sänger einen Liebestrank, an dem er beinahe starb; er entfloh an einen anderen ›Cour d'Amour‹, aber der Gatte der Dame, an die er dort seine Lieder richtete, tötete ihn aus Eifersucht und ließ der von ihm verehrten Schloßherrin das Herz des Geliebten als Speise vorsetzen. Eine Geschichte, die, auch wenn sie sich nicht so zugetragen haben sollte, doch den Zeitgeist widerspiegelt, so weit er nicht tief religiös bestimmt war.

Ein Jahrhundert später erwarb sich Raymond de Turenne als Vormund seiner Nichte Alix des Baux durch seine Untaten den Beinamen ›Geißel der Provence‹. Unter anderem machte er sich ein Vergnügen daraus, seine Gefangenen zu zwingen, von der Felsenburg hinab in den Abgrund zu springen, und weidete sich an ihrem Zögern und ihrer Verzweiflung. Söldnerheere wurden angeworben, um sich seiner zu entledigen, die ihrerseits das Land verheerten. Schließlich ertrank er 1400 auf der Flucht bei Tarascon in der Rhône, und mit dem Tod seiner Nichte Alix starb die Herrschaft derer von Baux aus.

Von der Burg, deren Geschichte eng mit der des Mittelalters in der Provence verbunden ist, stehen heute nur noch Ruinen. 1632 ließ Ludwig XIII. die mächtigen und weitläufigen Bauten auf Kosten der Einwohner der Stadt schleifen, nachdem Les Baux durch die Familie der Manvilles ein bedeutender Zufluchtsort der Protestanten geworden war.

Was heute alle Provence-Reisenden dorthin zieht, sind nicht besondere Kunstschätze. Es ist die Ruinenromantik der noch immer halb zerstörten Stadt mit ihren leeren Fensterhöhlen aus dem 16. und 17. Jahrhundert, den zerbröckelnden Mauern auf den windumtosten felsigen Höhen des ehemaligen Burggeländes, wo auch noch Spuren der steinzeitlichen

Siedlung zu sehen sind, und es ist der unvergleichliche Fernblick über die halbe Provence, weithin über die Alpilles hinweg. Kurz, es ist das ›Ambiente‹, die Atmosphäre der ›toten Stadt‹, des Mittelalters, der Vergänglichkeit schlechthin. Da dies ungemein anziehende Ambiente – das durch so ländlich-würdige Plätze wie den vor der kleinen romanischen *Saint-Vincent-Kirche* mit ihrer Totenlaterne draußen, den urtümlichen Gewölben drinnen und den modernen guten Glasfenstern noch einen besonderen Reiz erhält – jedoch so erschreckend berühmt geworden ist, daß täglich mindestens einige hundert, wenn nicht tausend Touristen ›hindurchgeschleust‹ werden, hat sich ein Fremdenbetrieb entwickelt, der im Begriff ist, die Atmosphäre, um derentwillen Les Baux eigentlich aufgesucht wird, vollends zu ersticken. Man muß schon außerhalb der Saison und zu ungewöhnlicher Stunde kommen, um noch ein wenig davon zu spüren.

Es wäre hier vielleicht noch ein Kuriosum zu erwähnen, das Deutschland auf überraschende Weise mit dem provençalischen Minnesang und – wenn auch noch flüchtiger – sogar mit Les Baux verbindet. Peire Vidal, ein Troubadour aus Toulouse, der zwischen 1175 und 1215 lebte und längere Zeit in den Diensten des Vizegrafen von Marseille, Barral de Baux, stand, mußte wegen seiner Liebe zu dessen Gemahlin Azalais nach Italien flüchten. Viele seiner Minnelieder, von denen noch fünfzig erhalten sind, werden dieser seiner Dame gegolten haben. Er schrieb aber auch eins, das ganz allgemein der Provence gewidmet war, die ihm

Les Baux. Stich des 19. Jh.

Siegel und Wappen des Raymond des Baux

›über alles‹ ging. August Heinrich Hoffmann von Fallersleben (1798–1874), Germanist und speziell Kenner und eifriger Sammler deutscher und europäischer Lieder, dabei mit französischer Literatur vertraut, entnahm Peire Vidals Gedicht die Anregung zu unserer Nationalhymne.

Die Messe von Beaucaire

Das Bild vom 13. Jahrhundert in der Provence, die Vorstellung von der Zeit, in der ein König von Frankreich zweimal zu einem Kreuzzug von Aigues-Mortes ins Heilige Land aufbrach, in der es Liebeshöfe, Turniere und Troubadour-Gesang gab wie auf der Burg von Les Baux, wäre unvollständig, erinnerte man sich nicht auch der Messe von *Beaucaire,* die nun jährlich im Juli die gesamte Kaufmannschaft des Mittelmeerraums in die Stadt an der Rhône zog. Wer in Beaucaire selbst nicht unterkommen konnte, blieb auf den Schiffen, die im Fluß ankerten. Vom Norden kamen Händler aus der Bretagne und der Gascogne, und auf der alten Römerstraße östlich der Rhône, die bei Tarascon die Furt überwand, werden um diese Jahreszeit unzählige Frachtwagenzüge von weither hin und zurück gezogen sein. Chroniken berichten von 300 000 Besuchern. Das scheint übertrieben. Aber selbst wenn man, wie bei gewissen orientalischen Schätzungen, eine Null streichen müßte, so bliebe dies eine stattliche Anzahl von Messegästen. Daß es sehr viele waren, beweist der alljährliche Zuzug von Spielleuten, Schaustellern, Zirkusvolk aller Art, die Tiere, sogar Affen, Löwen und Elefanten, und ihre Kunststücke vorführten, Akrobatik zeigten und hier erstmals die ›Nummern‹ ausprobierten, mit denen sie danach durch Europa reisten. In der Stadt gab es, wie auch anderswo im Mittelalter, besondere Straßen für die verschiedenen Handwerke, doch stand

Detail einer französischen Miniatur mit Läden. Von links: Schneider, Kürschner, Barbier, Apotheke; spätes 15. Jh. Bibliotheque des l'Arsenal, Paris

außerdem ein weitläufiges Gelände für die auswärtigen Kaufleute zur Verfügung, die hier alles anboten, was rings um das Mittelmeer wuchs oder hergestellt wurde.

Daß ein gut Teil dieses fremden Luxus auch die Höfe der Grafen von Provence und der großen Herren des Landes erreichte, die Wegzölle erheben und Vorrechte bieten konnten, versteht sich von selbst. Ja, auch die Gastfreundschaft gewährenden Klöster werden nicht davon ausgenommen worden sein. Andererseits wurden durch die fremden Gäste immer wieder Seuchen eingeschleppt, in jedem Jahrhundert mehrere Male. 1349 starben nach Petrarcas Berichten in wenigen Monaten allein 62000 Menschen an der Pest. Die unbedenklich in die Rhône geworfenen Leichen trieben stromab und verbreiteten das Unheil über die gesamte Provence.

Die große Messe von Beaucaire hat das ganze Mittelalter hindurch stattgefunden; erst das Zeitalter der Eisenbahn beraubte sie endgültig ihrer Bedeutung. Und doch hat die Stadt nur wenig Spuren davon bewahrt, und selbst ihre Burg aus dem 13. Jahrhundert ist nur eine Ruine, wie die von Les Baux wurde sie im 17. Jahrhundert auf Befehl Richelieus unter Ludwig XIII. geschleift. Sie bietet heute kaum mehr als die weite Aussicht auf die Hügelketten der Montagnette und der Alpilles, auf die Rhône-Landschaft und die ihr gegenüberliegende kraftvoll-schöne Burg von Tarascon, die im gleichen Jahrhundert begonnen, aber erst am Ende des 15. Jahrhunderts vollendet wurde.

Die Rhône und Tarascon

Wo in vorgeschichtlicher Zeit bei der Insel, die später das römische Castell Tarusco trug, eine Furt durch die Rhône führte, verband in den Jahrhunderten des Imperium Romanum eine Brücke Ugernum, das heutige Beaucaire, mit den großen östlichen Straßen des Reichs. Im Mittelalter bewachte die Burg auf dem Hügel über der Stadt das westliche Ufer, und jenseits ragte hart am Strom, auf den Resten des römischen Kastells errichtet, der uneinnehmbare Block der *Burg* von *Tarascon* (Farbt. 26; Abb. 96), ein Bau, schön und machtvoll zugleich, aus herrlich goldleuchtendem Stein, zinnenbewehrt, fast 50 Meter hoch – Feste und Fürstenschloß in einem. Unverändert, ganz und gar Mittelalter, spiegelt er sich noch heute in der Rhône.

Ähnlich stehen sich weiter nördlich, vom Fluß getrennt, andere Wehrbauten jener Zeit gegenüber: auf dem Domfelsen von Avignon abweisend unzugänglich der *Papstpalast* (Farbt. 28, 29; Abb. 97), doppelt geschützt durch den starken Mauergürtel der Stadt, und drüben in Villeneuve, auf Wache gleichsam, am ehemaligen Brückenkopf von Saint-Bénézet der hohe *Turm Philipp des Schönen* aus dem 13. Jahrhundert und hinter ihm drohend auf dem Bergkegel das *Fort Saint-André* (Abb. 102) mit seinen gewaltigen Zwillingstürmen am Eingang, im 14. Jahrhundert durch König Johann den Guten von Frankreich errichtet.

So viel Wehrhaftigkeit ist nicht zufällig: die Rhône trennte jahrhundertelang kaiserliches und königliches Gebiet. Gehörte der Osten, obwohl die Grafen der Provence hier die eigentlichen unumschränkten Herren waren, seit dem 10. Jahrhundert wenigstens der Form nach zum Heiligen Römischen Reich Deutscher Nation, so der Westen den fränkischen Königen, bis 1481 die Provence durch Testament ganz an Ludwig XI. und damit an Frankreich fiel.

Dennoch scheint der Verkehr über den Fluß hinüber und herüber ziemlich zwanglos möglich gewesen zu sein, und nicht nur die großen Herren überquerten ihn, um an anderen Liebeshöfen ›Minne zu singen‹ oder an Turnieren teilzunehmen, sondern auch Kaufleute, ›Fahrende‹ und Flüchtlinge aller Art. Die Rhône selbst war französischer Besitz, wodurch sich groteske Rechtslagen ergaben. So erschienen zu Zeiten des Hochwassers und der Überschwemmungen königliche Beamte aus Villeneuve im gegenüberliegenden Avignon, um von den Armen, deren Häuser darunter litten, auch noch Steuern einzuziehen, da sie ja nun, wenigstens zeitweise, im Königreich lebten.

Die *Burg* von Tarascon nicht nur von außen, sondern auch von innen kennenzulernen, ist recht lohnend. Hier kann man sich eine Vorstellung vom provençalischen ritterlichen Leben im Mittelalter machen und all das erfahren, was einem die Ruinen von Les Baux schuldig bleiben. Bezaubernd ist u. a. ein kleiner, hochgelegener Garten im Mauergeviert, der Schutz vor Mistral und Sonnenwinkel zu jeder Jahreszeit bot, ein hortus conclusus von intimem Reiz, vor allem wohl für die Damen bestimmt. Der ›gute König René‹ (Farbt. 43), Graf von Provence und, wenn auch nur dem Titel nach, König von Sizilien, ein hochgebildeter und dabei schlichter Mann, hat sich hier im 15. Jahrhundert viel aufgehalten und abwechselnd in Aix und Tarascon residiert. Der Gang über die Dachterrassen der Burg ist besonders eindrucksvoll. Die Aussicht ähnelt der vom Schloßberg in Beaucaire, ist jedoch noch bereichert durch den Blick auf Wassergräben und Innenhöfe, die unmittelbar unter den Zinnen hinfließende Rhône und die nahe *Kirche der heiligen Martha*.

Der ›gute König René‹ beim Malen.
Nach einer Handschrift des 16. Jh.
Nationalbibliothek, Paris

In dieser schon im 10. Jahrhundert begonnenen, im 12. umgebauten, im letzten Krieg arg zerstörten und nun wiederhergestellten Kirche ist angeblich die heilige Martha begraben, jene dienstwillige Gastgeberin Christi, die mit den anderen heiligen Männern und Frauen in der Camargue im steuerlosen Schiffchen an Land getrieben sein und später Tarascon von seinem menschenfressenden Rhônedrachen befreit haben soll. Die Krypta birgt hinter aufwendiger Barockdekoration den frühchristlichen Sarkophag, in dem sie ruhen soll. In der Kirche selbst sind einige gute Bilder aus dem 17. und 18. Jahrhundert zu betrachten und in der letzten Seitenkapelle links ein schönes Triptychon aus dem 15. Jahrhundert. Besonders der Erzengel in stählerner Rüstung in seinem rechten Seitenflügel ist ein ganz reines Kunstwerk, Vorbild christlichen Rittertums und Verkörperung seiner Ideale. Bilder von dieser Qualität sind selten in der Provence in Kirchen zu finden.

Das Jahrhundert der Päpste in Avignon

Die wesentlichste Veränderung im Spiel der politischen Kräfte im 14. Jahrhundert war für die Provence, daß es dem französischen König gelang, die Hauptstadt des Papsttums von Rom nach Avignon zu verlegen und damit seinen Einfluß in Europa entscheidend zu verstärken. Für die Provence ist Avignon das Jahrhundert der Päpste geworden.

Nach den mit äußerster Grausamkeit geführten Albigenser-Kriegen (1209–1229), die als Kreuzzug getarnt letztlich die Eroberung fremden Gebiets zum Ziel hatten, war die Grafschaft Venaissin, die ungefähr das heutige Département Vaucluse mit Carpentras als Hauptstadt umfaßte, durch den Friedensvertrag päpstliches Eigentum geworden. Dieser Landbesitz außerhalb Italiens erleichterte es der klugen Politik Philipps des Schönen von Frankreich, 1309 Papst Clemens V., einen gebürtigen Aquitanier, zu bewegen, sich den aufreibenden und gefährlichen Parteikämpfen in Rom durch einen Aufenthalt in der Provence zu entziehen – und damit das Papsttum unter französischen Einfluß zu bringen. Avignon war zu diesem Zeitpunkt noch im Besitz der Grafen von Provence aus dem Geschlecht des Hauses Anjou, doch besaß der König von Frankreich, Philipp der Schöne, bestimmte Rechte als Mitregent. Von der ›zweiten babylonischen Gefangenschaft der Kirche‹ zu sprechen, war also, aus italienischer Sicht betrachtet, nicht ganz unberechtigt.

Die amerikanische Historikerin Barbara Tuchman berichtet darüber in ihrem Buch ›Der ferne Spiegel‹: »In den nächsten Jahren wurde Avignon unter sechs französischen Päpsten praktisch ein weltlicher Staat, der aufwendigen Pomp trieb, große kulturelle Anziehungskraft ausübte und einer uneingeschränkten Simonie – dem Ämterkauf – huldigte. Geschwächt durch seinen Auszug aus Rom, versuchte das Papsttum, in weltlichen Dingen Ansehen und Macht zu erringen. Es konzentrierte sich auf jede Möglichkeit, die ertragreich zu sein versprach. Neben dem regulären Einkommen aus Zinsen und Pachtgeldern bestritt der Papst seine Ausgaben durch den Verkauf von allem und jedem, was die Kirche zu bieten hatte. Jedes Amt, jede Ernennung, jede Absprache über Vorrechte, jedes Ausnahmerecht, jede Nachfolgeregelung oder Garantie, jede Gnade, jede Lossprechung und Absolution, jeder Kardinalshut und jede Reliquie wurden verkauft. Zusätzlich nahm der Heilige Stuhl einen Teil von allen freiwilligen Geschenken, Vermächtnissen und Meßopfern, die auf dem Altar dargebracht wurden. Der Papst erhielt den Peterspfennig von England und anderen Königreichen. In Festjahren wurden Sonderabsolutionen erteilt und verkauft, und weiterhin wurden Steuern für Kreuzzüge erhoben, die zwar ausgerufen wurden, aber kaum je auch wirklich stattfanden.«

Die empörende Vergabe kirchlicher Ämter gegen Bezahlung schildert B. Tuchman dann im einzelnen: »Kirchliche Pfründen in Gestalt von 700 bischöflichen Diözesen und Hunderttausende niedriger Ämter wurden zu einer schier unerschöpflichen Einkommensquelle des Heiligen Stuhls. Mehr und mehr unterwarfen die Päpste die Vergabe dieser Ämter ihrer Kontrolle und unterliefen damit das Prinzip der Wahl. Da die vom Papst Ernannten der Diözese oftmals völlig fremd waren, kam es zu einer breiten Ablehnung dieser Praxis innerhalb der Kirche selbst. Wenn dennoch einmal eine Bischofswahl abgehalten wurde, beanspruchte der Papst eine Gebühr für seine Bestätigung. Um eine zur Verfügung stehende Pfründe zu erlangen, bestach ein Abt die Kurie und bezahlte ein Drittel von seinem ersten Jahreseinkommen als Gebühr für seine Ernennung. Er wußte, daß sein gesamter persönlicher Besitz nach seinem Tod an den Papst fiel und alle noch ausstehenden Schulden von seinem Nachfolger bezahlt werden mußten.«

Die Einnahmen, die aus diesen schier unerschöpflichen Geldquellen flossen, dienten einem ständig steigenden Luxus am gesamten päpstlichen Hof und den in Avignon anwesenden Kardinälen. Das 14. Jahrhundert, das im Grunde ein Jahrhundert besonderen Elends durch Überschwemmungen, Pest, den Hundertjährigen Krieg zwischen Frankreich und England und durch marodierende große Söldnerheere und Ketzerverfolgungen war, besaß eine besondere Neigung zur Entfaltung von Prunk und Reichtum, zu kostbaren Gewändern, edelsteinbesetzten Mänteln, Wämsern und Hüten, zu Gold- und Perlenschmuck für Männer und Frauen. Dem entsprachen die großartig angelegten Residenzen der Prälaten, ihre Um- und Einzüge und Selbstdarstellungen – und das schreiende Elend des Volkes, das all dies zu erarbeiten hatte. Während Adel und kirchliche Würdenträger nur auf Pferden, in Karossen und Sänften die Straßen der Stadt, die im Unrat verkamen, durchquerten, verbreiteten sich in Schmutz und Gestank der übervölkerten Gassen mit erschreckender Geschwindigkeit die furchtbarsten Seuchen.

So fielen der Pest, die in der Jahrhundertmitte Avignon erreichte und jeden daran Erkrankten binnen fünf Tagen dahinraffte, in Avignon täglich etwa 400 Menschen zum Opfer. Auf einem der Friedhöfe sollen in sechs Wochen 11 000 Leichen bestattet worden sein; die Toten, die abends und nachts vor die Häuser geworfen wurden, nachdem die täglich die Straßen passierenden Leichenwagen schon vorübergekommen waren, blieben bis zum nächsten Tag dort liegen und verbreiteten die Krankheit. Neun Kardinäle und 70 andere kirchliche Würdenträger kamen in dieser Zeit um; es heißt, daß die Hälfte der Bürger Avignons an der Pest starben. Da man noch nicht wußte, daß die Seuche durch Ratten und Flöhe auf die Menschen übertragen wurde, war die Gefahr in eng besiedelten Städten am größten, in Avignon für den Papst in seinem riesigen Palast mit für seine Zeit einzigartigen sanitären Anlagen jedoch am geringsten. In ähnlicher Weise waren die Kardinäle in ihren üppigen Residenzen geschützter, ohne allerdings zu wissen, warum. Papst Klemens VI. hatte auf Anraten seines Arztes selbst in sommerlicher Hitze zwischen zwei großen Feuern zu sitzen, in denen aromatische Substanzen verbrannt wurden, und entging tatsächlich, warum auch immer, der Pest, und das zu einer Zeit, in der man schon begonnen hatte, die Toten, die keiner mehr bestatten konnte, kurzerhand in die Rhône zu werfen.

Zu den großen Plagen der Zeit, deren schlimmste die Pest war, die zwölf Jahre nach der ersten tödlichen Welle im März 1360 wiederkehrte und bis zum Juli in der immer mehr übervölkerten Stadt noch verheerender als die erste wütete, gehörten die mordenden und plündernden ›Kompanien‹ ehemaliger Söldner aus dem Hundertjährigen, von jahrelangen Waffenstillständen immer wieder unterbrochenen Krieg zwischen Frankreich und England. Zweite Söhne niederen Adels, ehemalige Mönche und Sektenführer samt ihrem Gefolge schlossen sich ihnen an oder wurden ihre Hauptleute, führten ›Kreuzzüge‹ auf ihre Art mit oder ohne religiöse Motive, immer aber zum Schrecken und zur Bedrohung friedlicher Städter oder Bauern, die erbarmungslos beraubt und getötet wurden.

Während der Herrschaft Papst Urbans V. zog der ehemalige Heerführer des französischen Königs Karl V., Du Guesclin, mit 25 Hauptleuten der berüchtigtsten Kompanien auf einem sogenannten Kreuzzug gegen die Mauren in Spanien vor Avignon und lagerte sein Heer bei Villeneuve an der Rhône. Dem verschreckten Kardinal, der ihm auf Urbans Befehl mit der Exkommunikation aller seiner Leute drohte, antwortete er, daß er nicht nur Ablaß für sich und sein Heer für alle seit ihrer Kindheit begangenen Sünden verlange, sondern auch 200 000 Franken Wegzehrung für seinen Abzug fordere. Der Kardinal kehrte über die Brücke von Saint-Bénézet zu Urban zurück, der sich sogleich bereit erklärte, den Ablaß zu gewähren, zumal er vom Fenster aus den ersten Plünderungen der Marodeure zusehen konnte. Das Geld jedoch wurde durch eine neue Steuer von den Bürgern Avignons aufgebracht, »damit der Schatz Gottes nicht vermindert werde«. Du Guesclin fragte dann allerdings beim Empfang der Summe nach deren Herkunft und verlangte, das Geld dem Volk zurückzugeben. Man mußte gehorchen und ersetzte tatsächlich die 200 000 Franken aus der päpstlichen Schatzkammer. Ein zusätzlicher Zehnt, von der französischen Geistlichkeit erhoben, entschädigte unmittelbar darauf den Papst...

Liest man von derartigen Transaktionen und der unbeschreiblichen Prachtentfaltung bei Empfängen erlauchter Gäste aus aller Welt im Papstpalast, so versteht man, warum es einige Dutzend Bankhäuser in dem kleinen Avignon gab, die mit Währungen aus aller Welt handelten, und daß Abenteurer, Gesindel aus ganz Europa und Dirnen in diese Stadt strömten, in der man so leicht sein Glück machen konnte.

Die heilige Birgitta von Schweden schrieb: »Das Feuer des Himmels wird Avignon verzehren, so wie es Sodom verschlungen hat.« Petrarca nannte es »die Kloake der Welt«. Was im Kirchenstaat der Renaissance Rom zur unsichersten, verbrechengewohntesten Stadt ganz Italiens machte, hatte hier sein Vorspiel. »Es gibt an diesem Ort keine Liebe, keine Treue und nichts Wahres, nichts Heiliges, keine Furcht Gottes, keinen Eid, keine religiöse Scheu«, behauptete Petrarca noch als Dreiundsechzigjähriger im Rückblick auf seine Jugendzeit in Avignon, die er im Hause seines Gönners und Freundes, des Kardinals Giovanni Colonna, verbracht hatte.

Zu dieser Zeit war Papst Johannes XXII., der bei seiner Wahl 1316 bereits 72 war, ein Greis von 85 Jahren. Er sollte 90 werden. Daß er, obwohl er persönlich »sehr einfach, zurückgezogen und sparsam« lebte, nicht noch irgend etwas wesentlich zu ändern vermochte, versteht sich demnach von selbst.

Francesco Petrarca (1304–1374). Stich nach Guémied

Die italienische Überfremdung der Stadt und ihrer Umgebung nahm mit jedem Jahrzehnt zu. Wie Petrarca, 1304 in Arezzo als Sohn eines Florentiner Notars geboren, dazu kam, etwa die Hälfte seines Lebens in Avignon und der päpstlichen Grafschaft Venaissin zu verbringen, ist bezeichnend für die Zeit. Sein Vater war einer der Schicksalsgenossen Dantes, die 1302 aus Florenz verbannt wurden, und hatte sich nach verschiedenen gescheiterten Versuchen, in italienischen Städten Fuß zu fassen, in die neue Papstresidenz begeben, in der Hoffnung, dort eine Existenz für sich und seine Familie zu finden. Da jedes Unterkommen in Avignon außerordentlich schwierig und kostspielig war, ließ er Frau und beide Söhne in Carpentras, der Hauptstadt des Venaissin, wohnen, wo Francesco Petrarca dann seine Kindheit verlebte, bis er auf die Universitäten von Montpellier und Bologna ging.

In diesen Jahren in Carpentras, zu Füßen des Mont Ventoux, den er immer wieder vor Augen hatte, ist in ihm der Wunsch entstanden, einmal in seinem Leben diesen scheinbar unbezwinglichen Gipfel zu ersteigen, aber er wurde fast 32 Jahre alt, bis er zu diesem damals für fast unmöglich gehaltenen Unternehmen aufbrach, »nachdem mir tags zuvor, als ich römische Geschichte beim Livius nachlas, zufällig jene Stelle vor Augen gekommen war, wo Philipp der Mazedonierkönig den Berg Hämus in Thessalien besteigt«. Er nahm nicht nur seinen jüngeren Bruder mit, sondern auch ein ›faustfüllendes Bändchen‹ seines geliebten heiligen Augustinus, das er auf dem Gipfel des Berges aufs Geratewohl aufschlug, um tief ergriffen zufällig auf eine Stelle zu treffen, die in dieser Stunde nicht beziehungsreicher hätte sein können. Am Abend des 26. April 1336 schrieb er aus Malaucène, von wo er aufgebrochen und wohin er zurückgekehrt war, einen langen Brief an seinen Vater in Paris, in dem er ausführlich von seinem großen Erlebnis berichtete, dem ersten dieser Art zu seiner Zeit.

Daß er nach dem Studium in Montpellier und Bologna in den kleinen Kirchenstaat auf französischem Boden zurückkehrte, war selbstverständlich. Hier hatte er Familie, Freunde und nicht zuletzt Beziehungen, die ihm, nachdem er die ersten priesterlichen Weihen empfangen hatte, bald seine erste Pfründe einbrachten und später auch als Geschenk ein kleines Besitztum an der Quelle der Sorgue, wo er sich schon als Kind gewünscht hatte zu leben.

In Avignon war er als Dreiundzwanzigjähriger am Karfreitag des Jahres 1327 zum ersten Mal der verheirateten Madonna Laura in Santa Chiara begegnet, die er von nun an in seinen Versen feierte, eine unerreichbar Ferne, deren wirklicher Name niemals von ihm genannt wurde, wie es die Troubadoursitte vorschrieb. Der ›dolce stil nuovo‹ Dantes und dessen Verklärung Beatrices ist dabei als Vorbild nicht zu verkennen, die Dichtung Petrarcas jedoch von eigener lyrischer Kraft geprägt. Daß sie italienisch war und nicht provençalisch, obwohl sie in Südfrankreich entstand, war typisch für den kleinen Kirchenstaat, in dem noch im 17. Jahrhundert das Italienische das Französische verdrängte, das offiziell seit 1540 an die Stelle des Lateinischen und des Provençalischen getreten war.

Seit 1309 residierten die Päpste in Avignon, aber erst fast 40 Jahre später konnte Clemens VI., der prunkliebende Nachfolger des strengen Benedikt XII., der aus dem Zisterzienser-Orden hervorgegangen war, die Stadt Avignon für 80 000 Goldgulden von Jeanne des Baux, der Gräfin von Provence und Königin von Neapel, käuflich erwerben. Daß diesem Handel ein Prozeß vorausging, in dem die Königin der Beteiligung an der Ermordung ihres ersten Gatten, Andreas von Ungarn, angeklagt war und durch den Papst von aller Schuld freigesprochen wurde, läßt dieses Geschäft eines Kirchenfürsten in zwielichtiger Beleuchtung erscheinen. Zu dieser Zeit stand schon der festungsartige, nüchterne Bau des Zisterziensers Benedikt XII., das sogenannte *Palais vieux*. Clemens VI., ehemals Benediktinermönch, erweiterte ihn um seine schönsten Teile, das *Palais nouveau*. Seine Nachfolger vollendeten das Werk, so daß in etwa 35 Jahren ein gotischer Gebäudekomplex mehr als 15 000 qm bedeckte.

Sieben Päpste haben in Avignon residiert, von denen vier (Johannes XII., Benedikt XII., Innozenz VI. und Urban V.) mönchisch streng im Geiste der Orden lebten, aus denen sie kamen. Alle waren, wie es der Absicht Philipps des Schönen entsprochen hatte, als er Avignon zur Residenz anbot, Franzosen und damit mehr oder weniger geeignete Instrumente französischer Politik.

Saint-Victor-Kapelle über der Quelle der Sorgue, Handzeichnung von Petrarca in einer Plinius-Handschrift

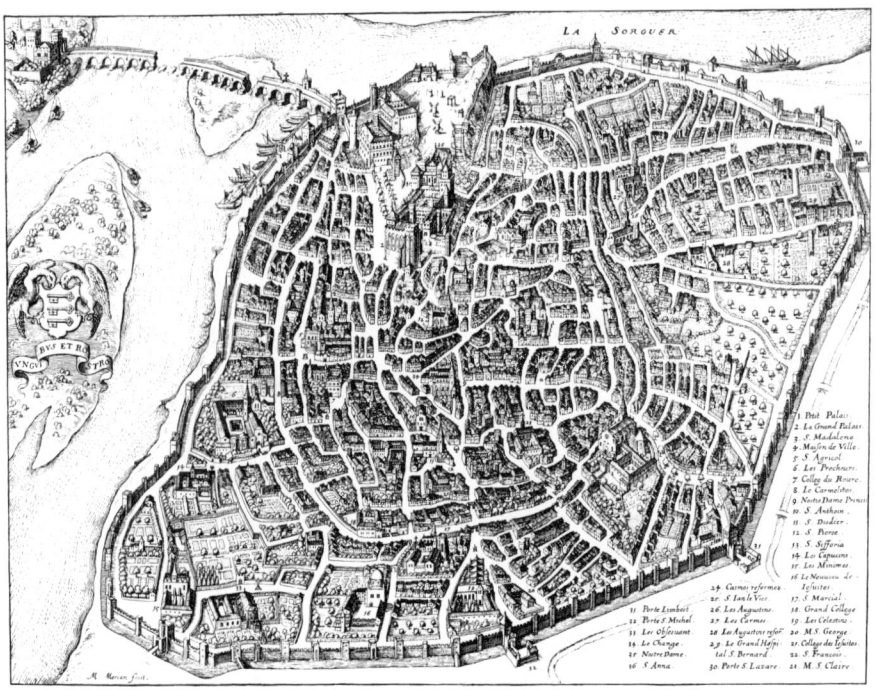

Avignon. Kupferstich von Matthäus Merian

Philipp der Schöne hat schon den ersten Papst, Klemens V., in Avignon wider dessen besseres Wissen zu zwingen gewußt, der Vernichtung des sehr reichen Templerordens nach langer Verzögerung doch endlich zuzustimmen und auch zuzulassen, daß die Ordensmitglieder hungernd und gefoltert eingekerkert wurden, eine sieben Jahre währende Tragödie, bei der es im letzten um den Besitz der Templer ging. Im Konzil von Vienne 1311/12 wurde der Orden in ganz Europa verboten, im März 1314 sollten der Großmeister und sein Stellvertreter auf dem Platz von Notre-Dame öffentlich ihr auf der Folter erpreßtes Geständnis wiederholen und danach zu lebenslanger Gefangenschaft begnadigt werden. In dieser Stunde widerriefen sie jedoch alles und beteuerten ihre und ihres Ordens Unschuld. König Philipp befahl darauf, sie am nächsten Tag auf dem Scheiterhaufen zu verbrennen. Als das Reisig entzündet wurde, soll der Großmeister mit seinen letzten Worten König und Papst verflucht und sie binnen eines Jahres vor Gottes Richterstuhl gefordert haben. Papst Klemens starb schon im folgenden Monat, Philipp der Schöne im Alter von 46 Jahren völlig unerwartet nach sieben Monaten. Legende oder nicht – daß sich diese Version vom Untergang des Ordens hartnäckig im Volk verbreitete und erhielt, zeigt, was man wirklich dachte.

Die sieben französischen Päpste

Klemens V., Bertrand de Got, Erzbischof von Bordeaux, 1305 in Lyon im Beisein Philipp des Schönen zum Papst geweiht, 1314 gestorben.

Johannes XXII., als Jacques Duèsne in Cahors geboren, war Bischof von Avignon, später, Jacques d'Ense genannt, Kardinal von Porto und kehrte 1316 als Papst in seinen ehemaligen Bischofspalast nach Avignon zurück, der damit zum vorläufigen Domizil der Päpste wurde. Kurz nach Beginn seines Pontifikats wollte der Erzbischof von Cahors ihn durch mit Arsen getränkte Brote vergiften. Der Plan wurde entdeckt, der Bischof verhaftet und auf dem Scheiterhaufen verbrannt. Johannes XXII., im Alter von 72 Jahren gewählt, wurde 90 und starb erst 1334. Die Beurteilung seines Charakters ist widersprüchlich. Er galt als ›unvergleichlicher Verwalter‹, lebte angeblich sparsam und einfach – besaß aber andererseits die Midasgabe, alles in Gold zu verwandeln, und wenn man von seinen enormen Ausgaben für Kleidungsstücke aus Goldbrokat und kostbare Pelze für sich und sein Gefolge liest, möchte man an seiner Bescheidenheit zweifeln. Doch vielleicht entsprach dieser Garderobenaufwand nur dem Stil der Zeit.

Benedikt XII., Jacques Fournier, Bischof von Mirepoix, im Januar 1334 gewählt, April 1342 gestorben. Erbauer des Vieux Palais, Reformator des Benediktinerordens. Auch als Papst trug er das weiße Ordenskleid der Zisterzienser.

Klemens VI., Pierre Roger aus dem Limousin, Erzbischof von Rouen, 1342–1352, pracht- und kunstliebend. Erbauer des Palais Nouveau, kaufte 1348 von Königin Johanna von Neapel, Gräfin von Provence, die Stadt Avignon.

Innozenz VI., der ›große Bußprediger Etienne Aubert‹ aus Mons (Limousin), Kardinalbischof von Ostia, 1352–1362 Papst. Reformator wie Benedikt XII., um Beschränkung des Aufwands an seinem Hof bemüht.

Urban V., Guillaume de Grimoard, Nuntius im Königreich Neapel, seit Oktober 1362 Papst, unternahm im April 1367 den Versuch, die päpstliche Residenz wieder nach Rom zu verlegen, kehrte jedoch im September 1370 nach Avignon zurück, wo er schon im Dezember starb. Strenggläubiger Benediktiner. Stets im Ordensgewand, in dem er auch auf hartem Holz schlief, fastete und kasteite er sich, so daß er fünf Jahre nach seinem Tode selig gesprochen wurde.

Gregor XI., Pierre Roger de Beaufort, Neffe Klemens VI., durch diesen seit 1348 Kardinaldiakon von Sainte-Marie-la-Neuve, mit 42 Jahren Papst, 1370–1378, starb in Rom, nachdem er am 13. September 1376 Avignon verlassen hatte.

Vorkommnisse dieser Art erhellen blitzartig, wie es um den päpstlichen Stuhl in Avignon stand, erhellen auch ebenso die Zustände des unglückseligen 14. Jahrhunderts in der Provence. 1348 hatte die erste große Pestwelle von Marseille aus den Süden Frankreichs erreicht, aber noch sechsmal kehrt sie während der nächsten sechzig Jahre wieder. Um 1380 war die Bevölkerung Europas durch sie um etwa 40 % dezimiert. Bézier hatte 1304 noch 14000 Einwohner gehabt, hundert Jahre später jedoch nur noch 4000.

Eine besonders schlimme Folge der Pest und des Hundertjährigen Krieges mit England war die schon erwähnte Bildung marodierender Horden, die, ›Kompanien‹ genannt, kreuz und quer mordend und plündernd die Länder durchzogen. »Der berüchtigtste der französischen Briganten war Arnaut de Cervole, ein Adliger aus Périgord, der wegen eines früheren

Avignon, Papstpalast, Grundriß des Erdgeschosses   1 Eingang   2 Großer Hof   3 Kleiner Audienz-
saal   4 Großer Audienzsaal   5 Große Treppe   6 Turm mit sanitären Anlagen   7 Hof und Kreuz-
gang   8 Versammlungsraum der Kardinäle   9 Turm Saint-Jean   10 Schatzkammer   11 Konklave
(Versammlungsraum der Kardinäle für die Papstwahl)   12 Bibliothek   13 Kellerei und Bäckerei
14 Garten Benedikt XII.   15 Garten Urban V.   16 Garten Clemens VI.   17 Turm mit Wirtschafts-
räumen (1–6 Neuer Palast; 7–17 Alter Palast)

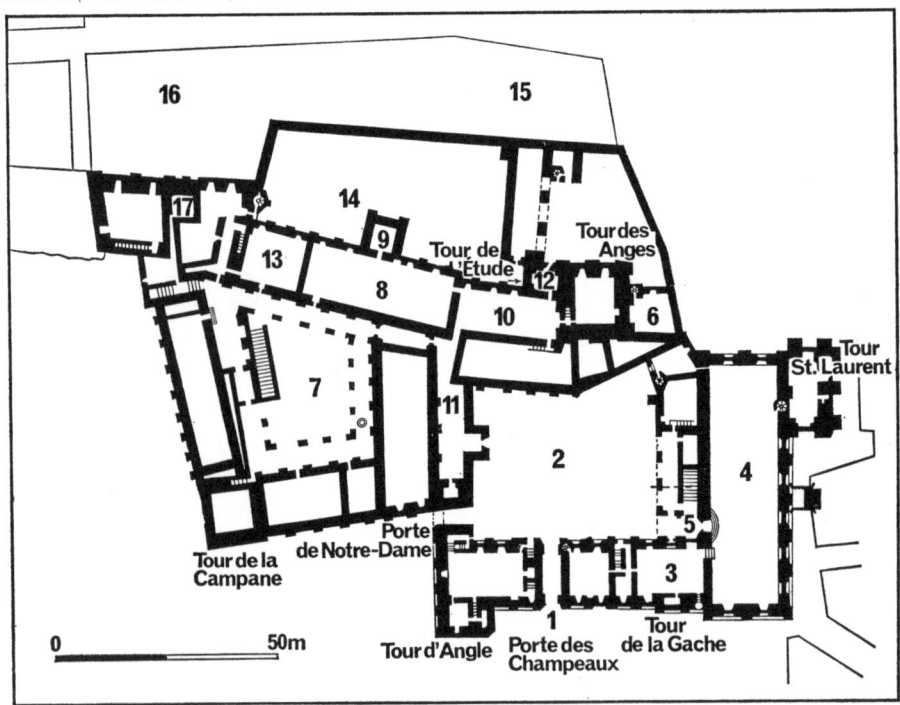

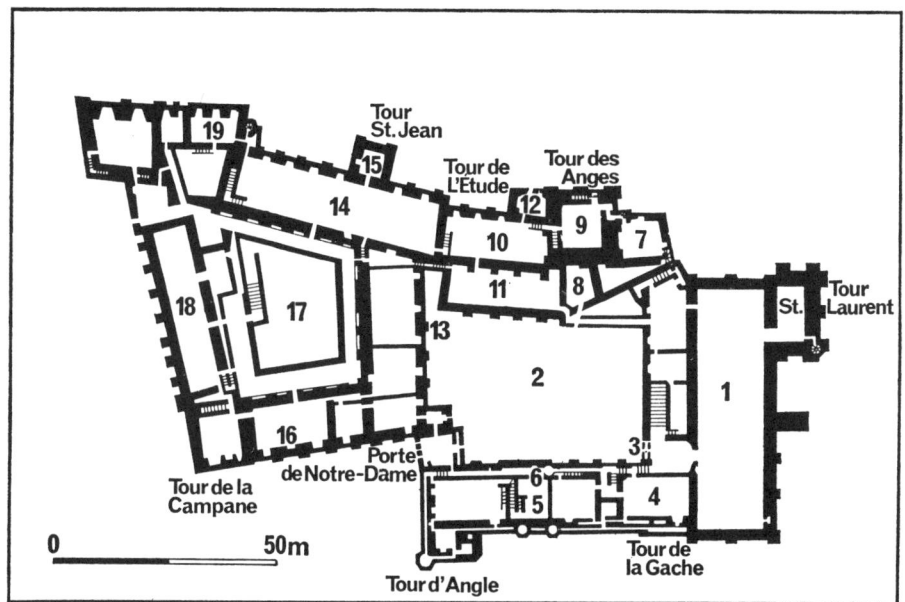

Papstpalast, Grundriß des Obergeschosses 1 Kapelle Clemens VI. (Große Kapelle) 2 Großer Hof 3 Ablaß-Fenster 4 Appartement des Kämmerers 5 Räume der Würdenträger 6 Galerie des Konklave 7 Zimmer Papst Clemens VI. 8 Private Küche 9 Schlafzimmer des Papstes 10 Paramentenkammer 11 Privater Speisesaal 12 Arbeitszimmer 13 Appartements der Konklavegäste 14 Großer Speisesaal 15 Kapelle Saint-Martial 16 Flügel der Angehörigen des päpstlichen Hofes 17 Hof des Kreuzgangs 18 Kapelle Benedikt XII. 19 Küchenturm (1–7 Neuer Palast; 8–19 Alter Palast)

kirchlichen Lehens der 'Erzpriester' genannt wurde ... In Zusammenarbeit mit einem Adligen der Provence, Raimond des Baux, entwickelte sich die Bande zu einem Heer von 2000 Mann und der 'Erzpriester' zu einem der größten Missetäter seiner Zeit. Während eines seiner Streifzüge durch die Provence fühlte sich Papst Innozenz VI. in Avignon so unsicher, daß er mit ihm im vorhinein um Immunität verhandelte. Cervole wurde in den Papstpalast geladen und 'mit einem Zuvorkommen begrüßt, als ob er der Sohn des Königs von Frankreich wäre'. Nach mehreren diners mit dem Papst und den Kardinälen wurden ihm alle Sünden vergeben und die Summe von 40 000 Écus bezahlt, damit er die Gegend verließ.« (B. Tuchman)

Daß die leidenschaftlichen Beschwörungen der heiligen Katharina von Siena schließlich dazu beitrugen, Gregor XI. zu bewegen, im September 1376 Avignon zu verlassen, um nach Rom zurückzukehren, ist bekannt. Das ›Exil der Kirche‹ hatte rund siebzig Jahre gedauert, von 1309 bis 1376.

Die Päpste, die später in Avignon residierten, waren noch sehr viel mehr als der unselige Klemens V. auf den Schutz der französischen Krone angewiesen, da in Rom ein Gegenpapst regierte. Die Kirchenspaltung, das Schisma, hatte begonnen.

Die Stadt hat noch jahrhundertelang ebenso wie die Grafschaft Venaissin den Charakter einer römisch-kirchlichen Enklave mitten in Frankreich bewahrt. Ihre wesentlichsten Bauten verdankt sie den dort regierenden Päpsten und danach ihren aus Rom gesandten Legaten und Vicelegaten. Ihr Herzstück ist der große weiträumige Platz, an dem die Residenz des Kirchenoberhauptes, der Dom und das schöne ›Petit Palais‹ liegen.

Der Besichtigung des *Papstpalastes* wird sich niemand entziehen, der Avignon besucht (Farbt. 28, 29; Abb. 97). Und doch wird dieser einstündige Rundgang unter Führung treppauf, treppab durch ungeheure, kahle Säle, riesige Höfe, hohe Gemächer, Türme, Kapellen und Nebenräume in Gruppen von meist einigen hundert Menschen kaum wirklich befriedigen und Wesentliches vermitteln. Alles Leben ist aus diesen gewaltigen leeren Raummassen gewichen, einige reizvolle, italienisch orientierte Fresken des 14. Jahrhunderts ausgenommen, deren Themen nicht kirchlich, sondern dem Landleben entnommen sind. Um die Öde der weitläufigen Säle zu mildern, sind in einem von ihnen große Wandteppiche späterer Jahrhunderte aufgehängt worden. Ein kurzes Studium des Grundrisses vor der Besichtigung bietet am ehesten die Möglichkeit, den Zusammenhang der Gesamtanlage zu verstehen.

Leichter kann man sich diesen Palast voll Leben vorstellen, wenn man liest, wie der damals zweiundzwanzigjährige französische König Karl der Vierte, ein zur Verschwendung neigender und noch recht unerfahrener Fürst, im Jahr 1390 auf seiner Reise ins Languedoc – ab Lyon auf der Rhône mit Versorgungsschiffen, Begleitbooten und »einer schwimmenden Schatzkammer mit Edelmetallen und Juwelen, die man nötigenfalls während der Reise gegen Bargeld verpfänden konnte« – zum Papstbesuch in Avignon eintraf. Barbara Tuchman schildert es folgendermaßen:

»Am 30. Oktober ritt Karl, in Purpur und Hermelin gekleidet, in den päpstlichen Palast von Avignon ein, wo ihn Papst Klemens VII. und sechsundzwanzig Kardinäle begrüßten und ihm mit ganzem Gefolge ein großes Festessen ausrichtete. Der König beschenkte den Papst mit einem Chorrock aus blauem Samt, der mit Perlen in der Form von Engeln, Lilien und Sternen besetzt war. Ob er nun einen leeren Geldbeutel hatte oder nicht, 'er wollte, daß man sogar in fernen Ländern von der Pracht sprach, die er um sich herum verbreitete'.

Da das Papsttum Klemens' neben der französischen Unterstützung keinen anderen Rückhalt besaß, wäre es in Rauch aufgegangen, wenn die Franzosen nur gewollt hätten, und das Schisma wäre beendet gewesen.«

Gleich neben dem Papstpalast erhebt sich die Kathedrale *Notre-Dame-des-Doms* (Abb. 103), deren einschiffiger Bau aus dem romanischen 12. Jahrhundert durch zahllose spätere Veränderungen heute etwas gesichts- und geheimnislos geworden ist. Die Fresken des Simone Martini vom Portal wurden 1962 abgelöst und dadurch vor dem endgültigen Verfall bewahrt. Sie sind jetzt in der Salle des Festins des Papstpalastes ausgestellt. Am Portal blieb der rötlich vorgezeichnete Entwurf des Meisters zurück. Die wenigen guten Stücke im

Inneren, wie der romanische Thron der Päpste im Chor (Abb. 100) oder die schöne Kuppel, werden von Mittelmäßigkeiten aus späteren Jahrhunderten gleichsam erdrückt. Eine vergoldete gußeiserne Madonna aus der Mitte des 19. Jahrhunderts krönt die Kirche und ist leider zu ihrem weithin sichtbaren Wahrzeichen geworden.

In Notre-Dame-des-Doms – die übrigens dort steht, wo sich schon im 4. Jahrhundert eine Kirche erhob, bei der Avignons höchste Geistliche wohnten, und wo, den beim Bau der Tiefgarage gemachten steinzeitlichen Funden nach, von jeher ein heiliger Ort war – liegen außer zwei Päpsten 157 Kardinäle und Prälaten begraben. Eine Zahl wie diese erhellt blitzhaft die Szene Avignons im 14. Jahrhundert: eine kleine Stadt, die, plötzlich zum Mittelpunkt der Welt erhoben, weit mehr Ausländer als Einheimische in ihren Mauern beherbergen mußte, in der wohlhabende Bürger, wenn auch gegen Entschädigung, kurzerhand ausquartiert wurden, um italienischen Kardinälen und ihrem umfangreichen Hofstaat Platz zu machen, und in die italienische Künstler zur Ausschmückung von Kirchen und Palästen gerufen wurden.

Der dritte bedeutende Bau an diesem jetzt wieder schön gestaltetem Platz ist das sogenannte, keineswegs kleine *Petit Palais*, ebenfalls im 14. Jahrhundert, nämlich schon 1317, als Wohnsitz eines zum Kardinal ernannten Neffen Johannes XII. errichtet. Nach dessen Tod kaufte es Benedikt XII., um es zur Residenz des Bischofs von Avignon zu machen. Starke Beschädigungen bei Belagerungen in der Zeit der Kirchenspaltung zwangen zu Um- und Neubauten im 15. Jahrhundert. Seine jetzige klare renaissancehafte Schönheit verdankt es der Kardinalzeit des kunstverständigen Papstes Julius II., dem Gönner Raffaels und Michelangelos. Seit 1958 enthält es die Sammlung Campana, die nach der des Louvre bedeutendste Sammlung früher großer italienischer Meister in Frankreich. Sie reicht von den Goldgrundmadonnen Sienas bis zu Carpaggio und Botticelli und ist, in den hellen, zur Rhône hin gelegenen Räumen ausstellungstechnisch hervorragend gestaltet, allein eine Fahrt nach Avignon wert.

Vom nahen Domfelsen und seinen erfrischenden Parkanlagen hat man bezaubernde Ausblicke auf das Rhônetal, auf Villeneuve, die Alpilles und den fernen Ventoux. Augustus soll auf diesem seit Urzeiten für heilig gehaltenen Felsen dem ›Nordwind‹, d. h. dem Mistral, einen Tempel errichtet haben. Daß diese lichte Höhe wie der Ventoux, der ›Windberg‹, ein Sanktuarium getragen hat und dies schon lange vor der Zeit des römischen Imperiums, darf man nach den steinzeitlichen Funden an seinem Fuß annehmen. Falls es zutrifft, daß die keltischen Cavaren, die hier als Fischer siedelten und den Ort ›Aouenion‹ nannten, diesen Namen aus ›Aouen‹ oder ›Aven‹, den Bezeichnungen für ›Strudel‹ oder ›Abgrund‹ und ›ion‹, d. h. ›Herr‹ bildeten, so würde der Domfelsen dem ›Herrn über die Wasser‹ geweiht gewesen sein.

Vom Domfelsen aus sieht man nicht nur auf die jenseits der Rhône liegende Kardinalstadt Villeneuve-lès-Avignon mit ihren gewaltigen Wehrbauten (Abb. 102), sondern auch auf die berühmte, halb zerstörte *Saint-Bénézet-Brücke* mit der Kapelle, in der einmal die Gebeine des heiligen Brückenbauers ruhten. Nichts ist typischer, als daß hier auch sogleich die Legende anknüpft mit jenem Phantasiereichtum, der alles Altprovençalische mit märchen-

229

Türschloß, gotisch. Musée Calvet, Avignon

haften Zügen ausstattete. Es heißt, im Jahre 1177 habe der junge Hirt Bénézet im Vivarais Stimmen gehört, die ihm befahlen, eine Brücke über den Fluß zu bauen, und ein Engel habe ihn dann an die Stelle geführt, wo dies geschehen sollte. In Avignon glaubte ihm zuerst niemand seinen göttlichen Auftrag. Doch dann gelang es ihm, vor allem Volk mit himmlischer Hilfe einen riesigen Felsblock aufzuheben und als ersten Stein der künftigen Brücke ans Ufer der Rhône zu setzen. Überwältigt von diesem Wunder beteiligten sich nun viele freiwillig an seinem Werk, die ›Bruderschaft der Brückenbauer‹ entstand, Geldspenden flossen reichlich, und in elf Jahren, drei Jahre nach dem Tode des hl. Bénézets, stand das Werk. Eine 900 m lange Brücke spannte sich über den Strom, die einzige damals zwischen Avignon und dem Meer. Aber schon 1226 ließ Ludwig VIII. die Brücke zerstören. Später wurde sie neu erbaut und ermöglichte so den bequemen Verkehr zwischen der Stadt des Papstes und Villeneuve, dem Wohnsitz vieler seiner Kardinäle. 1660 vernichtete sie wieder einmal – das wievielte? – Hochwasser bis auf die vier Bögen, die jeder Besucher von Avignon kennt und auf die sich das Kinderlied ›Sur le pont d'Avignon, on y danse, on y danse...‹ bezieht.

Ins Jahrhundert der Päpste, also ins 14., gehört auch die *Saint-Nicolas-Kapelle* auf der Saint-Bénézet-Brücke und die über vier Kilometer lange eindrucksvolle *Stadtmauer*, die im vorigen Jahrhundert wieder hergestellt worden ist und deren zugeschüttete Gräben jetzt eine Ringstraße bilden.

Avignon dankt dieser Papstzeit und den folgenden Jahrhunderten, in denen zwar der Papst wieder in Rom residierte, seine Legaten und Vizelegaten jedoch die Stadt und das Comtat Venaissin verwalteten, eine Anzahl Kirchen und Paläste aus dem 14. bis 17. Jahrhundert. *Saint-Pierre* hat eine der in der Provence sehr seltenen rein gotischen Fassaden und schöne Renaissancetüren, *Saint-Didier,* ein der Zisterzienserstrenge Benedikt XII. entsprechender, ebenfalls gotischer Bau, birgt die neuentdeckten Fresken aus der Mitte des 14. Jahrhunderts, die »den Pinselstrich Matteo Giovanettis und Simone Martinis erkennen lassen«, die *Chapelle des Pénitents noirs* ist eine der wenigen Kirchen des 17. Jahrhunderts in diesem Land. Avignon ist vor allem eine Stadt der Gotik. Es besitzt schön geschwungene Kirchenportale wie das von *Saint-Agricole* (Abb. 98) und das eigenartig reizvolle Maulbeerzweigportal am *Palais Baroncelli-Javon* (1485–99), das sich der Florentiner Geldwechsler Pietro Baroncelli erbaute. Auch das *Hôtel des Monnaies,* ein schöner Barockbau, gehörte ursprünglich einem Italiener: 1619 wurde es für den Kardinal Scipione Borghese errichtet und trägt noch immer sein Wappen.

Die Ausnahmestellung, die Avignon durch die jahrhundertelange Beziehung zum Vatikan besaß, hat es bewirkt, daß es hier so viele schöne Häuserfassaden, Portale, Innenhöfe, Madonnenstatuen, wappen- und säulengeschmückte öffentliche Gebäude gibt wie in keiner anderen provençalischen Stadt. Vieles ist mehr italienisch als französisch, das wenigste rein provençalisch.

Ein Wort noch zu den Museen, die ebenfalls in alten Bauten des päpstlichen Avignon untergebracht sind: im schon erwähnten *Petit Palais* am Domplatz die Sammlung Campana, im *Musée Calvet,* einem Palast aus der Mitte des 18. Jahrhunderts, in dessen weltfern stillen Hof Pfauen ihr schillerndes Rad schlagen unter den alten Bäumen, und im *Musée Lapidaire,* der ehemaligen Jesuitenkirche aus dem 17. Jahrhundert. Das Musée Calvet enthält französische Gemälde des 16. bis 20. Jahrhunderts von Rang, u. a. Werke von Südfranzosen wie des in Avignon geborenen Claude-Joseph Vernet (* 1714, † 1789 Paris), dem man sonst kaum begegnet. Auch die prähistorischen Funde, die man beim Bau der Tiefgarage unter dem Platz vor dem Papstpalast und 1960 im Jardin du Rocher-des-Doms fand, sind hier ausgestellt, u. a. ein Grab aus der Jungsteinzeit und dreizehn der berühmten mundlosen Muttergöttinnenstelen des Neolithikums. Das Musée Lapidaire birgt die berühmte Tarasque, das Ungeheuer, das einen Rhôneübergang hütete (Abb. 7, 8).

Nach Beendigung des Schisma 1417 regierten in Avignon nur Legaten und Vizelegaten als Statthalter des jeweiligen Papstes. Die Stadt und das Venaissin blieben päpstliche Enklave, der italienische Einfluß blieb stark – man sieht es an den Palästen. Erst Ende des 18. Jahrhunderts traten Veränderungen ein: »1790 empörte sich die von der Revolutionspartei aufgereizte Volksmenge gegen die päpstliche Herrschaft und bat die Konstituierende Versammlung um die Vereinigung Avignons mit Frankreich, die am 14. September 1791 ebenso wie die von Venaissin beschlossen wurde. Avignon wurde die Hauptstadt des neuen Departements Vaucluse. Infolge davon entbrannte in Avignon ein blutiger Bürgerkrieg zwischen Papisten und Demokraten. Im Frieden von Tolentino (19. Februar 1797) mußte der Papst Avignon und Venaissin an Frankreich förmlich abtreten. Mit der Restauration brach der alte Parteihaß wieder hervor, und in Avignon wütete besonders der 'weiße Schrecken'. Hier ward der Marschall Brune am 2. August 1815 ermordet.« (Meyers Großes Konversationslexikon, 1904).

Claude-Joseph Vernet (1714–1789), ›Die Alpenhirtin‹, 1763, auf Bestellung von Madame Geof-frin nach dem Thema eines Grafen de Marmontel gemalt. Musée Calvet, Avignon

Villeneuve-lès-Avignon, das sich mit seinem mächtigen Fort Saint-André so eindrucksvoll vom Rocher-des-Doms jenseits der Rhône darbietet (Abb. 102), war schon im ersten Drittel des 13. Jahrhunderts, also vor der Übersiedlung der Päpste nach Frankreich, eine französische Stadt. Raimond VII. von Toulouse, der die Albigenser-Ketzer unterstützt hatte, mußte es an die französische Krone abtreten. Die Könige, als erster Philipp der Schöne, der den nach ihm benannten Wehrturm erbauen ließ, befestigten es immer mehr, errichteten das Fort Saint-André und schufen damit ein Bollwerk, von dem aus sie jederzeit Druck auf die Päpste ausüben konnten – und auch ausübten. Rasch wurde Villeneuve zur ›Stadt der Kardinäle‹, die in Avignon keinen ihrem Stand angemessenen Wohnsitz fanden oder auch nicht finden wollten und den Ritt über die Saint-Bénézet-Brücke nicht scheuten – vielmehr die Distanz zum päpstlichen Hof zu schätzen wußten. Im 14. Jahrhundert entstanden schnell fünfzehn üppige Kardinalresidenzen in Villeneuve.

Das *Fort Saint-André* mit seinen mächtigen, über 85 Stufen zu erklimmenden Flankentürmen wurde schon 1302 errichtet und drohte also schon vor Anbeginn der Papstzeit über die Rhône hinüber nach Avignon. Bezaubernd sind die italienisch gestalteten Gärten des Forts.

Im Museum des alten Hospiz von Villeneuve ist die *Marienkrönung* Enguerrand-Charontons aus dem Jahr 1453 wahrhaft sehenswert, das Meisterwerk dieses bedeutenden Malers der Schule von Avignon, das einen subtilen, eigenartigen Reiz ausstrahlt (Farbt. 2). – Die Pfarrkirche bewahrt in der Sakristei eine ungemein anmutige *Elfenbeinmadonna* aus dem späten 14. Jahrhundert, ein französisches Spätwerk der Gotik, in dem sich schon der Stilwandel zur Renaissance ankündigt (Abb. 99).

Erwähnenswert ist noch die *Chartreuse-du-Val-de-Bénédiction*, das bedeutendste Kartäuserkloster Frankreichs, 1352 von Innozenz VI. gestiftet, der dort auch in der Kirche in einem spätgotischen Marmorgrabmal beigesetzt wurde. Das Kloster informiert gut über das mönchische Leben in diesem Orden.

Juden in der Provence

»Als der letzte avignonesische Papst die Stadt schließlich wieder verließ, nahm die Einwohnerzahl ab. Die Bevölkerung bestand nur noch aus 1500 Einheimischen und 4000 Ausländern, die nunmehr ebenfalls in ihre Heimatländer zurückkehrten.« Dies schreibt Henri Bécriaux in seinem Avignon-Führer. Man muß sich das vorstellen, um darauf aufmerksam zu werden, daß es in dieser stets ziemlich kleinen Stadt eine ›Place du Change‹ und ein italienisch wirkendes ›Hôtel des Monnaies‹, d. h. eine Münze, gibt, die ursprünglich allerdings als Logis für den Kardinal Scipione Borghese 1619 errichtet worden war. Das Geldgewerbe, der Tausch fremder Währung, das Ausleihen, Verpfänden, Einlösen von Wechseln, Gutschreiben und Verrechnen mußte bei einer so großen Anzahl von Ausländern, die alle mehr oder weniger einflußreiche Posten innehatten oder anstrebten, in der päpstlichen Enklave jahrhundertelang größte Bedeutung besitzen. Aber es durfte nicht von Christen ausgeübt werden; denn Christus hatte Zinsnehmen und Wucher verboten. Die Päpste und später ihre Legaten waren also gezwungen, das große Geschäft Juden zu überlassen. Sie zu schützen, deren Tätigkeit so dringend gebraucht wurde, war demnach für sie selbstverständlich, ihnen freie Religionsausübung zu gewähren, unabdingbar.

Diesem Umstand verdankten die Israeliten ihre Sonderstellung im Comtat Venaissin und die noch heute erhaltenen schönen Synagogen in *Carpentras* (Abb. 105) und *Cavaillon*. Die von Carpentras ist die älteste in Frankreich, ursprünglich im 15. Jahrhundert erbaut, im 18. erneuert und seitdem zweimal restauriert. Vor der Französischen Revolution lebten im Ghetto von Carpentras bis zu 1200 Juden. Die Gemeinde von Cavaillon war erheblich kleiner. Zu ihr gehörten nur etwa zweihundert Gläubige. Auch ihre Synagoge, 1772 im Stil Ludwig XV. erbaut, und das ihr angeschlossene kleine Museum ist sehenswert. Zwei weitere jüdische Ghettos auf päpstlichem Gebiete bestanden in Avignon und L'Isle-sur-Sorgue.

Im sogenannten Comtat, der päpstlichen Enklave innerhalb der Provence, mögen die Juden besonders zahlreich gewesen sein, sie waren jedoch auch z. B. in Apt, in Uzès, Lyon, Arles und Vienne seit Jahrhunderten ansässig. So lange schon, daß man von den ›guten Juden‹ und ihren Nachkommen sprechen konnte, nämlich von denen, die an Christi Tod unschuldig gewesen sein mußten, weil sie angeblich schon vor diesem Ereignis, das überall zum Vorwand für ihre Verfolgung herhalten mußte, im Lande lebten. Seit der ausgehenden Antike waren sie im Abendland seßhaft geworden und lebten schon z. Zt. der Merowinger und Karolinger in italienischen, deutschen und französischen Städten, vor allem als Kaufleute, aber auch als Ärzte, Goldschmiede und sogar als Besitzer von Weinbergen und Feldern. Da die für Christen geltenden Wuchergesetze für sie nicht galten, war man geradezu auf sie angewiesen. Vor allem die Herrscher, der Hochadel und die Kirche betrauten sie mit allerlei Geschäften, ließen sie aus dem Orient Stoffe, Gewürze und Parfüme bringen und liehen von ihnen Geld. Der Kaiser verlegte sogar ihretwegen den Markttag, weil samstags ihr Sabbat war. Besonders Ludwig der Fromme (778–840) gewährte ihnen Zollprivilegien wie den anderen Kaufleuten seines Königshofes. Den Schutz der Juden vertraute er einem Magister Judaeorum an. Bei der Schlichtung eines Streites zwischen Juden und Christen in Lyon entschied er zu ihren Gunsten. Zu dieser Zeit, d. h. unter den Karolingern, hatten sie auch noch keine besonderen Kleidervorschriften zu befolgen und konnten unbehelligt unter den Christen leben und den Gottesdienst in ihren Synagogen besuchen. Noch im 10. Jahrhundert wurde die Latinisierung jüdischer Namen fortgesetzt.

Allerdings begannen Geistliche daran Anstoß zu nehmen, daß sich unter ihrem Einfluß Christen zum Judentum zu bekennen anfingen. Agobard, der Bischof von Lyon, äußerte sich folgendermaßen darüber: »Trotz aller Menschlichkeit und Güte, mit der wir die Juden behandeln, gelingt es uns doch kaum je, einen von ihnen zu unserem Glauben zu bekehren. Aber viele der Unseren werden durch den Genuß ihrer leiblichen Mahlzeiten auch zu ihrer geistigen Nahrung verführt.«

Zweifellos war es ihre Bildung und geistige Beweglichkeit, die Christen der gehobenen Schichten anzog. Um Übertritte zum Judentum zu vermeiden, setzte der Bischof von Lyon alles daran, seinerseits Juden zu bekehren. Infolgedessen begannen jüdische Eltern ihre Kinder nach Arles zu schicken, wo sie im Glauben ihrer Väter erzogen wurden, ohne den Bekehrungsversuchen der Lyoner Geistlichkeit ausgesetzt zu sein. Auf der Synode von Meaux bemühten sich die Bischöfe unter der Führung des Erzbischofs von Lyon, Agobard, vergeblich, Karl den Kahlen (823–877) zum Erlaß antisemitischer Gesetze zu veranlassen. Im Gegenteil, »die Unterscheidung zwischen Juden und Christen vor Gericht wurde abgeschwächt«. Bei der Besteuerung der Kaufleute bestimmte Karl der Kahle – zwei Jahre nach seiner Kaiserkrönung in Rom und im Jahre seines Todes –, daß die Christen $\frac{1}{11}$ und die Juden $\frac{1}{10}$ von ihrem Warenbesitz als Steuer zu bezahlen hatten.

Während des 14. Jahrhunderts konnten sie sich im Comtat weitgehend frei bewegen, mußten jedoch gelbe Hüte tragen. Neben dem jüdischen Kaufmann, der ja freier als jeder Christ auch mit den arabischen Ländern Handel treiben konnte, scheint es früh auch den intellektuellen Typ gegeben zu haben, der arabisches Wissen, speziell naturwissenschaftliches, das weit bedeutender war als das gleichzeitige christliche, erwerben durfte. Der ›gute König René‹, der bis 1480 lebte und meist in Aix residierte, nahm den jüdischen Arzt Petrus Nostre-Dame, der sich nach Humanistenbrauch Nostradamus nannte, in seinen Dienst. Dessen Sohn Jacques lebte als Notar in Saint-Rémy, wo 1503 sein berühmter Sohn Michel Nostradamus (Abb. 117), der Arzt, Magier und Astrologe, den Goethe in seinem ›Faust‹ erwähnt, geboren wurde. Er hat zuerst in Avignon das Wissen des klassischen Altertums und danach im spaniennahen Montpellier Medizin studiert und ist dort sicherlich mit arabischem Geistesgut in Berührung gekommen. Er ließ sich dann in Salon nieder. Während der

Pest von 1546 war sein Ruf schon so bedeutend, daß man ihn als Arzt nach Aix rief, und es soll ihm gelungen sein, mit einem von ihm erfundenen Puder die Epidemie einzudämmen. Kollegenneid mag dazu beigetragen haben, daß seine Schriften auf den Index kamen. Er lebte deshalb zurückgezogen in Salon und widmete sich vor allem der Astrologie und seinen Prophezeiungen, die unter dem Titel ›centuries‹ veröffentlicht wurden und in geheimnisvoll dunklen Vierzeilern alle bedeutenden Ereignisse bis ans Ende der Welt voraussagen. Nicht nur die Zeitgenossen haben sie eifrig und immer wieder studiert, noch jahrhundertelang ist man auf sie zurückgekommen. Michel Nostradamus ist 1566 in Salon gestorben und in der vierten Kapelle links vom Chor in Saint-Laurent – also als Christ – beigesetzt worden. Seine lateinisch abgefaßte Grabplatte ist dort noch zu sehen. Das Porträt allerdings, das sein Sohn César von ihm gemacht haben soll und das darüber angebracht war, ist leider vor einiger Zeit gestohlen worden.

Ein kleines Museum in seinem Wohnhaus, Rue de Nostradamus 2, in der Altstadt in der Nähe der Burg erinnert jedoch an den Gelehrten. Es zeigt sein rekonstruiertes Arbeitskabinett, seinen Stammbaum und Ausgaben seiner Werke. – Sein Bruder Jean de Nostre-Dame hat Biographien provençalischer Dichter geschrieben, einer von dessen Söhnen als Kapuzinermönch ›christliche Stanzen‹, ein anderer eine Chronik der Provence. Das intellektuelle Judentum ist also aus der Kulturgeschichte des Landes nicht wegzudenken.

Die französische Provence

Die Veränderungen im 15. Jahrhundert

Wenn das 14. Jahrhundert von der Residenz der Päpste in Avignon geprägt ist, so rückt vom 15. an *Aix* immer mehr in den Mittelpunkt des Interesses. Seit 1413 war es Universitätsstadt, nachdem schon im 12. und 13. Jahrhundert die Grafen von Provence ihre Hofhaltung dorthin verlegt hatten. Bis 1480 regierte dann der ›gute König René‹ in Aix. Er soll die Zucht der Seidenraupe und der Muskatellertraube und sogar Nelken, Rosen und Pfauen in der Provence eingeführt haben, veranstaltete gern Feste – der Umzug der Tarasque in Tarascon zweimal im Jahr geht auf ihn zurück – und besaß die klassische Bildung seiner Zeit und vielseitige Interessen – ein echter Renaissance-Fürst also, dabei gutherzig, für Reformen zugänglich und um das Wohl seiner Untertanen bemüht. Auf dem berühmten Bild des Nicolas Froment aus Uzès, dessen Mäzen er war, ist er in der Kathedrale von Aix mit seiner zweiten Frau, Jeanne de Laval, kniend dargestellt (Farbt. 43). Er war der letzte Graf der Provence aus dem Hause Anjou, und seine lange Regierungszeit gilt als das goldene Zeitalter des Landes, obwohl es der Krone Frankreich schon zu seinen Lebzeiten gelang, sein Territorium fühlbar zu beschneiden. Sein Neffe Karl III., der sein Nachfolger wurde, starb bereits 17 Monate später und hinterließ die Provence durch Testament dem König von Frankreich. 1486 wurde sie offiziell mit dem französischen Staat vereinigt, wenn ihr auch einige Sonderrechte verblieben. Aix wurde so für die nächsten dreihundert Jahre, d. h. bis zur Revolution, eine Art Landeshauptstadt zweiten Grades. Es war Sitz der Provinzialstände, eines Parlaments und eines Statthalters, blieb also vom König abhängig und genoß doch eine gewisse Selbständigkeit.

Diese politische Situation bestimmte die kulturelle auf Jahrhunderte hinaus, ja, bis zu einem gewissen Grade tut sie es noch heute. Von nun an wurde die Provence wirklich Provinz, eine Provinz weitab vom königlichen Hof, der mehr noch als in anderen Ländern alle Begabungen, alle Ehrgeizigen, jeden, der etwas war oder werden wollte, anzog. Daheim blieb, wer bleiben mußte und wen seine bescheidenen Mittel dazu zwangen, u. a. der Landadel, falls er nicht so reich war, daß er sein Stammschloß nur als reizvollen Sommersitz betrachten konnte. Wenn von nun an überall in der Provence keine bedeutenden und schönen Bauten mehr errichtet wurden, wenn es an guten Renaissance- und Barockwerken und ausgezeichneten Bildern bis in die Neuzeit hinein fehlt, so ist dies der Grund. Eine Aus-

Der ›gute König René‹ und Jeanne de Laval

nahme bilden die Paläste in Aix auf dem Cours Mirabeau und an stillen kleinen Plätzen. Sie waren Stadtwohnungen des Adels und der Parlamentarier im 17. und 18. Jahrhundert, und ihnen verdankt das heutige Aix sein eigentümlich altmodisch-vornehmes Gepräge.

Das Parlament von Aix und die Waldenser

Das Parlament in Aix wurde 1501 geschaffen, und es scheint nur sehr bedingt zum Wohl des Landes gewirkt zu haben. Es verschuldete eine der schrecklichsten Verfolgungen Andersgläubiger in der Provence während ihrer daran wahrhaftig nicht armen Geschichte. In der ersten Hälfte des 13. Jahrhunderts hatten die Albigenserkriege zwanzig Jahre lang beide Seiten zu den fürchterlichsten Grausamkeiten verleitet, im 16. Jahrhundert lieferte die Sekte des Petrus Valdus aus Lyon den Vorwand zu dem Massaker von 1545, in dem sich persönlicher Haß, Rachedurst und Gewinnsucht aufs grauenhafteste austobten. Die Rolle, die der im Parlament vereinigte Landadel dabei spielte, war wenig rühmlich und rechtfertigt das Urteil des Volkes über die drei Geißeln der Provence, das Parlament, den Mistral und die Überschwemmungen der Durance:

>»Parlamen, Mistrau de Durenço
>Soun lis tres fleù de la Provènço«,

heißt es auf Provençalisch, auf Französisch:

>»Parlement, Mistral et Durance
>Sont les trois fléaux de la Provence.«

Die Waldenser, deren Sekte schon seit dem 12. Jahrhundert bestand, hatten in den Dörfern am Südhang des Luberon eine Zuflucht gefunden, und da sie arbeitsam, ehrlich und zuverlässig waren, wurden sie von den adligen Familien, auf deren Ländereien sie lebten, geschätzt und geschützt. Anlaß zu ihrer Verfolgung, richtiger wohl, die legale Gelegenheit dazu, bot ein Dekret Franz' I. von Frankreich. Der König wollte damit vor allem seine Kirchentreue beweisen, die wegen seiner guten Beziehungen zu den protestantischen deutschen Fürsten und seiner Allianz mit dem Großtürken in Zweifel gezogen werden konnte. Schon 1524 hatten die Verfolgungen begonnen, 1536 waren einige Bewohner von vier Dörfern am Luberon öffentlich verbrannt worden, 1540 hatte das Parlament die Vernichtung des Dorfes Mérindol beschlossen, war aber durch königlichen Befehl daran gehindert worden. Fünf Jahre später gelang es dann dem damaligen Präsidenten des Parlaments von Aix, dem Baron von Oppède, von Franz I. die Genehmigung zur Durchführung des Urteils von 1540 zu erlangen. Er befriedigte damit persönliche Rachsucht.

Denn der Vernichtungsfeldzug, in dem mit äußerster Brutalität Cadenet, Lourmarin, Ménerbes, Mérindol und zwanzig andere Dörfer geplündert und angezündet wurden, in dem 2000 Menschen gehenkt, gesteinigt, geköpft, verbrannt oder erschlagen und mehr als 800 Männer – zu einem Taler das Stück! – auf die Galeeren verkauft wurden, war die Antwort des Herrn Maynier d'Oppède auf die Weigerung der Dame de Cental, Baronin von Tour d'Aigues, ihn zu heiraten. Sie besaß vierundzwanzig Dörfer, in denen sie Waldenser-Familien angesiedelt hatte. Der Präsident des Parlaments zu Aix aus dem Bergnest Oppède im Luberon vernichtete also aus Haß, was er als Mitgift zu erlangen versucht hatte.

Der Widerstand der Anhänger der ›reinen Lehre‹ war heroisch. Frauen halfen bei der Verteidigung der Dörfer, warfen von den Mauern ihren verfolgten Töchtern das Messer zu, mit dem sie sich umbringen sollten, bevor sie in die Hände der Soldateska fielen. Daß schließlich Grausamkeit mit Grausamkeit vergolten wurde, war schlimm, aber nicht unverständlich. Erschütternd das Aufflammen hemmungsloser Leidenschaftlichkeit, dem man immer wieder in der Provence sowohl bei den Massen wie bei den einzelnen Charakteren begegnet; erstaunlich der religiöse Fanatismus, mit dem sich karg-ernste, rational ausgerichtete Reformbewegungen wie die der Albigenser, Waldenser und Hugenotten gegen den farbig prunkenden, italienisch gefärbten Katholizismus zur Wehr setzten.

Schlösser der Feudalzeit

Das 16. Jahrhundert, in dem die Provence französisch wurde und das Parlament zu Aix entstand, in dessen erster Hälfte Nostradamus seine düsteren Prophezeiungen verfaßte und die Waldenser grausamste Verfolgungen erlitten und in dessen zweiter Hälfte (1580) die Pest das Land verödete, ist zugleich das Jahrhundert, in dem sich die französische Form des Feudalismus in der Provence ausbildete.

Châteaux wie die von Gordes, Menèrbes, Oppède, Lourmarin und Ansouis wurden aus Burgen zu Schlössern; die schöne Renaissancefassade von *Tour-d'Aigues* führte zu dem weitläufigen dahinterliegenden Gebäudekomplex, der schon im nächsten Jahrhundert durch Brand zerstört wurde Das fürstlichste dieser Schlösser ist *Ansouis* am Fuße des Luberon, an dem Jahrhunderte bauten und wo schon das heilig gesprochene Ehepaar Elzéar und Dauphine de Sabran (1280–1328) einander ewige Keuschheit gelobten. Obwohl noch immer hochadliger Privatbesitz, sind die in seinen Sälen angehäuften Kunstschätze und historischen Erinnerungen aus einem halben Jahrtausend fast jeden Nachmittag zu besichtigen. *Lourmarin* (Farbt. 33), einst Zufluchtsort der Waldenser, erhielt ebenfalls im 16. Jahrhundert seinen schönen Renaissance-Anbau und die zauberhafte Gartenterrasse, wo sich eine ruhende steinerne Nymphe und die Schloßfassade in einem mit Seerosen bewachsenen Teichbecken spiegeln. Heute gehört es der Akademie von Aix, die dort Künstler wohnen und arbeiten läßt, aber auch Ausstellungen in seinen reich mit altem Kulturgut ausgestatteten Räumen veranstaltet. Im hoch gelegenen, windumwehten Schloß von *Gordes* (Farbt. 25) wird seit Jahren das Oeuvre von Victor Vasarély gezeigt (s. S. 272 f.).

Schloß *Vauvenargues* liegt nur 14 Kilometer östlich von Aix auf einem Felsvorsprung hoch über dem Tal (Abb. 109). Es ist ein Renaissancebau aus dem 17. Jahrhundert, Heimat des Autors der ›Charaktere‹, der ›Maximen‹ und ›Reflexionen‹, heute im Besitz der Witwe Picassos und Fremden nicht zugänglich. Im Park liegt Picasso begraben.

Gleichfalls nicht allzu weit von Aix, doch nordöstlich an der Route Nationale 96, erhebt sich über dem dazugehörigen kleinen Ort über der Durance Schloß *Mirabeau*, ein noch burgähnlicher, von Rundtürmen flankierter Herrensitz, der Victor de Riquetti Marquis de Mirabeau (1715–1789) gehörte, dem Vater des berühmten, leidenschaftlichen Graf Gabriel

Montagne du Luberon

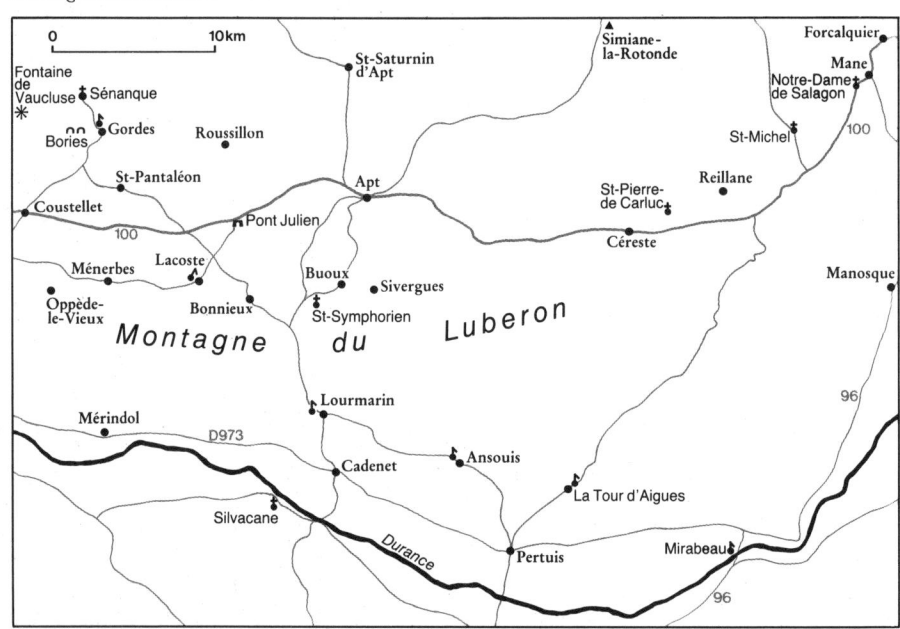

97   AVIGNON   Front des Papstpalastes

98 AVIGNON Saint-Agricol, Madonna
100 Bischofsthron, Ende 12. Jh. Notre-Dame-des-
Doms, Avignon

99 Madonna, 14. Jh., Elfenbein. Sakristei der Kirche, Villeneuve-lès-Avignon
101 Wappen am Papstpalast, Avignon

102 VILLENEUVE-LÈS-AVIGNON mit Fort Saint-André

103 AVIGNON Notre-Dame-des Doms 104 CARPENTRAS Saint-Siffrein

106 UZÈS La Tour Fenestrelle, 12. Jh., Glockenturm der Kathedrale Saint-Théodorit

◁ 105 CARPENTRAS Synagoge

107 UZÈS Schloß der Herzöge

108   SALON-DE-PROVENCE   Château l'Emperi über der Altstadt

109　Schloß Vauvenargues

110　GORDES　Renaissancekamin im Schloß

111   AIX-EN-PROVENCE   Detail eines Türflügels, Portal der Kathedrale

112   AIX-EN-PROVENCE   Uhrturm, 16. Jh., mit provençalischer Glockenhaube ▷

113, 114 AIX-EN-PROVENCE Place d'Albertas und Fontaine des Quatre Dauphins

115   AIX-EN-PROVENCE   Pavillon de l'Enfant, Kamin im Speisesaal

116   NÎMES   Jardin de la Fontaine

117 Michel
Nostradamus
(1503–1566)

118 Luc de
Clapiers
Marquis de
Vauvenargues
(1715–1747)

119 Victor de
Riquetti
Marquis de
Mirabeau
(1715–1789),
Vater des
Grafen
Mirabeau

120 Gabriel
Honoré de
Riquetti
Graf von
Mirabeau
(1749–1791)

121 Honoré
Daumier
(1808–1879),
Selbstporträt,
Bronze

122 Jean-Henri
Fabre
(1823–1915)

123 Paul Cézanne (1839–1906)

124 René Char (geb. 1907)

126 Provençalischer Glockenturm (gen. ›Barbarotte‹) ▷

125 Jean Giono (1895–1970)

Schloß Mirabeau am Pont Mirabeau über der Durance

Honoré de Mirabeau. Man versteht, wenn man dies schöne Schloß liegen sieht, daß sein Besitzer, der Marquis, 1761 einer Dame schreiben konnte: »Wahrhaftig, Madame, ich beklage die, welche mich beklagen, weil sie mich noch auf dem Lande wissen…« Er weilte derzeit allerdings nicht ganz zufällig bei Winterbeginn noch auf seinem Landsitz, sondern weil er für einige Monate dorthin verbannt war. – Leider kann man den wohlerhaltenen schönen Bau nicht besichtigen.

Viel besucht wird dagegen das *Château de la Barben*, östlich von Salon. Die ursprünglich mittelalterliche Burg wurde im 16. und 17. Jahrhundert erweitert und im 19. Jahrhundert restauriert, die hübschen französischen Gärten in der alten Form erhalten und gepflegt. Reizvoll sind im Obergeschoß die Empire-Räume der Pauline Borghese mit ihren schönen gemalten Tapeten im Stil der Zeit. Ihr, der zweiten Schwester Napoleons, gehörte seinerzeit das Schloß.

Andere der ehemaligen Herrensitze sind ganz oder halb verfallen, so *Lacoste*, das Schloß des berühmt-berüchtigten Marquis de Sade, das er in der zweiten Hälfte des 18. Jahrhunderts noch bewohnte und das Schauplatz der Orgien war, wegen der er vom Gerichtshof in Aix 1772 – in Abwesenheit – zum Tode verurteilt wurde. Erstaunlicherweise ist dieser seinerzeit mit kostbaren Möbeln, Bildern, Teppichen und einer erlesenen Bibliothek raffiniert ausgestattete Adelssitz heute schon eine düstere, von Sturm und Wetter zerfressene Ruine über dem mittelalterlich engen kleinen Dorf.

Lacoste, ehemals das Schloß des Marquis de Sade

Vom Charme des Ancien Régime

Von der Grazie der Bauten des Ancien Régime, der Jahrhunderte unter den Bourbonen bis zur Revolution, zeugen in der Provence außer Schlössern wie Grignan, Ansouis, Lourmarin oder auch Barben ebenfalls so unerwartete Sehenswürdigkeiten wie die reizend im Stil Ludwig XV. 1772 erbaute und ausgestattete *Synagoge* von *Carpentras* (Abb. 105) und – gleichfalls dort – das stattliche *Hôtel-Dieu,* ein Krankenhaus, das der Bischof d'Inguimbert 1735–1757 auf seine Kosten erbauen ließ und seiner Diozöse stiftete. Den Eingang verschönt eine großzügig angelegte, weit ausschwingende Doppeltreppe in das Obergeschoß mit einem bewundernswerten schmiedeeisernen Geländer, einem Meisterwerk, wie es in kleineren Maßen auch die Empore der Synagoge mit den siebenarmigen Leuchtern schmückt, die, so sehr es hier überrascht, in Stuckarbeiten und Holzdekorationen ganz den Stil des Rokoko atmet.

Das Hôtel-Dieu hat außerdem noch eine im Geschmack der Bauzeit ausgestattete große *Apotheke* mit Holzverkleidungen, die von Duplessis mit heiteren Landschaften bemalt wurde, und Gefäßen, die aus den Fayencemanufakturen von Montpellier und vor allem aus Moustiers-Sainte-Marie stammen, also höchst sehenswert sind (Farbt. 38).

Von der hohen Kunst der Eisenschmiede in der Provence findet man in den alten Städten überall Proben: Gitter und Tore, kunstvolle Schlösser und Torbeschläge, vor allem aber die einzigartigen, nur hier üblichen, niemals einander gleichenden Turmhauben, die zu Wahrzeichen der Städte wurden, nachdem man begriffen hatte, daß ihre nur scheinbar so zarte Winddurchlässigkeit jedem Mistral zu widerstehen vermag. Avignon besitzt in seinem Musée Calvet eine umfangreiche Sammlung von Schmiedeeisenarbeiten, deren Qualität und Einfallsreichtum nur Staunen erregen kann.

Aber vergessen wir nicht darüber die bezaubernden Fayencen von *Moustiers-Sainte-Marie* (Farbt. 40, 41). Das Städtchen liegt etwas abseits von den großen Straßen, die der Provence-Reisende gewöhnlich benutzt, im Osten der berühmten Orte in einer engen Alpenschlucht der Haute-Provence und hat kaum mehr als 600 Einwohner, aber eine romanische Kirche aus dem 12. Jahrhundert. Im Jahr 432 ließen sich auf Anordnung des Bischofs von Riez Mönche hier nieder, ihr ›Monasterium‹ wurde zu ›Moustiers‹. Die 150 Meter tiefe Schlucht, in der das Städtchen liegt, wird von einer etwa 230 Meter langen Eisenkette überspannt, an der seit Jahrhunderten ein vergoldeter Stern hängt. Es heißt, ein Ritter namens Chevalier de Blacas habe diesen Stern anzubringen gelobt, wenn er aus der Gefangenschaft während des 7. Kreuzzuges in Damiette glücklich heimkehre, und habe dies Gelübde dann nach seiner Befreiung und Rückkehr auch getreulich erfüllt. Es wird nicht ausgeschlossen, daß dieser Chevalier de Blacas eigentlich der Troubadour ›Blacasset‹ war, der »nachweislich im 12. Jahrhundert in Moustiers ein Lehen besaß und hier in der Nachfolge seines berühmten Vaters, des Troubadours Blacas d'Aulps, einen vielgerühmten Dich-

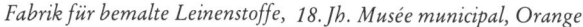

Fabrik für bemalte Leinenstoffe, 18. Jh. Musée municipal, Orange

terhof unterhielt. Ein weiterer Seigneur von Moustiers, Hugues de Penna, erhielt 1254 von der großen Gönnerin der Troubadours, der Königin Beatrice, Gräfin von Provence, die Dichterkrone.« (Archibald Lyall, Midi)

Von der Fayencefabrikation war man jedenfalls derzeit noch weit entfernt. Aber die Lebensumstände in diesem kleinen Bergnest können, wie in den Nachbarorten auch, nicht anders als dürftig gewesen sein. So war es ein Glück, daß einer der Mönche, die dort lebten, aus dem italienischen Faenza stammte, und im 16. Jahrhundert das Geheimnis, wie man auf dem heimischen Ton Zinnglasuren herstellen konnte, mitbrachte und verriet. Es wird wenigstens angenommen, daß es so gewesen sei. Jedenfalls findet im 16. Jahrhundert der Übergang von der schlichten ländlichen Gebrauchstöpferei zur blauen Fayence auf bläulichem oder weißlichem Grund statt und damit zu einer Ware, die man auch den oberen Gesellschaftsschichten anbieten konnte. Nun sollen Maultierkarawanen von bis zu 400 Tieren mit schweren Lasten jedes Jahr über die Berge zur großen Messe von Beaucaire gezogen sein, um dort die Produkte der neuen Industrie zu verkaufen.

Im 17. Jahrhundert nahm die Fayencefabrikation von Moustiers auf Anordnung von Ludwig XIV. einen besonderen Aufschwung. Nachdem Pierre Clérissy, ein ›gentilhomme de verre‹, ein Glasmacher also, sich um 1679 in Moustiers niederließ und die Fayenceproduktion zu entwickeln begann, hatte er bald damit ebenso künstlerischen wie materiellen Erfolg. Man löste sich von den in Italien so beliebten Jagdszenen zugunsten von mythologischen Motiven und Arabesken, wahrte jedoch dabei Symmetrie und Ruhe der Komposition. Im 18. Jahrhundert gab es schon etwa ein Dutzend Keramikwerkstätten in dem kleinen Ort, nachdem Joseph Olérys aus Spanien die Verfahren der Polychromie mitgebracht hatte. Jetzt wurden auch kleine Gegenstände des täglichen Gebrauchs angefertigt, und die Dekoration ging zu Blumen, Vögeln und Fabelwesen in freier farbiger Anordnung über und wurde immer mehr zur starken Konkurrenz für Marseille, das ebenfalls einen guten Ruf für seine Fayencen besaß. Die Brüder Ferrat machten sich einen Namen durch die verspielten Motive des Rokoko, Féraud, ein sehr phantasievoller Künstler, nahm schließlich sogar den Fesselballon der Brüder Montgolfier unter seine Themen auf.

Fayence-Terrine, 18. Jh. Musée Cantini, Marseille

Aber die französische Revolution beendete nicht nur das Ancien Régime und seine Kultur, sondern auch die Industrien, die es ernährten. 1873 mußte die letzte Fayencewerkstatt in Moustiers ihre Arbeit einstellen.

Ein halbes Jahrhundert später, 1925, hat allerdings der Schriftsteller Marcel Provence aufs neue einen Brennofen gebaut und die alte Kunst belebt. Man kann jetzt wieder Fayencen in Moustiers kaufen, die z. T. auch die alten Motive zeigen, und kann die Originale der vergangenen Jahrhunderte in dem kleinen *Museum* des Städtchens betrachten, wie übrigens auch in den Museen von Grasse, Nizza, Aix und manchen anderen der Provence.

Noch ein anderer ›Gebrauchsgegenstand‹, den man fast überall in der Provence findet, scheint aus jenen Jahrhunderten des Ancien Régime zu stammen, in denen zwar die hübsch dekorierten Waschschüsseln sehr klein, der Verbrauch an Puder, Duftwassern und Parfüms jedoch recht groß gewesen zu sein scheint. Madame de Sévigné erwähnt ihn in dem hier zitierten Brief: die kleinen, mit Lavendel und anderen duftenden Bergkräutern gefüllten Leinwandsäckchen mit den ländlich-farbigen Handdruckmustern des Midi.

In *Grasse*, 333 Meter hoch in den Alpes-Maritimes gelegen, wurde schon früh die Parfümindustrie entwickelt. Katharina von Medici brachte im 16. Jahrhundert die Mode, parfümierte Handschuhe zu tragen, von Florenz nach Frankreich. Diese Handschuhe wurden vornehmlich in Grasse hergestellt; als die Mode dann vorüber war, blieb die Parfümindustrie, die den Adel weiterhin bediente und die seit dem 19. Jahrhundert immer bedeutender wurde, da sich der Kundenkreis ständig ausdehnte. Heute wird bis nach Amerika exportiert.

Grasse ist aber noch auf eine andere und sehr bedeutende Weise mit dem Ancien Régime verbunden. Hier wurde 1732 *Jean-Honoré Fragonard* (Farbt. 44), bezeichnenderweise aus einer Handschuhmacherfamilie stammend, geboren, ein Maler, der wie Watteau die bezaubernd galante Atmosphäre seiner Zeit einzufangen wußte. Statt Jurisprudenz zu studieren, wie die Familie es wünschte, ging er nach Paris, wurde Schüler von Chardin und Boucher und eignete sich rasch den anmutig-leichten Stil an, in dem der höfische Adel gemalt zu werden wünschte, so daß er bald zum Modemaler avancierte. Die Revolution beraubte ihn seiner hohen Kunden und deshalb kehrte er, vielleicht auch um die eigene Sicherheit besorgt, nach Grasse zurück, wo ihn ein Freund aufnahm. Als die Zeiten ruhiger wurden, ging er wieder nach Paris, gewann aber das Ansehen früherer Jahre nicht mehr zurück, obwohl er versuchte, sich in seiner Malweise dem neuen strengeren Stil anzupassen. Er lebte nun in ärmlichen Verhältnissen und gab 1790 das Malen ganz auf. Er starb 1806. – Heute besitzt Grasse im *Museum ›Villa Fragonard‹* Stiche, Zeichnungen und Gemälde von seiner Hand und Arbeiten seines Sohnes Alexandre-Evariste und anderer Angehöriger seiner Familie.

Racine und Uzès

Der provençalische Adel hat sich nicht ohne weiteres unter die französische Oberhoheit gefügt. Die Kardinäle Richelieu (1585–1642) und Mazarin, der für den unmündigen Ludwig XIV. (1643-1715) zuerst regierte und 1661 starb, haben seinen Widerstand immer wieder brechen müssen. Nicht nur die Burgen von Les Baux und Beaucaire wurden in der ersten Hälfte des 17. Jahrhunderts auf Richelieus Befehl geschleift. Auch die religiösen Unruhen dauerten an. So war *Uzès*, das römische *Ucetia,* von dem die Wasserleitung über den Pont du Gard bis nach Nîmes führte, zwar vom 5. Jahrhundert bis zur großen Revolution Bischofssitz, trotzdem aber für jede ›Ketzerei‹ anfällig, sowohl für den Arianismus der Westgoten wie für die Lehren der Albigenser und später für die Reformation Calvins, zu der sich 1546 der Bischof mit seinem ganzen Kapitel bekannte. Daß der Graf von Uzès 1565 den Titel Herzog erhielt, erkaufte er sich mit der Rückkehr zum Katholizismus. Sein Erbschloß, an dem seit dem 11. Jahrhundert gebaut wurde, ›le Duché‹ genannt, liegt als massiger, unzugänglicher Burgblock, jedoch um eine der hierzulande seltenen Renaissance-Fassaden bereichert, inmitten der liebenswürdigen Provinzstadt (Abb. 107).

Das Schönste in Uzès ist die *Tour Fenestrelle* (Abb. 106) aus dem 12. Jahrhundert, ein Turm italienischer Prägung von vollkommener Harmonie an der mit alten Kastanien bestandenen Promenade Jean Racine, Erinnerung an den mehr als einjährigen Aufenthalt des damals zweiundzwanzigjährigen Dichters bei seinem Onkel, der Generalvikar in Uzès war und von dem die Familie hoffte, daß er den jungen Literaten zu einem geistlichen, dem Theater abgewandten Leben zurückführen würde. Ein Brief Racines aus dieser Zeit, vom 13. Juni 1662 datiert, hat den ganzen Zauber eines ländlichen provençalischen Sommers eingefangen: »Die Ernte ist schon recht vorgeschritten und geht hier im Vergleich zum allgemein in Frankreich üblichen Brauch sehr lustig vor sich. Denn man bindet die Garben, sobald man sie schneidet. Man läßt das Getreide nicht auf der Erde trocknen; denn es ist nur zu trocken schon, und am gleichen Tag bringt man es auf die Tenne, wo man es sofort drischt. So wird das Korn auf einmal geschnitten, gebunden und gedroschen. Sie würden hier einen Haufen sonnenverbrannter Schnitter sehen, die wie die Teufel arbeiten und sich, wenn sie außer Atem sind, in praller Sonne auf den Boden werfen, ein Miserere lang schlafen und sofort wieder aufstehen. Ich selbst sehe das nur von unserem Fenster aus, denn ich könnte nicht einen Augenblick draußen bleiben, ohne umzukommen. Die Luft ist ungefähr so heiß wie ein geheizter Backofen, und diese Hitze hält den Tag so gut wie die Nacht über an ... Und um mich vollends zu erledigen, werde ich den ganzen Tag verrückt gemacht von einer Unmenge Zikaden, die überall singen, aber mit dem durchdringendsten und lästigsten Gesang der Welt.«

Die Marquise von Sévigné und Grignan

Typisch für die Abseitsrolle der Provence in dieser Epoche, dem 17. Jahrhundert des Sonnenkönigs, ist der Umstand, daß wir so gut wie nichts vom Leben auf ihren Adelssitzen wüßten, wäre nicht die berühmteste Briefschreiberin ihrer Zeit, die Marquise von Sévigné, geborene Marie de Rabutin-Chantal (1626–1696), aus Paris mehrmals nach *Grignan* gekommen, um ihre über alles geliebte Tochter zu besuchen. Diese hatte den Grafen von Grignan aus dem alten Geschlecht der Adhémar geheiratet, den seine Berufung zum Lieutenant

*Marquise de Sévigné
(rechts außen). Nach
einem Gemälde von
R. Nanteuil*

*Contesse de Grignan.
Nach einem Gemälde
von P. Mignard*

Général, d. h. zum Statthalter des Königs in der Provence, bald nach der Eheschließung zwang, Paris zu verlassen und auf sein wundervoll entlegenes Stammschloß zurückzukehren.

Obwohl die Marquise nie ein Buch verfaßt hat, gehört ihr doch ein fester Platz in der Literaturgeschichte Frankreichs durch die mehr als 1500 Briefe, die von ihr erhalten sind. Geschrieben hat sie weit mehr. Diese scheinbar leicht dahingeplauderten, dabei nie oberflächlichen, immer anschaulichen und geistvollen Briefe zeugen vom Lebensstil der Aristokratie des 17. Jahrhunderts, des Zeitalters Ludwigs XIV., und sind doch mehr, sind ein Spiegelbild einer klugen, aufmerksam beobachtenden und mit Charme gesegneten Persönlichkeit. Dreimal hat die Marquise von Sévigné ihre Tochter dort besucht und ist schließlich auch in *Grignan* (Farbt. 32) gestorben und in der Kapelle zu Füßen des Schlosses beigesetzt worden.

Diese kleine Kirche *Saint-Sauveur* aus dem 16. Jahrhundert wäre bedeutungslos ohne die literarische Beziehung zu dieser ungewöhnlich anziehenden Frau. Hübsch ist ihr Vorplatz mit dem in der Provence üblichen schmiedeeisernen Kreuz, das dem Mistral keinen Widerstand bietet, hübsch auch ihre Fensterrose im Stil flamboyant. Im Innern ist noch hoch oben an der linken Längswand der steinerne Balkon zu erkennen, von dem aus früher die Schloßherrnfamilie der Messe beiwohnte. Während der Revolution wurde die Tür dorthin vermauert und das Grab der Marquise zerstört. Eine Marmorplatte links vom Altar bezeichnet die Stelle, wo sie beigesetzt war.

Im Schloß selbst, von dessen wundervollen weitläufigen Terrassen man unvergleichliche Aussichten auf den fernen Ventoux, die Alpilles, die Dentelles de Montmirail und die Berge von Vivarais jenseits der Rhône hat, sind die zwei Zimmer, die Madame de Sévigné bewohnte, den Erinnerungen an sie vorbehalten. Wer Sinn für das alte aristokratische Frankreich hat, in dem allerdings das provençalische Element ganz zurücktritt, wird den Besuch von Kirche, Schloß und dem kleinen Museum im Ort als bereichernd und reizvoll

empfinden. Ungewöhnlich schön sind die mittelalterlichen Wasserspeier am ältesten Gebäu-
deteil in einem der Schloßhöfe, die eigenwillig und stark die sieben Todsünden darstellen,
schön auch die Aubusson-Teppiche und die Wappen der Grignan und Adhémar über den
alten Kaminen in dem großen Festsaal, in dem 200 Personen speisen konnten. Daß sie nicht
allein aßen, sondern ›speisten‹, geht aus einem Brief hervor, den die Marquise am 9. September 1694 an einen ihrer Vettern aus Grignan schrieb: »Diese Rebhühner sind alle mit Thymian und Majoran ernährt und mit all dem, was unseren Kräutersäckchen den Duft verleiht.
Es gibt nichts an ihnen auszusetzen; dasselbe sage ich von unseren fetten Wachteln, deren
Keule sich auf die erste Aufforderung dazu (die nie ausbleibt) vom Körper trennt, und von
den Tauben, die ebenso vollkommen sind. Was die Melonen, die Feigen und die Muskatel-
lertrauben anbetrifft, so ist das sonderbar: wenn wir, aus irgendeiner bizarren Laune heraus,
eine schlechte Melone finden wollten, so würden wir gezwungen sein, sie aus Paris kommen
zu lassen. Hier kann man sie nicht auftreiben; die weißen und zuckersüßen Feigen, die
Muskatellerbeeren wie Bernsteinkugeln, die man zerknacken kann und die Ihnen recht
schön zu Kopf steigen würden, wenn Sie maßlos davon äßen, weil es ist, als ob man in
kleinen Schlucken den erlesensten Wein von Saint-Laurent tränke – mein lieber Vetter, was
für ein Leben!«

Vauvenargues und Mirabeau in Aix

Die Atmosphäre des 17. und 18. Jahrhunderts ist nirgends in der Provence so stark spürbar
wie in *Aix* (Abb. 113–115). Die meisten der schönen Adelshôtels am *Cours Mirabeau* und
der bezaubernde *Pavillon de Vendôme* stammen aus dieser Epoche und ebenso die großen,
ganz den Geist dieser Zeit atmenden Wandteppiche aus dem alten erzbischöflichen Palais im
Musée des Tapisseries, die zwar in Beauvais gewebt wurden, aber doch hier den Charakter
festlicher Säle bestimmten. Paris blieb in allem das ersehnte, niemals erreichte Vorbild. Die
eigentümliche, keineswegs reizlose Verstaubtheit von Aix verleugnete wohl kaum je den
Provinzcharakter.

Umsonst schrieb ein provençalischer Edelmann, der Marquis de Mirabeau (1715–1789,
Abb. 119), Vater des berühmten Revolutionärs, seinem in Aix geborenen Freund, dem
Moralist Vauvenargues (Luc de Clapiers, Marquis de Vauvenargues, 1715–1747, Autor der
›Charaktere‹, der ›Reflexionen‹ und ›Maximen‹; Abb. 118): »Sie haben ein armes Vaterland;
eine Provinz, die von subalternen Sklaven, welche man zum Unglück der Völker als Herrscher hinstellt, gequält wird; Freunde, denen Sie helfen können; Mitbürger, denen Ihre
Talente von Nutzen sein können ...«. Der damals fünfundzwanzigjährige Vauvenargues
antwortete ihm: »Zuerst werde ich Ihnen ganz selbstverständlich gestehen, daß ich – wenn
ich am Hofe geboren und ihm näher wäre, als ich es bin – dort keineswegs so mißvergnügt
und gelangweilt wäre wie Sie ... Ich sehe dort nicht das, was Ihnen zuwider ist. Ich sehe im
Gegenteil dort den Mittelpunkt des Geschmacks, der Gesellschaft, der Höflichkeit, das
Herz, das Haupt des Staates, wohin alles zielt und arbeitet, von wo aus Gutes und Böses sich

Flämischer Gobelin,
16. Jh., im Chor der Ka-
thedrale Saint-Sauveur,
Aix-en-Provence

überallhin verbreiten. Ich sehe dort den Sitz der Leidenschaften, wo alles atmet, wo alles voller Leben, wo alles in Bewegung ist, und zum Schluß von all dem das prächtigste abwechslungsreichste, lebendigste Schauspiel, das man auf Erden findet.« Und im gleichen Brief: »Sie wissen, wie ich im Hinblick auf Paris denke: wenn ich mich dort aufhalten könnte, würde ich keine andere Heimat haben.«

Und doch verdankt Vauvenargues seinen späten Ruhm der unerwünschten Einsamkeit seines väterlichen Schlosses in der östlichen Provence, wo er – dem frühen Tod schon nahe – seine letzten Jahre mit der Niederschrift seiner ›Charaktere‹, seiner ›Reflexionen‹ und ›Maximen‹ verbrachte.

Picasso hat *Schloß Vauvenargues*, das nur etwa fünfzehn Kilometer östlich von Aix entfernt liegt, um die Mitte unseres Jahrhunderts erworben und seiner Witwe vererbt. Er liegt dort im Park begraben (Abb. 109).

Auf dem *Cours Mirabeau*, dem vornehmen, von alten Platanen beschatteten Corso von Aix mit den drei Brunnen und dem Denkmal des guten Königs René, erinnert das *Hôtel d'Isoard de Vauvenargues* (Nr. 10) aus dem Anfang des 18. Jahrhunderts an die Familie des Schriftstellers; der Name der aristokratisch-dezenten Avenue selbst an den stürmischen, gar nicht dezenten Graf Mirabeau, der sich in seiner Jugend einzig durch seine Skandale in Aix einen Namen gemacht hatte. Honoré Gabriel Victor Riquetti, Graf von Mirabeau

Teppich aus Beauvais, sog. ›Russische Spie-
le‹, Entwurf von Le Prince, nach 1769.
Musée des Tapisseries, Aix-en-Provence

(1749–1791; Abb. 120), blatternnarbiger, grundhäßlicher, aber hochbegabter Sohn des
Freundes Vauvenargues', des Marquis, hatte sich schon als neunzehnjähriger Leutnant
durch Schulden und einen allzu temperamentvollen Lebensstil den Zorn seines charakter-
starken Vaters zugezogen, der nicht zögerte, ihn deshalb mehrmals gefangensetzen zu lassen. Mit dreiundzwanzig kompromittierte er die einzige Tochter des Marquis de Marignane
so gründlich, daß er dadurch die Heirat mit ihr erzwang. Er ließ seine Kutsche, wenn er die
ganze Nacht bei ihr verbrachte, vor der Tür der Hôtel de Marignane warten, damit ganz Aix
von der Affäre Kenntnis nehmen konnte. Jahre, die er im Gefängnis verbrachte, Aufenthalte
in Amsterdam, wohin er mit seiner Geliebten floh, später in Paris und Berlin am Hofe
Friedrich des Großen hielten ihn von Aix fern, wo 1783 seine längst nur noch dem Namen
nach bestehende Ehe geschieden wurde. Aber im Revolutionsjahr 1789 sandte der dritte
Stand in Aix den durch seine sozialkritischen und politischen Schriften Bekanntgewordenen
als Abgeordneten in die Generalstände nach Versailles, wo er in der Sitzung vom 23. Juni das
entscheidende Wort sprach, mit dem die Revolution ihren Anfang nahm. Knapp zwei Jahre
später starb er, einflußlos geworden, in Paris. Aix ehrte ihn, indem es seine ungewöhnlich
schöne Flanieravenue nach ihm benannte.

Paul Cézanne in Aix

Weniger gut hat Aix seinen großen Sohn Paul Cézanne (1839–1906) behandelt (Farbt. 45). Noch heute besitzt die sonst bedeutende Gemäldesammlung des *Musée Granet*, das in einem der reizvollsten Winkel der alten Stadt im ehemaligen Palais der Malteserritter untergebracht ist und in dem auch der Maler fünf Jugendjahre hindurch die damals dazu gehörende Zeichenschule besucht hat, kein einziges Ölbild von ihm. Der ›Cézanne und seine Freunde‹ benannte Saal kann nur drei, nicht zu seinen besten zählende Aquarelle und eine Aktstudie aus der Ausbildungszeit zeigen.

Dabei hat der ›raffinierte Wilde‹, wie der ihn bewundernde Zeitgenosse Camille Pissarro Cézanne einmal in einem Brief nannte, weitaus den größten Teil seines Lebens in Aix verbracht. Er ist nicht nur dort geboren, hat mit seinem – nicht aus Aix stammenden – Freund Emile Zola in eben diesem Viertel um die schöne gotische Kirche Saint-Jean-de-Malte das Gymnasium besucht und ist nach seinen Pariser Jahren schon als Einunddreißigjähriger für immer nach Aix zurückgekehrt, wo er dann noch sechsunddreißig Jahre, teils unbeachtet, teils als Querkopf angesehen, gelebt und gearbeitet hat. Ein Brief des Sieben-

Paul Cézanne, La Montagne Sainte-Victoire. Courtauld Art Institute, London

267

Paul Cézanne, Selbstbildnis. Kupferstichkabinett, Basel

undfünfzigjährigen an seinen – von ihm porträtierten – Mitbürger Gasquet, den er auf dem Cours Mirabeau getroffen hatte und der ihm ›recht aufgebracht‹ gegen ihn zu sein schien, zeigt, welcher Eruptionen der ungebärdige Einsame noch immer fähig war: »Sehen Sie denn nicht, in was für einem traurigen Zustand ich mich befinde!« Und: »Übrigens bin ich wie tot. Sie sind jung, und ich verstehe, daß Sie es zu etwas bringen wollen. Doch mir, was bleibt mir in meiner Lage noch zu tun als still dahinzuleben, und wenn es nicht so gewesen wäre, daß ich die Landschaft meiner Heimat so ungeheuerlich liebe, so wäre ich nicht hier.«

Die Liebe zur Landschaft seiner Heimat ... Hier wird zum erstenmal von einem Gefühl gesprochen, das im 19. und 20. Jahrhundert die literarische Produktion von ganzen Gruppen provençalischer Schriftsteller von Daudet über Mistral und seine Félibres bis zu Francis Jammes, Jean Giono, Marie Mauron, Henri Bosco und Marcel Pagnol angeregt hat. Für Cézanne war es die Landschaft um den alten heiligen Keltenberg, die *Montagne Sainte-Victoire* (Farbt. 42), die er schon in der Jugend immer wieder durchstreift hatte und die man, wenigstens ungefähr, noch ein wenig nacherleben und mit seinen Augen sehen kann, wenn man die Route de Tholonet, die heute Route Cézanne heißt, entlangfährt. Auf dem Weg dorthin, in der jetzigen Avenue Paul Cézanne auf der linken Seite von der Stadt aus, liegt im Garten verborgen das kleine Haus, das er sich für seine Arbeit bauen ließ und zu dem er täglich aus seiner Wohnung in der Rue Boulegon Nr. 23 hinaufstieg. Die Atmosphäre dieses bescheidenen Hauses ist merkwürdig dicht und noch ganz von dem Geist dieses seltsamen Eigenbrödlers erfüllt, für den nur eins auf der Welt wichtig war: seine Vorstellung malerisch zu realisieren.

Der große Garten auf abfallendem Gelände ist ganz verwildert und durch die Veränderung, die jahrzehntelanges Wachstum schafft, nicht mehr in seiner ursprünglichen Form vorstellbar. Doch dann steigt man eine mit den landesüblichen kleinen sechseckigen roten Fliesen geplättete Treppe hinauf in den Oberstock, der nur einen Raum hat: das Atelier mit einem die ganze Nordwand einnehmenden Fenster zum Garten hin. Die Zypresse draußen muß noch klein gewesen sein, als Cézanne hier in vollkommener Einsamkeit und Abgeschlossenheit arbeitete. Ein großes, helles Atelier, mit neutral hellgrauen Wänden, auf dem man Farben nüchtern beurteilen kann. Überall Apfelkörbe, Schalen mit Zwiebeln, Töpfe, die man von seinen Bildern kennt, auf einem langen Wandregal. Sein alter schwarzer Hut, die Weinkaraffe auf dem Tisch mit dem gebrauchten Glas – alles wird nach Möglichkeit so gehalten, als ob er noch aus- und einginge. Man spürt den Junggesellenstil, das Sich-nicht-dreinreden-lassen und Für-sich-allein-Sein in diesem Raum mit dem Regenschirm in der Ecke, dem berühmten, völlig verbrauchten Rucksack und der verfleckten Maltasche, die Cézanne als Sonderling und armen Herumstreifenden erscheinen lassen mußte, wenn er mit seinem auf den Rucksack geschnallten Klappstuhl ›aufs Motiv ging‹. Zwei gediegene stilreine Kommoden mit schönen Beschlägen verraten den Sohn gutbürgerlicher Herkunft, daneben stehen die ganz schlichten grauen, offenbar nach Maß gefertigten Grafikschränke und Zeichentische. Einige verstaubte und vermottete Mäntel hängen an Haken in der einen Ecke, auch einige Bücher sind da, offenbar Almanache mit Bildern.

Ein merkwürdiges Atelier, das eindringlich etwas vom Wesen seines Bewohners vermittelt, so eindringlich und so merkwürdig, daß man schwerlich auf die erstaunliche Geschichte verzichten kann, die Archibald Lyall in seinem Buch ›Midi‹ berichtet: »Ein Freund erzählte mir, als er vor einigen Jahren in Aix malte, habe er auch einen Pilgergang zu Cézannes Atelier gemacht. Da er die Tür offen fand und niemand anwesend war, trat er ein. Er befand sich im Atelier im Oberstock, als eine Stimme von unten heraufrief und fragte, wer zum Teufel sich da oben herumtreibe. Dann kam jemand die Treppe hinaufgestapft. Ein zorniger bärtiger Franzose in mittleren Jahren, der eine Serviette um den Kopf gewickelt trug, schimpfte ihn unverblümt wegen seiner abscheulichen Manieren zurecht, einfach unaufgefordert in fremde Häuser einzutreten. Mein Freund, der den Meister erkannte – der damals bereits seit mehr als vierzig Jahren tot war –, murmelte eine Entschuldigung und verließ eiligst das Haus. Ich erzähle die Geschichte so, wie er sie mir erzählt hat. Ich kann mich weder für sie noch für die Fortsetzung verbürgen, die mir der gleiche Freund erzählte. Anscheinend setzte bald danach eine amerikanische Bildhauerin es sich in den Kopf, Cézannes Atelier zu mieten, und wandte sich dieserhalb an die Stadtverwaltung. Die Behörde lehnte ab. Sie erklärte nicht etwa: »Er würde es nicht gern haben«, sondern: »Er wünscht es nicht«.

Vincent van Gogh in Arles und Saint-Rémy

>*Ich komme vom Mont Majour zurück ... Große Rosengärten, Reben, Epheu, Feigen, Oliven, Granatbäume mit den großen Blüten vom lebendigsten Orange, Hunderte von Zitronen, Eschen und Weiden, Steineichen, halbverfallene Stufen, spitzbogige Fenster in Ruinen, weiße Felsblöcke, vom Geröll zusammenfallender Mauern bedeckt, da und dort mit Grün überzogen ...«*

Aus einem Brief Vincent van Goghs, Arles, Sommer 1888

Mehr noch als der Name Paul Cézannes ist der Vincents van Goghs (Farbt. 46) mit den Landschaften der Provence verbunden, obwohl der Maler aus Aix fast sein ganzes Leben in seiner Vaterstadt verbrachte, der Holländer jedoch nicht mehr als einundeinviertel Jahr in Arles (vom 21. 2. 1888 bis Mitte Mai 1889) und ein zweites Jahr (vom Mai 1889 bis Mai 1890) in der Irrenanstalt von Saint-Rémy in St. Paul-de-Mausole. Allerdings, es waren die letzten und fruchtbarsten Jahre seines kurzen Lebens, die Jahre des Ganz-zu-sich-selbst-Findens, des Durchbruchs zu dem, was wir heute im Geist vor uns sehen, wenn sein Name genannt wird. Er hat die flammende Sonne der Provence gemalt, ihre in der Hitze flimmernden Kornfelder, die Löwenhäupter ihrer Sonnenblumen, die dunklen Fackeln ihrer Zypressen, die silbergrauen Olivenbäume und auch die Fischerkähne am Strand von Les Saintes-Maries-de-la-Mer. Er hat uns gelehrt, die Provence mit seinen Augen zu sehen (Umschlagrückseite).

Die Provence hat es ihm nicht gedankt. In bitterster Armut, fast ein Ausgestoßener, hat er in Arles gelebt, als Irrenhäusler in Saint-Rémy, und kein Museum des Midi besitzt auch nur eines der Bilder, die seine Landschaft rühmen. Auch alle Spuren des Alltagslebens dieses

Vincent van Gogh, Montmajour bei Arles, 1888. Nationalmuseum Vincent van Gogh, Amsterdam

Vincent van Gogh, Ansicht von Arles, 1888, Bleistift und Feder. Museum Boymans-van Beuningen, Rotterdam

großen Künstlers sind nun getilgt, seit kürzlich auch das armselige, zu ebener Erde gelegene Gelaß, in dem er in Saint-Paul-de-Mausole hauste und malte, einem Erweiterungsbau des Krankenhauses zum Opfer fiel. Zeugen seines Aufenthalts in der Provence sind nur noch seine Bilder und seine Briefe.

Wer jedoch mit seinem Werk vertraut ist, wird manches seiner Motive wiedererkennen, sei es der Boulevard in Saint-Rémy, die Bergkette der Alpilles oder die berühmte Brücke von Arles, eine Kopie der vor Jahrzehnten schon zerstörten.

»Ich habe ... eine reizvolle Sache gefunden, wie ich sie nicht alle Tage machen werde. Es ist die Zugbrücke mit dem kleinen gelben Wagen und der Gruppe von Wäscherinnen, mit den Erdflächen in hellem Orange, dem frischen Grün und dem blauen Himmel und Wasser«, schrieb er im Frühling 1888 aus Arles. Und um die gleiche Zeit: »Wieder bin ich in voller Arbeit, immer bei den blühenden Obstbäumen. – Ich habe einen neuen Obstbaum gemalt, der so schön ist wie die roten Pfirsichbäume. Aprikosenblüten von ganz zartem Rosa. Augenblicklich arbeite ich an Pflaumenbäumen von hellem Gelb mit tausend schwarzen Zweigen. Ich verbrauche enorm viel Leinwand und Farbe. Trotzdem aber hoffe ich, nicht mein Geld zu verschwenden.«

In diesem Sommer 1888 malte Vincent van Gogh in Arles fieberhaft und bis zur äußersten Erschöpfung, als wüßte er, wie wenig Zeit ihm noch blieb:

271

»Eine schwere Woche heftiger Arbeit habe ich hinter mir. Ich stand da im Weizen in der vollen Sonne. Ich brachte Felderstudien heraus, Landschaften und eine Säerstudie. Auf einem gepflügten Felde violette Erdschollen und gegen den Horizont ein Säer in Blau und Weiß. Am Horizont ein reifes kleines Weizenfeld, über allem ein gelber Himmel und eine gelbe Sonne.«

Victor Vasarély in Gordes und Aix

Gordes, das reizvoll auf dem Plateau von Vaucluse am Hang eines Berges hinaufgebaute Städtchen, übt mit seinem um die Mitte des 16. Jahrhunderts erbauten Schloß auf dem Gipfel seit einer Reihe von Jahren eine besondere Anziehung auf Franzosen und Ausländer aller Altersgruppen aus (Farbt. 25). Es beherbergt nämlich – gegen eine Jahresmiete von 1.- Frc., wie es heißt – das ›*Didaktische Museum Vasarély*‹, eine Sammlung, die einzig den Arbeiten des 1908 in Pécs in Ungarn geborenen Malers und Grafikers gewidmet ist. Victor Vasarély kam schon sehr früh, bereits 1930, nach Paris und ist inzwischen Franzose geworden. Er arbeitete zwei Jahrzehnte lang als Gebrauchsgrafiker und hat aus dieser Tätigkeit heraus immer konsequenter seine Eigenart entwickelt, Bilderfolgen, die streng aus Kreisen, Quadraten, Geraden, Drei- und Rechtecken konstruiert und, in Form und Farbe variierend, fern von aller ›Natur‹ und nicht von ihr ausgehend, alle Räume des Schlosses füllen. Von Jahr-

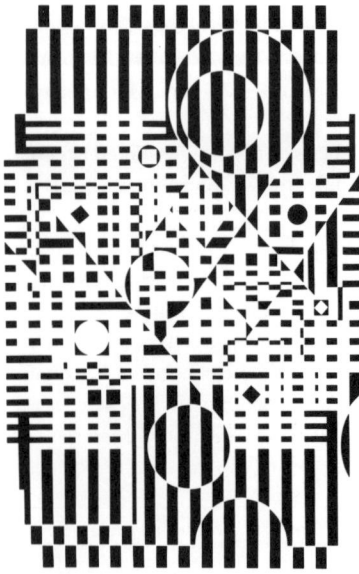

Victor Vasarély, Tyneu, 1959

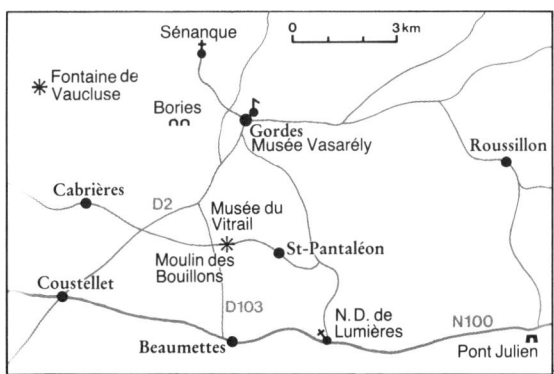

Die Umgebung von Gordes

zehnt zu Jahrzehnt ist er diesen seinen persönlichen ungewöhnlichen Weg weitergegangen, der ihm Weltruhm und Ehrungen aus aller Herren Länder einbrachte.

Werk reiht sich bei ihm scheinbar nahtlos an Werk, und so gleiten in Gordes lange, formal fesselnde, weil stets sich wandelnde Bildserien am Betrachter vorüber, die ganz vom Gegenständlichen abgekehrt sind, aber durch ihren Variationsreichtum das Auge fesseln. Ein Bild wächst gleichsam aus dem anderen und aus diesem wiederum das nächste und übernächste. Ein intellektueller, rein visueller Vorgang, der keinerlei Emotionen weckt wie etwa ein gegenständliches Thema und dennoch fasziniert. Wenn, wie Delacroix meinte, »ein Bild ein Fest fürs Auge sein sollte« – dies ist eines, wenn auch auf eine ganz neue Art. Werner Spies sagt in seinem Werk ›Vasarély‹ treffend: »Der visuelle Reflex ist stärker als die Reflektion.«

Daß unten in dem alten Schloß noch ein prachtvoller, reich dekorierter Renaissancekamin den Eingangsraum schmückt, wird bei aller Gegensätzlichkeit zu den Arbeiten des Malers eher als Steigerung des Erlebnisses empfunden (Abb. 110).

Aix hat seit einigen Jahren auch eine ›Fondation Vasarély‹, etwa vier Kilometer westlich von der Stadt. Hier ist der wabenförmige, aus Glas, Beton und Aluminium geschaffene Bau den sehr großformatigen Werken adäquat, und eine eigenartige Musik begleitet den Betrachter von Raum zu Raum. Äußerst interessant ist zudem dort eine Galerie mit Entwürfen, Zeichnungen, Farbskizzen und Notizen, die den Werdegang des Künstlers und seine Arbeitsweise einsichtig machen.

Frédérique Duran in Saint-Pantaléon bei Gordes

Wer nach Gordes hinauffährt oder von dort kommt, sollte an der Kreuzung der D 148 mit der D 203 auf dem Parkplatz anhalten, um Le Moulin des Bouillons und das Musée du Vitrail an der Route de Saint-Pantaléon zu besuchen.

273

Die alte Ölmühle, *Le Moulin des Bouillons,* stammt aus gallo-römischer Zeit. In ihr mußten die Bauern, die zur Herrschaft der Seigneurs von Gordes gehörten, ehemals ihre Olivenernte pressen lassen. Heute steht das gewaltige Ungetüm aus einem zehn Meter langen, dicken Eichenstamm wieder wohl restauriert und unter Denkmalschutz in den alten Gewölben aus dem 16. Jahrhundert, in dem es die Bauern seit Menschengedenken benutzten (Farbt. 37). Sieben Tonnen Gewicht ... und so sieht sie auch aus. Noch kann man die schlichten, in den natürlichen Stein gehauenen Bänke betrachten, auf denen die Bauern warten mußten, bis sie mit ihrer Ernte an der Reihe waren.

Aber man kommt nicht nur wegen dieser Ehrfurcht gebietenden Ölpresse an der Route de Saint-Pantaléon hierher, man kommt, um das *Musée du Vitrail* zu sehen, das eine kleine Geschichte des Glases bietet mit antiken Gläsern aus Mesopotamien, Phönizien und dem alten Ägypten, mit Werkzeugen und erläuternden Urkunden, aber auch mit frühen Glasmalereien und Kirchenfenstern aus dem alten Europa vom 11. Jahrhundert bis in unsere Zeit.

Und vor allem kommt man, um die eigenartigen farbenleuchtenden Arbeiten von Frédérique Duran zu sehen, die seit 1975 in einem langgestreckten schlichten Museumsbau inmitten eines typisch provençalischen Parks und in diesem selbst aufgestellt sind. Alle Reize, die farbiges Glas unter provençalischer Sonne auszuspielen vermag, sind in diesen großformigen Werken genutzt. Auf einem Teich pendelt, vom Wind bewegt, sanft kreiselnd, dem Licht hingegeben ein Werk der Künstlerin und läßt seine aufleuchtenden Farben spielen. Im Museum selbst empfangen einen dann ihre großformigen, ungewöhnlichen Arbeiten aus dickem, in eigener Werkstatt hergestelltem Glas, meist in Aluminium gefaßt.

Frédérique Duran, Tochter eines katalanischen Vaters und einer elsäßischen Mutter, hat mit Fotos und Filmen eigener Art begonnen. Ihr Film über Georges Braque wurde 1949 auf der Biennale in Venedig gezeigt, ein anderer über Georges Rouault auf der Biennale in Sao Paulo. In der ersten Hälfte der fünfziger Jahre hat sie den Mittleren Orient mit der Kamera durchstreift und ist – als Mann verkleidet – bis zur Kaaba in Mekka vorgedrungen. Ihre ausgedehnten Reisen fanden in sechs ungewöhnlich originellen Fotobüchern ihren Niederschlag. 1953 hat sie die 1143 Medaillons der Glasfenster der Sainte-Chapelle in Paris fotografiert und ist wohl auch dadurch mit der Materie Glas immer vertrauter geworden.

Inzwischen hat sie sich ganz der Arbeit mit Glas verschrieben. Dies Museum zeigt fünfzig ihrer eigenartigen Werke, aber überall an der Côte d'Azur, in der Provence, in Spanien, Italien und auch in Amerika kann man Glasfenster und -türen, vornehmlich in Kirchen, Kapellen und öffentlichen Gebäuden wie Rathäusern, Großbanken und Festsälen von dieser unglaublich produktiven und bedeutenden Künstlerin finden.

Jean-Henri Fabre in Sérignan

Jean Henri Fabre. Im ersten Viertel dieses Jahrhunderts kannte wohl jeder Gebildete seinen Namen, den Namen eines Mannes, der in einem abgelegenen Garten der Provence erstaunliche zoologische Entdeckungen auf einem fast nur den unmittelbarsten Fachgelehrten bekannten Gebiet machte und sie in leicht verständlicher Form mitzuteilen wußte. Ungewöhnlich wie die Resultate seiner Forschungen war der Umstand, daß er bereits die Mitte seines langen Lebens überschritten hatte, bis es ihm überhaupt gelang, sich eine geeignete Arbeitsstätte und Freizeit für seine Studien zu verschaffen. Seine Leistung, Fleiß, Beharrlichkeit, wissenschaftliche Akribie und Geistesklarheit, verbunden mit der Fähigkeit, komplizierte Vorgänge für jedermann verständlich darzustellen, verschafften ihm in seinen späten Jahren – er wurde 93 Jahre alt – so viel Ruhm, daß fälschlich immer wieder angenommen wurde, er habe für seine Arbeiten den Nobelpreis erhalten. Er hat ihn nicht erhalten, der bescheidene kleine Mann im weltverlassenen Sérignan unweit östlich von Orange. Es hätte auch wenig zu ihm gepaßt (Abb. 122).

1823 in Saint-Léons in der Provinz Aveyron an der Südseite des Massif Central als Kind armer Bauern geboren, hatte er keine leichte Jugend und schien als Kind anfangs wenig begabt. Das Alphabet lernte er erst, als sein Vater ihm ein Plakat mitbrachte, auf dem Tiere mit den Anfangsbuchstaben ihrer Namen dargestellt waren. Aber dann beherrschte er es in wenigen Tagen. »Jene sprechenden Bilder, die mich unter meine Freunde, die Tiere versetzten, harmonisierten mit meinen Instinkten.« Ein Augenmensch also, dies Kind, dessen Seligkeit keine Grenzen kannte, als seine Eltern sich zu einer Entenzucht entschlossen und er der Hüter und Begleiter zu Fluß und Tümpel für 24 Enten werden durfte.

Zwölfjährig kam Fabre nach Rodez, wo sein Vater ein Café eröffnete. »Köstliche Einzelheiten über die Zikade, die Ziege und den Goldregen«, bei Vergil gefunden, entzückten ihn während der Schulzeit. In den nächsten fünf Jahren mußte ihm jeder Job recht sein: Zitronenverkäufer auf dem Markt, Arbeiter bei der Eisenbahn.

Aber mit 18, im Jahr 1841, bekam er ein Stipendium für die École Primaire, das Lehrerausbildungsinstitut in Avignon, und damit begann eine dreißigjährige Lehrtätigkeit und die Fron, Lesen und Schreiben und ein bißchen Naturkunde unterrichten zu müssen. Weitere Stationen: Schulleiter in Carpentras, Heirat dort, weitere Prüfungen, 1850 Dozent an der Hochschule von Ajaccio auf Korsika, ein unbeschreibliches Glück für diesen an Pflanzen und Tieren der Insel leidenschaftlich interessierten Mann, das leider nur drei Jahre währte. Danach zwang ihn die Malaria, krank in die Provence zurückzukehren, nun aber schon als Lehrer an der Hochschule von Avignon. Mit 32 Jahren war er Vater von fünf Kindern, gezwungen, nebenberuflich noch Privatstunden zu geben, um überhaupt durchzukommen, erwarb aber – nebenbei – den Doktorgrad in Naturwissenschaften. Wilde Orchideen interessierten ihn nicht weniger als die Fortpflanzungsorgane von Tausendfüßlern, Pilze nicht weniger als Wespen und Schmetterlinge. Das alles dokumentieren unzählige sorgfältige Zeichnungen und Aquarelle von seiner Hand, die in seiner Arbeitsstätte in Sérignan ganze Wände bedecken. Seine Gabe, komplizierte Themen leicht faßlich in Wort und Bild darzustellen, ist vielleicht durch die jahrzehntelang erzwungene Lehrtätigkeit geschult worden, muß aber auch eine natürliche, ganz ungewöhnliche Begabung gewesen sein. Und seine Intuition muß geradezu genial genannt werden. Er schrieb Buch um Buch, studierte pausenlos, hielt Vorlesungen und versah seinen Schuldienst – die täglichen Geldsorgen ließen ihn niemals los, von Zeit zu Zeit wurden sie fast erdrückend.

Die stärkste Anregung zur Untersuchung des Insektenlebens empfing Fabre durch eine 1855 herausgekommene Arbeit des berühmten Entomologen Dufour über die Knotenwespe. Dufour war zu der Ansicht gekommen, daß die Beutetiere, die diese Grabwespe für ihre später ausschlüpfende Brut als Nahrung in ihre Höhlenkammern legte, tot sein müßten, sich aber durch ein Antiseptikum wochenlang frisch erhielten, bis sie den Larven als Nahrung dienen konnten. Fabre jedoch gelang der Nachweis, daß diese Beutetiere keineswegs tot, sondern nur durch einen Stich in die motorischen Nervenzentren vollständig gelähmt waren, also noch lebten, bis sie den Larven der Knotenwespe als frischerhaltene Nahrung zur Verfügung standen. Fabres Arbeit darüber in den ›Annales des Sciences Naturelles‹ war aufsehenerregend, für ihn aber vor allem Anlaß zu weiteren Forschungen auf diesem Gebiet. Nun fand er heraus, daß sogar größere Beutetiere konserviert wurden, daß nur ihre Kopfmuskulatur gelähmt wurde, was der Brut ermöglichte, sie erst nach und nach zu verzehren, genau »nach dem Grad der Lebenswichtigkeit der einzelnen Organe«. Instinkt eines unscheinbaren Insekts? Fabres Entdeckungen haben nicht nur bei Naturwissenschaftlern und Philosophen grundsätzliche Fragen aufgeworfen, Henri Bergson sagte von ihm: »Wir haben erst angefangen, ihn zu buchstabieren.«

Das bescheidene Haus, unweit von Orange östlich bei Sérignan gelegen, und ebenso sein ›Harmas‹, seinen Garten, dessen Namen von dem provençalischen Wort für karges Brachland stammt, konnte er sich, als er schon sechzig war, endlich für seine Arbeiten erwerben. Sie zeugen von dem ungewöhnlichen Forscherleben dieses bedeutenden Mannes. Man sollte beides in Ruhe besuchen, auch wenn einen nicht die eigenen biologischen Interessen dazu veranlassen. Es ist ein unvergeßlicher Eindruck. Junge Wissenschaftler arbeiten gelegentlich dort und zeigen gern Fabres mehr als unscheinbaren Arbeitstisch, seine Sammlungen von Muscheln, Versteinerungen, Aquarellen und Zeichnungen von Tieren, Pflanzen, Pilzen, die ganze Wände bedecken, und auch den nur scheinbar verwilderten Garten, ›le harmas‹, der

Die Knotenwespe beim Überfallen und Lähmen des Beutetiers

zu Studienzwecken mit allerlei ›Unkraut‹ der Provence bepflanzt ist, auf dem sich die Insekten und Schmetterlinge tummeln. Fabre hat mehr als dreißig Jahre hier gelebt und gearbeitet, das ganze letzte Drittel seines langen Lebens.

Dichtung im 20. Jahrhundert

Die Provence, spät zum eigentlichen Frankreich gekommen, von antiker Kultur geprägt, durch das Jahrhundert der Päpste wiederum dem nördlichen Teil des französischen Königreichs entfremdet, danach durch die religiöse Sekte der Albigenser, die in den Kriegen zwischen 1209 und 1229 vernichtet wurde, und die Waldenser, die dann am Ende des 17. Jahrhunderts das gleiche Schicksal traf, hatte über all dies Trennende hinaus noch eine andere Schranke, die sie vom französischen Norden absonderte: eine eigene Sprache.

Das Provençalische, die Sprache der Troubadoure, klangvoll und eigenartig, mit lateinischen und spanischen Elementen angereichert, eine Kultursprache, kein Dialekt, vom Volke gesprochen, trennte die Provençalen so sehr von Frankreich, daß man sie gewaltsam auszurotten bemüht war. Es soll erst einige Jahrzehnte her sein, daß Schulkinder, die versehentlich in das gewohnte Idiom fielen, eine Art ›Schandorden‹ angeheftet bekamen, der dann an das nächste Kind, das sich in diesem Sinne schuldig machte, weitergegeben wurde. Dennoch singen heute junge Provençalen zur Gitarre provençalische Lieder – Lieder, die das Sterben und die Überfremdung ihres Landes beklagen oder zur Einigung mit dem südwestlichen Teil Frankreichs in einem selbständigen Staat aufrufen.

Alphonse Daudet, 1840 in Nîmes geboren, schrieb zwar über seine Heimat, tat es aber auf Französisch und in Paris, wo er 1897 auch gestorben ist. *Frédéric Mistral* (1876–1914) und seine Mitstreiter im Bund der Félibres versuchten vergebens mit ihren Büchern der alten Sprache wieder Geltung zu verschaffen. Auch der Nobelpreis für Mistrals ›Miréio‹ hat nichts daran geändert. Erst ins Französische übersetzt, gewann das Buch seinerzeit Verbreitung.

Joseph d'Arbaud, 1874 in Meyrargues geboren und 1950 in Aix gestorben, hat 1926 ein hinreißend schönes Buch über die Camargue geschrieben, das zu lesen noch heute ein Genuß ist: ›La Bête du Vaccarès‹. Aber er schrieb es gegen den Rat von Freunden auf Provençalisch – und so wird es in kaum einer Literaturgeschichte genannt. Inzwischen ist es ins Französische übersetzt, und man kann es in einer provençalisch-französischen Ausgabe wieder kaufen, und es soll auch einmal ins Deutsche übertragen worden sein. ›La Bête du Vaccarès‹ – das ist der letzte Faun, der sich in die geheimnisträchtige Landschaft zwischen Wasser, Himmel und Rohr geflüchtet hat und dort sein melancholisches Halbgott-Wesen mit den Herden in den Vollmondnächten treibt – ein erstaunliches, ja, großartiges Buch.

Auch der 1895 in Manosque als Sohn einer Büglerin und eines Schusters geborene *Jean Giono* (gest. 1970; Abb. 125) hat ausschließlich in und über die Provence geschrieben, nun aber nicht mehr auf Provençalisch, sondern auf Französisch. Er hat der Landschaft des Rhônedeltas ein sehr schönes Buch gewidmet: ›Louis, Sohn der Camargue‹. Sonst schilderte

Frédéric Mistral (nach einer Radierung von Gaillard)

Alphonse Daudet (nach einer Fotografie von Bacan Sohn)

er meist die heimatliche Hügellandschaft der Basses-Alpes, ihre Schafherden und Hirten, ihre Bauern und die dörfliche Welt seiner engeren Heimat, in der er bis zu seinem Tode gelebt hat. Aber er empfand und liebte offenbar so sehr den merkwürdigen Charme der Camargue, daß er darüber schreiben konnte: »Wenn die Geheimnisse sehr hintergründig sind, verbergen sie sich im Licht, der Schatten ist nichts als ein Gaukelspiel.« Giono ist viel ins Deutsche übersetzt worden und hat seine unpolitische Sympathie für das nationalsozialistische Deutschland nach dem Krieg mit einigen Monaten Gefängnis als Kollaborateur bezahlen müssen.

Marcel Pagnol ist im gleichen Jahr wie Giono, also 1895, in Aubagne bei Marseille geboren worden, »unter dem von Ziegen gekrönten Garlaban, einem riesigen Turm aus blauen Felsen, der sich am Rand von Plan d'Aigle, der unermeßlichen felsigen Hochebene, die das grüne Huveaune-Tal beherrscht, erhebt«, wie er schrieb.

Sein Vater war Lehrer, ein Mann, der seinen Beruf sehr ernst nahm, sein Großvater ein Steinmetz, dessen lebenslängliche Bewunderung dem baulichen Meisterwerk des Pont du Gard galt. In ›Marcel, eine Kindheit in der Provence‹ und in ›Marcel und Isabelle‹ beschrieb Pagnol bezaubernd heiter seine glücklichen Ferientage in Aubagne zu der Zeit, als sein Vater schon nach Marseille versetzt war und die Familie dort lebte.

In ›Marius‹, einem seiner erfolgreichsten Lustspiele, schilderte er das Hafenmilieu der Stadt und den Typ des Mannes aus Marseille, dessen überlebhaftes, allen Stimmungen unterworfenes Temperament, »gleich heftig in Freude und Schmerz« und dadurch zu Übertreibungen in allen Lebensäußerungen neigend. ›Marius‹, ein Name, der seit Römerzeiten in seiner Vaterstadt gebräuchlich ist, wurde durch ihn zum Inbegriff des Marseillers schlechthin.

Pagnol war auch als Filmregisseur seiner eigenen Werke erfolgreich. Seit 1922, also von seinem 27. Lebensjahr an, lebte er statt in Marseille, wo er zur Schule gegangen war und studiert hatte, in Paris. 1945 wurde er Mitglied der Académie Française. 1974 ist er in Paris gestorben.

Unwillkürlich ist man geneigt, auch *Francis Jammes,* den Dichter des ›Hasenromans‹, zu den provençalischen Dichtern zu zählen, doch ist er 1868 in Tournay bei Tarbes in den Hautes-Pyrénées geboren und verbrachte die entscheidenden Schaffensjahre seines Lebens in Orthez in den Basses-Pyrénées zusammen mit seiner Mutter. Durch sie aber ist er eng mit Sisteron verbunden gewesen, »denn meine Mutter stammte von hier und ist auf einem Felsen groß geworden, der mich ein Standbild des Glaubens dünkt«, schrieb er 1936 und hat damit ausdrücklich auf seine provençalische Abstammung hingewiesen.

Der heute namhafteste und international bekannteste provençalische Dichter ist zweifellos *René Char* (Abb. 124), 1907 in L'Isle-sur-Sorgue im Vaucluse als Sohn eines Industriellen geboren. Ein Dichter, kein Schriftsteller, nicht durch provençalische Themen berühmt geworden, sondern durch die hohe Eigenart und Bildhaftigkeit seiner Sprache. Wo er die Provence, die er liebt, und sei es mit einem kurzen Satz, erwähnt, bleibt das von ihm Ausgesagte für immer mit dem Beschriebenen verbunden. Wer die großen alten Mühlräder mit ihren hell brausenden Strudeln im Fluß seiner Vaterstadt sah, wird sich immer seiner Worte erinnern: »Ich war zehn Jahre alt. Die Sorgue faßte mich ein. Auf dem weißen Zifferblatt der Wasser sang die Sonne die Stunden ... Aber welch Rad im Herzen des Kindes, stets auf der Lauer, drehte sich heftiger, drehte sich schneller als das Mühlrad in seinem weißen Brand?«

René Char ist in Avignon zur Schule gegangen, hat in Aix studiert, schloß sich zeitweise dem Surrealismus an, leistete 1939 im Elsaß Kriegsdienst und leitete von 1940 bis 1944 eine Widerstandsgruppe in den Basses-Alpes, meist in Céreste, wo er die Landung von Fallschirmpartisanen organisierte. Vom Juli 1944 an war er im Auftrag des Interalliierten Generalstabs von Nordafrika in Algier, um das Zentrum der französischen Fallschirmjäger zu leiten. Schließlich landete er wieder im Midi und beteiligte sich an den Befreiungskämpfen. So ist er aufs engste mit der Provence verbunden, Freund auch vieler bedeutender Künstler, die dort und an der Côte d'Azur leben und lebten und seine Werke mit ihren Bildern schmückten. Braque, Nicolas de Staël, Miró, Giacometti sind einige von ihnen.

Heute lebt René Char abwechselnd in Paris und seiner Vaterstadt L'Isle-sur-Sorgue.

Spannungen

Die Geschichte stirbt in diesem Land nicht. Sie dauert in den seltsamsten Formen in Sprache und Gebräuchen des Volkes fort.

Archibald Lyall

Darf man es wagen, ohne mindestens zwanzig Jahre im Süden Frankreichs gelebt und viele Menschen dort gekannt zu haben und ohne provençalische Lebensart und Sprache zu beherrschen, etwas über das auszusagen, was man gemeinhin reichlich unbefangen als ›Volkscharakter‹ bezeichnet und damit als etwas allen Gemeinsames betrachtet? Wohl kaum. Jedoch wird dem, der sich mit Vergangenheit, Kultur und hervorragenden Persönlichkeiten dieses Landes beschäftigt, eine seltsame Widersprüchlichkeit und Gegensätzlichkeit auffallen, die nur unvollkommen mit den Begriffen ›Spannungen‹ oder ›Kontraste‹ umrissen ist.

Da ist z. B. die eigentümliche Persönlichkeit Cézannes, des ›raffinierten Wilden‹ mit »stolzem, betonten Einzelgängertum, Scheuheit und hervorbrechender Heftigkeit, Schwäche und Schwerfälligkeit in Dingen des äußeren Lebens, Mißtrauen und Reizbarkeit« (Fritz Novotny), die in Alterseinsamkeit mündet; ist die Protestantin Marie Durand, die, 38 Jahre lang in der Tour de Constance von Aigues-Mortes gefangen, ›recister‹ – ›widerstehen‹ (s. S. 192) in die Mauer ihres Kerkers ritzt; sind nacheinander durch die Jahrhunderte die Albigenser, die Waldenser und zuletzt die Hugenotten, die für ihre Überzeugung Folter, Verfolgung und Tod zu Tausenden auf sich nahmen, und ihnen gegenüber, nicht weniger starrsinnig, die selbst äußerste Brutalität nicht scheuenden Katholiken. Eine Neigung zu Haß und Widerstand, wogegen auch immer, wird hier spürbar, die auch während der großen Revolution und gegen Napoleon aufflammte, dessen Schiff man vom Ufer aus mit Steinen bewarf, als er die Rhône hinab nach Elba gebracht wurde, und der vor Avignon eine österreichische Uniform anziehen mußte, um den Drohungen und Beschimpfungen des Volkes zu entgehen. In seinem Zorn darüber ließ er sich zu den Worten hinreißen: »Die Provençalen sind ein bösartiges Volk. In der Revolution haben sie sämtliche Greuel und Verbrechen begangen und sind bereit, sie wieder zu begehen, aber wenn es heißt, mutig zu kämpfen, dann sind sie Feiglinge. Die Provence hat mir nie ein einziges Regiment gestellt, auf das ich hätte stolz sein können.« Mit der Behauptung in diesem letzten Satz mochte er vielleicht recht haben, aber er vergaß, daß sich die Provençalen keineswegs in seinem Sinn als Franzosen fühlten und gar kein Interesse für seine ›gloire‹ in fremden Ländern aufbringen konnten. Feiglinge waren sie gewiß nicht, sobald es um die eigene Sache ging.

Spannung und Härte haben auch das Verhältnis zwischen dem Grafen Mirabeau und seinem Vater, dem Marquis, der selbst ein durchaus bedeutender und hochgebildeter Mann war, bestimmt. Der temperamentvolle, höchst eigenwillige Vater hat den zügellosen hochbegabten Sohn, wie schon erwähnt, wegen dessen Schulden und anderer Verfehlungen mehrmals auf Jahr und Tag gefangensetzen lassen.

Heißblütigkeit haben sich die Provençalen selbst bescheinigt. »Ich bin in einem heißen Klima geboren«, und »die Sonne peitscht das Blut eines Provençalen«, schrieb der Abbé de Sade, Onkel des Marquis und trotz seines geistlichen Standes auch alles andere als sittenstreng, über sich selbst. Sein Neffe, der Marquis Alphonse de Sade (1740–1814), Herr auf Lacoste im Luberon, Mitglied einer alten, weitverzweigten provençalischen Adelsfamilie, in die auch Petrarcas Laura eingeheiratet hatte, schrieb als Dreiundvierzigjähriger nach gut zwei Jahrzehnten des wüstesten Sich-Auslebens, der Verbannungen, der Flucht, wiederholter Verhaftungen und immer neuen skandalösen Exzessen im sechsten Jahr seiner elfjährigen Gefangenschaft in Vincennes an seine Frau: »Glauben Sie mir, wenn sie mich auch zehn Jahre hier ließen, ich würde doch nicht gebessert herauskommen. Bringt mich entweder um, oder nehmt mich, wie ich bin, denn der Teufel soll mich holen, wenn ich mich jemals ändere.« Und nach einer heuchlerischen Aufzählung seiner guten Eigenschaften – »Ich bin der rechtschaffenste, aufrichtigste und feinfühligste Mensch, der weichherzigste und wohltätigste« – schließt er: »Das also sind meine guten Eigenschaften – und meine schlechten: unbeherrscht, zornig, leicht aufbrausend, sittlich von einer Schrankenlosigkeit der Phantasie, die im Leben ihresgleichen noch nicht hatte, und Atheist bis zum Fanatismus... Und noch einmal: bringt mich um oder nehmt mich so, wie ich bin, denn ändern werde ich mich nicht.«

Donatien Alphonse François Marquis de Sade (1740–1814)

Das entspricht ganz der ererbten ›Halsstarrigkeit der Sades‹, die ihnen schon der gute König René bescheinigte, als er von der »Größe der Porcelets«, der »Unbeständigkeit derer von Les Baux« und der »Treulosigkeit der Beauforts« sprach und so die bedeutendsten provençalischen Adelsgeschlechter charakterisierte.

Seltsamerweise war dieser völlig hemmungs- und gewissenlose Egoist, dessen Orgien ja sattsam bekannt sind, tatsächlich auch erstaunlicher Hilfsbereitschaft fähig. So hat er seine Schwiegereltern, die er jahrzehntelang gehaßt und denen er mehr als hundertmal von ganzem Herzen den Tod gewünscht hatte, weil er ihnen seine Gefangenschaft verdankte, im Ernstfall spontan vor dem Schafott gerettet. Wie er sich selbst letztlich beurteilte, verrät wohl am ehesten jener Passus seines Testaments, der seine Bestattung bestimmte: »Ohne jede Art von Zeremonie will ich im ersten Gebüsch gleich rechts, wenn man die Allee vom Schloß (Malmaison) herunterkommt, begraben werden... Wenn die Grube wieder vollgeworfen ist, sollen dort Eicheln gesät werden, damit das Terrain über der Grube zuwachse und der Busch sich wie vorher schließen möge, so daß die Spuren meines Grabes von der Oberfläche der Erde verschwinden, wie – so schmeichle ich mir – auch das Andenken an mich im Geiste der Menschen verlöschen wird.«

Freilich, der außergewöhnliche Charakter des perversen Marquis de Sade darf keinesfalls für den des Provençalen im allgemeinen stehen. Er bleibt selbstverständlich eine Ausnahmeerscheinung. Aber Heißblütigkeit dürfte typisch für die Menschen dieser Landschaft sein. Graf Mirabeau, den seine Familie den ›Orkan‹ oder den ›Sturmwind‹ nannte, besaß sie in hohem Maße, ebenso der am Sturm auf Bastille und Tuilerien beteiligte Graf Barras (1755–1829), Mitglied des Direktoriums und Gönner Napoleons, den dieser jedoch später wegen seiner offenkundigen Habgier und Genußsucht stürzen konnte. Typisch für alle drei dieser Söhne des provençalischen Hochadels ist, daß sie die Partei der Feinde des herrschenden Regimes ergriffen, dem sie ihrer Abstammung nach angehörten. – Heißblütig war offenbar auch die aus Aix gebürtige langjährige Geliebte Flauberts, die Schriftstellerin Louise Colet, die nicht weniger durch ihre Liebesaffären als durch ihre Bücher bekannt war. »Sie wirkte etwas zu heftig, laut und theatralisch«, schreibt Jean de la Varende über sie. Flaubert zog es vor, sich stets außerhalb seiner Heimatstadt Rouen mit ihr zu treffen, und weigerte sich, sie seiner Mutter vorzustellen, wodurch es schließlich zum Bruch kam. – Zu welchen furchtbaren Racheakten der Seigneur d'Oppède im Luberon aus Haß und verletztem Stolz fähig war, wurde schon geschildert.

Daß Stolz immer eine provençalische Eigenschaft war, darf man wohl annehmen. Er verwandelt sich in Eitelkeit, wo er nicht mit Größe gepaart ist. So gelten die von Barras verfaßten Memoiren als »großsprecherisch und unzuverlässig«, und dem in Marseille geborenen Staatsmann und Geschichtsschreiber Louis Adolphe Thiers (1797–1877) wurden Eitelkeit neben naivem Egoismus und schwungvolle, aber keineswegs wahrheitsgetreue und unparteiische Sprache nachgesagt. Insofern ist Daudets zum Größenwahn neigender ›Tartarin von Tarascon‹ zwar sicherlich nicht gerade für diese Stadt typisch, aber doch nicht wirklichkeitsfremd erfunden. Vielleicht gehört auch die eigentümliche, speziell der Provence eigene Legendenbildung hierher, nach der die Apostel, die in der Rhônelandschaft zuerst das Evangelium predigten, alle in unmittelbarer persönlicher Beziehung zu Jesus standen, mit ihm verwandt oder von ihm geheilt oder wie Maria Magdalena durch ihn bekehrt waren. Jede und jeder dieser Heiligen ist historisch nicht nachweisbar, der Nationalstolz konnte sie also ebenso unbefangen für sich beanspruchen wie die hochmütigen Herren von Les Baux ihre Abstammung von jenem König Balthasar aus dem Morgenland, der das Kind in der Krippe angebetet haben soll.

Andererseits: Ganz ohne Eitelkeit scheint der Zeichner und Maler *Honoré Daumier* aus Marseille (1808–1879; Abb. 121) gewesen zu sein, dessen starker Einfallsreichtum und seine Fähigkeit, das Charakteristische eines Menschen sofort zu erfassen und in ironischer Übertreibung wiederzugeben, ihn früh berühmt machte. Wie die Brüder Goncourt in ihren Tagebüchern berichten, sagte ihnen sein weniger bedeutender Kollege Gavarni von Daumier, »daß dieser große Künstler dem Erfolg seines Werkes gegenüber in einer Weise gleichgültig gewesen sei, wie er es niemals sonst angetroffen habe.«

Die Neigung zur Legendenbildung, wie sie um die ersten Apostel in der Provence entstand, ist um so eigentümlicher, als gerade die Provence schon früh, schon in den ersten Jahrhunderten des Christentums eine Anzahl im eigenen Land geborener Heiliger besaß, Äbte wie Saint Honorat (um 400), Saint Aygulf (7. Jh.), Saint Genès, Saint Gilles, Saint Trophime und Saint Quenin, Frauen wie die Äbtissin Sainte Marguerite. Ihre Zahl vermehrte sich noch in den nächsten Jahrhunderten. So gelobten Elzéar von Sabran (1280–1328) und seine Frau Delphine, die reichen Schloßherren von Ansouis, einander Keuschheit und führten ein so gottgeweihtes Leben, daß beide heiliggesprochen wurden. Albingenser, Waldenser, Hugenotten und Gestalten wie Marie Durand beweisen ebenfalls die provençalische Anlage zu tief empfundener, opferbereiter Frömmigkeit. Im Volk haben sich die großen Prozessionen und Heiligenfeste erhalten, Bräuche wie die bezaubernde Hirtenweihnacht in Les Baux in der Nacht des 24. Dezember und Krippen, für die reizende ländlich-altmodische Figürchen, die Santons, angefertigt werden, die man heute noch überall kaufen kann. Hier zeigt sich eine ganz andere Seite des Provençalen, die bukolisch heitere, höchst liebenswürdige, poesievolle und phantasiereiche, zeigt sich das Erbe der Minnesänger und eines sanften Hirtenvolkes, das so beglückende Geschichten wie die von der Liebe zwischen Pierre de Provence und der schönen Magelone erfand. Alphonse Daudet mit seinen ›Briefen aus meiner Mühle‹, Frédéric Mistral aus Maillane (1876–1914) und die Gruppe der Félibres um ihn, die das alte Provençalisch noch einmal literaturfähig zu machen versuchten, haben diese Tradition fortgesetzt. Auch sie zeigten vor allem die bäuerlich-friedlichen, warmherzigen Züge des Provençalen. Mistral erhielt für seine ›Mireille‹, die Geschichte eines Bauernmädchens, den Nobelpreis. Er verwandte ihn, um das *Museon Arlaten* in Arles zu stiften, in dessen 33 Sälen man provençalische Folklore im weitesten Sinn nacherleben kann.

Freilich, die außerordentliche Spannweite des provençalischen Charakters kann dies Museum, das vor allem die ländliche und bürgerliche Idylle pflegt, nicht bewußt machen. Dazu bedarf es auch der Erinnerung an die dramatisch bewegte Fassade von Saint-Gilles, an die weltabgewandte kühle Stille von Sénanque und Silvacane und die leidenschaftlichen Gewalttätigkeiten, an denen die Geschichte des Landes nur allzu reich ist.

Die Camargue

Das Rhônedelta unterliegt einem besonderen Gesetz: Das Wasser kommt, das Wasser geht. Saintes-Maries, heute ein Badeort mit einem schönen Sandstrand, lag im Mittelalter noch mehrere Kilometer vom Meer entfernt, jetzt ist man gezwungen, Buhnen und Deiche zu seinem Schutz zu errichten. Der Leuchtturm Faraman, 1840 gut 700 Meter weit von der Küste gelegen, versank schon 1917 im Meer. Andererseits steht der Leuchtturm von Saint-Louis, 1737 an einer der Rhônemündungen errichtet, heute fünf Kilometer vom Meer entfernt. Die Rhône, das vielarmige Ungeheuer, das schon im Altertum den Menschen unheimlich und todbringend schien, trägt – man mag es kaum für möglich halten – so viel Lehm, Sand und Geröll ins Mittelmeer, daß jetzt das Land jährlich um zehn bis fünfzig Meter ins Meer hinauswächst.

Die Camargue, eine riesige flache Sumpflandschaft mit Brackwasserseen und -teichen (den ›étangs‹), mit kleinen, kaum sichtbaren Wasserläufen und schilfumstandenen Kanälen, in denen verschiedene Entenarten, Rohrdommeln, Schnepfen und Silberreiher ihr Wesen treiben, ist dem Mistral, der von den Cevennen das Rhônetal hinuntergebraust kommt, schutzlos preisgegeben; ihm und dem Nebel, der nach der Tageswärme aus dem überfeuchten Boden aufsteigt. Wenn Mond oder Sonne geisterhaft blutrot in seinem Dunst über der Ebene schweben, versteht man, daß die Antike in dieser Landschaft einen der Zugänge zur Unterwelt vermutete.

Die Tage sind voll schimmernder Helle in dieser ebenen Landschaft, in der es nur wenige Tamarisken und Meerpinien gibt und wo Himmel, Wasser und Erde am Horizont zu verschwimmen scheinen. Die berühmten schwarzen Camarguestiere, die nur für unblutige Kämpfe gezüchtet werden, wirken in dieser Weite größer, als sie in Wirklichkeit sind.

Das gleiche gilt für die weißen Pferde, die von einer uralten Rasse abstammen und an die Pferdedarstellungen in eiszeitlichen Höhlen der Dordogne erinnern. Sie werden nur 1,30 bis 1,45 Meter hoch, sind jedoch ausdauernd und kräftig. Den Hirten, den guardians, sind sie wichtige Helfer beim Treiben der Herden. Wie Maultiere auf den schmalsten Bergpfaden den festen Stein zu finden wissen, so verstehen sie instinktmäßig den gefährlichen Sumpfstellen auszuweichen und vermeiden ebenso geschickt die Hörnerstöße der Stiere. Ihre Hufe sind so hart wie die der urzeitlichen Tiere, und sie brauchen nicht beschlagen werden. Die Pferde können an einem Tag bis zu fünfzig Kilometer laufen. Ihr hoher Wert war schon in der Antike bekannt. Es gibt einen Brief aus dem Jahr 339 n. Chr., in dem ein römischer Präfekt einen Gutsherrn in der Camargue um die Lieferung einiger Rennpferde bittet, weil sein Sohn ein Rennen veranstalten will. Seltsamerweise kommen die schönen Tiere mit der prachtvollen hellen Mähne vollkommen schwarz auf die Welt und werden erst in ihrem fünften Lebensjahr weiß. Wo man also ein dunkles Fohlen bei seiner weißen Mutterstute sieht, ist keineswegs auf einen Rappenvater zu schließen.

Weiße Pferde und schwarze Stiere weiden in der schattenlosen Wildnis zwischen Binsen und schwankendem Rohr. »Wenn die Geheimnisse sehr hintergründig sind, verbergen sie sich im Licht; der Schatten ist nichts als ein Gaukelspiel.« So beginnt Jean Giono sein Buch über Louis, den Sohn der Camargue.

Der schwarze, für die Arena bestimmte Stier mißt nur 1,35 Meter in der Höhe. Wie die weniger als drei Jahre alten Pferde, die noch nicht gezwungen werden, als Reit- oder Zugpferde am Zügel zu gehen und zu dienen, lebt er in der Herde, der manada, und dies zusammen mit den Pferden auf einem weiten Gelände, das eingezäunt ist. Er kann also, vor allem in der Umgebung von Les-Saintes-Maries und Aigues-Mortes, wo viele Fremde hinkommen, gewöhnlich nur durch das Fernglas betrachtet werden. Sehr viel näher kommt ihm, wer an einer der Fahrten auf der Kleinen Rhône teilnimmt, die sich wachsender Beliebtheit erfreuen. Da wird an einer bestimmten Stelle am Ufer den Herden Futter gestreut, und Stiere und Pferde finden sich zur gewohnten Stunde bereitwillig ein. Man hat sie dann wenigstens aus der Nähe gesehen.

Daß es auch Schafe in der Camargue gibt, für die ja karge Weiden typisch sind, wird der Reisende oft gar nicht bemerken. Und er wird staunen, wenn er erfährt, daß es sogar 80 000 sind, und zwar Merinoschafe, deren Rasse im 18. Jahrhundert aus Spanien eingeführt

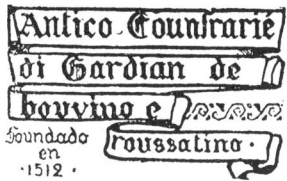

Der hl. Georg, Schutzpatron der berittenen Rinderhirten der Camargue. Die Zunft wurde 1512 gegründet.

wurde. Man sieht sie nur ausnahmsweise, weil sie nur von Oktober bis Juni in der Camargue bleiben, den Sommer über aber in den Cevennen oder Südalpen weiden.

Sie halten es wie die unzähligen Zugvögel, die im Frühling und Herbst auf der Durchreise hier Rast machen. Auch für sie ist diese ungewöhnliche Landschaft ein Paradies wie für zahlreiche seltene und scheue Vogelarten, die hier beheimatet sind oder hier den Winter verbringen. Die Brackwasserétangs, die Süßwasserläufe, die Salzteiche, sie alle sind von den ihnen gemäßen Vogelarten bevölkert. Am schönsten jedoch, schöner noch als der große und der weiße Reiher, ist der rosa Flamingo. Wenn er aufrecht mit seinem edel geschwungenen Hals im flachen Wasser des Salzteichs steht, den langen spitzen Schnabel niederbeugt, um Salzkrebschen zu fischen, und dann das schwarz-weiß und rosa aufleuchtende Gefieder zum Flug ausspreizt und sich vom Wasser aufhebt, um sich in den ziehenden Schwarm der Artgenossen einzureihen – das zu sehen, ist ein wahrhaft beglückendes Erlebnis.

Dieser im Flug 1,90 Meter lange, in großen Kolonien lebende Vogel braucht die Einsamkeit der Brackwasser in der südlichen Camargue, der ›Camargue Sauvage‹, der ›Wilden Camargue‹. Wenn man, was auch der Bus tut, von Arles auf der D 36 b nach Villeneuve und weiter am Ètang de Vaccarès, der botanisches und zoologisches Schutzgebiet ist, entlang nach Salin-de-Badon und noch weiter auf der D 36 c nach Salin-de-Giraud führt, wird man Scharen von Flamingos sehen, fliegend, aufschwebend, sich niederlassend, gemeinsam im Brackwasser stelzend und fischend. Man sollte so weit, wie man ungehindert kommt, fahren, auch wenn man den Eindruck hat, ans Ende der Welt zu gelangen. Spiegelnde Wasser mit scheinbar schwimmenden grauen Inselrücken werden sich geisterhaft in der dunstschimmernden Weite ausbreiten wie an einem ersten Schöpfungstag, an dem es nur Vogelflug und Vogelschrei gab. In Salin-de-Giraud wird man Salzberge sehen und am Weg die niederen Kugelbüsche der saliscorna, die nur im Salzboden gedeiht, und es wird Stellen geben, die wie beschneit scheinen, so viel Salz hat das Meer auf ihnen zurückgelassen. Das ist dann wirklich die Camargue. »Gespenster hausen in dieser großen Helle«, meinte Jean Giono. Hier glaubt man, er könne recht haben.

Es gibt noch eine andere, wenn auch nur museale Möglichkeit, in das Wesen der Camargue einzudringen. Viereinhalb Kilometer vor Albaron, wenn man von Arles kommt, liegt links von der Straße das ›Mas du Pont de Rousty‹. Dort ist in einer alten Schäferei ein Heimatmuseum aufgebaut worden, das nicht umsonst 1979 den internationalen Museumspreis für seine Gestaltung erhalten hat. Modelle, Filme und Fotos informieren hier gründlich über alles, was die Camargue betrifft, von der Reiszucht bis zur Salzgewinnung, von den Erntebräuchen bis zum Hausbau der Jäger- und Fischerkate, vom Leben der Guardians und dem der das Land durchstreifenden Zigeuner. Es ist eines der lebendigsten Museen, die denkbar sind. Unvergeßlich in einer Ecke der große Hahn, der über der letzten Garbe des Jahres geschlachtet und aufgehängt wird, damit sein Blut durch sie hindurch auf die Erde tropft – eine Opfergabe an uralte Götter. – Ein Lehrpfad, der allerdings zusätzlich einein-halb Stunden erfordert, informiert über Pflanzen, Salzweiden, Fischerei, Jagd, Reisanbau usw. Der Weg durch den an das *Museon Camarguen* angeschlossenen *Parc Naturel Régional* ist zweimal drei Kilometer lang, doch sehr informierend.

Camarguepferde

Zum Schluß noch ein Wort zu dem Thema Flamingo. Von April bis Anfang Juni sucht der herrliche Vogel wie andere Sumpf- und Wasservögel die Reisfelder der Camargue nach Nahrung ab. Wie man ihn aber gut in großen Schwärmen beobachten kann, verrät Wolfgang Bechtle in seinem empfehlenswerten Büchlein ›Provence und Camargue in Farbe‹, einem Reiseführer für Naturfreunde, den keine Mühe scheuenden Vogelliebhabern: »Am frühen Morgen, etwa zwei Stunden nach Sonnenaufgang, ist die beste Beobachtungszeit. Wer Flamingos in großer Zahl im Fluge sehen will, stellt sich am besten vor Sonnenaufgang bei ›Clos Desclaux‹ im Südosten des Deltas auf und wartet auf den Anflug der in den Salinen von Giraud nächtigenden Vogelscharen, die morgens und abends hier in geringer Flughöhe vorbeikommen.«

Lavendel und Zikaden

*»Ach, diese Bauerngärten mit den großen roten Rosen der Provence, den
Weinreben, den Feigenbäumen! Das ist sehr poetisch. Die ewige Sonne strahlt
gewaltig. Trotzdem steht alles in frischem Grün.«*

Aus einem Brief Vincent van Goghs, Arles, Sommer 1888

Wenn die Sonne das Blut des Provençalen peitscht, wie der Abbé de Sade behauptete, so
peitscht der Mistral seine Haut. Er fegt den Himmel blau und die Hitze fort und das
angeblich drei, sechs oder neun Tage lang. Eiskalt bläst er vom Zentralmassiv herab, der
›Schlammfresser‹, stürzt das Rhônetal hinunter und schüttelt nicht nur Pinien, Oliven und
Feigenbäume in der fruchtbaren Ebene, sondern beugt selbst die einsamen Tamarisken am
Rande der Sümpfe in der Camargue. Merkwürdigerweise bringt er Gesundheit, nicht
Krankheit, so sehr er einem auch den Atem verschlägt. Er ist rein und frisch und eigentüm-
lich belebend, wenn auch mitunter lästig.

In den Zypressenwänden, die man zum Schutz vor ihm bei Feldern und Rebhängen
errichtet, singen Hunderte von Vögeln schon eine Stunde vor Tag, und nachts schlagen
Sprosser und Nachtigallen in ihrem Dickicht. In den vielen kleinen Tälern, die sich die
Nebenflüsse und -flüßchen der Rhône und der Durance gegraben haben, in den Tälern der
Aigue, der Couronne, der Sorgue, der Ouvèze, der Nesque, des Verdon und des Gard
wuchert eine undurchdringliche Wildnis aus mannshohem Gebüsch, mächtigen alten Bäumen, die der Efeu zu ersticken droht, und immergrünem Pflanzen- und Dornengewirr. Das
sind Nymphenwälder, in denen Pan und Sucellus, der alte Keltengott, leibhaftig zu wohnen
scheinen.

Auf den kahlen, sonnenverbrannten Hochebenen dagegen, wo Thymian und Rosmarin,
Salbei und Lavendel zwischen den Steinringen verfallener bories blühen, ist noch immer die
Urzeit spürbar, die Zeit der ersten Hirten, die hier ihre Werkzeuge aus Stein schlugen. Der
Lavendel ist die heilige Blume der Provence, die Wunden zu heilen vermag. Er wird auf
diesen kargen Höhen in großen Feldern gezogen, die einzelne Pflanze zu einer königlichen,
sternförmig ausstrahlenden lichtblauen Blütenkrone gezüchtet und zu köstlicher Essenz
destilliert. In einer Saison ergeben dreitausend Kilo Lavendel etwa vierzig Kilo Extrakt. Hier
auf den einsamen Hochebenen, wo sonst nur Schafe eine karge Weide finden, wo die kleinen
uralten Dörfer mit ihren roh aus Felsbrocken gefügten Häusern zum Teil schon verlassen
und dem Verfall preisgegeben sind und die Bevölkerung vom Aussterben bedroht ist,
sichern einzig Schafherden und Lavendelzucht noch einen bescheidenen Erwerb. Aber das
Todesurteil über die antik-ehrwürdige Lebensform dieser hochgelegenen Dörfer ist schon
gesprochen. In wenigen Jahrzehnten wird es vollstreckt sein.

Vincent van Gogh, ›Briefskizze‹, November 1888, Arles

Der Fremdenverkehr hat sich der Städte in der Ebene bereits bemächtigt, und die Camargue, einst nichts als ein von Silberreihern, Kormoranen und Flamingos bewohntes Sumpfland, auf dessen mühsam trockengelegten Wiesen weiße Pferde und schwarze Stiere weideten, ein einsames Land der Fischer und Viehzüchter also, ist heute schon so von Ausländern überflutet, daß sich die scheuen Wasservögel in Röhricht und Reservate zurückgezogen haben und nur noch mit guten Ferngläsern auszumachen sind und die herrlichen Pferde- und Stierherden unnahbar und weitab hinter breiten Wassergräben und Drahtzäunen gehalten werden. Gewiß, der Etang de Vaccarès und all die kleinen Etangs ringsum besitzen immer noch den seltsam bräunlichen Glanz der flachen Brackwasser und das Licht über dem Sumpfland die silbrige Helle, gegen die eine Gruppe farbig gekleideter Reiter eigenartig schön vor der Unendlichkeit zu stehen scheint, aber der einmalige Reiz des weitläufigen Rhône-Deltas, dessen Sümpfe nach und nach in fruchtbare Reisfelder verwandelt werden, ist auch ohne diese Veränderung im Hinsterben und weitgehend schon erloschen.

Kaum berührt vom Strom der Touristen sind dagegen die kleinen Gebirge und Hügellandschaften der Provence: die zwei- bis dreihundert Meter hohen Garrigues, die noch niedrigere Montagnette, in deren mit Stechginster und Machiagestrüpp bewachsenen Heide das pseudo-romanische Kloster Saint-Michel-de-Frigolet, halb Ausflugs-, halb Pilgerziel, eingebettet liegt, dann die schroffzackige Kalksteinkette der Alpilles mit dem eigentümlich taubenschlagartigen Höhlennetz der Bauxitbrüche, die Les Baux ihren Namen verdanken, und schließlich die Montagne du Luberon, Land der bories, der Zedern und der feenprächtigen Ockerbrüche bei Roussillon und im Colorado-Tal. Nördlich von ihm dehnt sich das großräumig kahle, entfernt an baumlose Schwarzwaldhochebenen erinnernde Plateau de Vaucluse, wo die bis dahin unterirdisch fließende Sorgue in einen von hohen Felsen streng umrahmten Teich als Fontaine de Vaucluse zutage tritt, ein von Petrarca geliebter Ort, dessen ursprünglich nymphenhaften Zauber der Fremdenverkehr leider zu ersticken droht.

Fernher sichtbar, herrscherlich machtvoll thront über dem ganzen Rhôneland der Mont Ventoux, der alte heilige Berg der Urbevölkerung, dem Windgott geweiht, der dort seine eisige, menschenabweisende Heimstatt hat. Er ist fast 2000 m hoch, ist immer vom Mistral umtobt, oft in Regen, Schnee oder Nebel gehüllt, seine Luft durchschnittlich um 11 Grad kälter als die der Ebene zu seinen Füßen. Daß im Juli auf seinem Gipfel der Steinbrech Spitzbergens und der haarige kleine Mohn Grönlands blühen, scheint typisch für die Provence, das Land so erstaunlicher Kontraste.

Das Tier, in dem das Volk selbst das Symbol seiner Heimat sieht, ist die Zikade, die Tag und Nacht in der glühenden Hitze des Hochsommers alle Sinne mit ihrem unaufhörlichen schrillen Geigen reizt und verwirrt. Sie ist das nimmermüde, unsichtbare, tönende Sinnbild der flammenden Sonnentage der Provence.

Provençalischer Glockenturm (Lacoste)

Glossar

Akklamation eigentlich Zuruf, auch Geste der Zustimmung bei Wahl oder dergl., Huldigung

Akroter dekorativer Abschluß eines Tempelgiebels

Albigenser Sekte des 12. und 13. Jahrhunderts

Amphore hohes, schmales Gefäß mit zwei Henkeln und engem Hals. In der Antike zur Aufbewahrung von Flüssigkeiten und Nahrungsmitteln wie Wein, Öl, Korn usw. verwandt.

Apsis halbrunder Chorabschluß, gewöhnlich von einer Halbkuppel überwölbt (Abb. 91)

Aquädukt römische Wasserleitung über Bogenbrücken (Farbt. 14). Senken und Täler mußten durch Aquädukte überbrückt werden, da die Römer nur Gefällwasserleitungen kannten.

archaisch frühzeitlich, in Griechenland für Kunstwerke vor dem 5. Jahrhundert

Architrav von Säulen, Pfeilern oder Bogenstellungen getragener waagerechter Balken

Archivolte Bogeneinfassung; plastische Bogenläufe im Gewände von Portalen

Arianismus Lehre des Presbyters Arius in Alexandria, auf den Konzilen von Nicea 325 und Konstantinopel 381 von der Kirche verdammt. Germanische Völker hielten bis ins 7. Jahrhundert an diesem christlichen Glauben fest.

Armarium Schrank bzw. Schrankraum für Bücher, Kultgeräte usw. im Kloster

Ascia Dechsel, Querbeil (s. Figur S. 115)

Atrium offener Hauptraum des altrömischen Hauses mit einer Dachöffnung, unter dem sich ein Becken zum Auffangen des Regenwassers befand. Seit dem 2. Jahrhundert Empfangsraum, um den die Wohnräume gruppiert waren.

attisch von Attika, der Halbinsel Griechenlands, deren Hauptstadt Athen ist.

Borie provençalische, mörtellos gefügte, prähistorische Hütte aus Steinplatten (Abb. 2,3)

Bucchero nero rein schwarze etruskische Keramik

Bucranium Stierschädel als Dekorationselement an Bauten

Cabane Hirtenhütte der Camargue (Farbt. 35)

Cardo den Decumanus nord-südlich schneidende andere Hauptstraße mit den öffentlichen Gebäuden, ebenfalls von Tor zu Tor führend, der Schnittpunkt ist das Zentrum der Stadt (s. Pläne S. 69, 70)

Castellum Festung, Castell

Castrum befestigtes römisches Truppenlager, rechteckig angelegt, mit den beiden Hauptstraßen cardo und decumanus

Cavea Zuschauerraum in römischen Theatern

Cellerar Wirtschaftsverwalter des Klosters

chthonisch unterirdisch, speziell für unterirdisch wirkende Gottheiten

cisalpin diesseits der Alpen von Gallien aus gesehen

Comtat Grafschaft

Decumanus die von Tor zu Tor führende Hauptstraße (Ost-Westachse) in Legionslagern und Städten der Römer

Diorit dunkelgrünes Tiefengestein

Dolium großes tönernes Vorratsgefäß

Dolmen vom keltischen ›Steintisch‹, Megalithgrab aus schweren Felsblöcken und -platten (Abb. 4)

Dormitorium Schlafsaal der Mönche (Abb. 90)

Etrusker wahrscheinlich im 9. Jahrhundert v. Chr. aus Kleinasien nach Mittelitalien eingewandertes Volk

Etang Teiche und Seen in der Camargue, meist flach

Eucharistie Sakrament des Abendmahls im christlichen Gottesdienst

Forum Zentrum römischer Städte, Marktplatz, Gerichtsstätte usw.

funeral zum Grabkult gehörend

Ganggrab in prähistorischer Zeit Beisetzung eines Clans oder einer Familie in einem langgestreckten, mit Felsplatten abgestützten Grab, das eine Stele so abschließt, daß weitere Beisetzungen nach und nach möglich sind. Meist Jungsteinzeit

Gardian berittener Hirt der Pferde- und Stierherden

Garrigue immergrüne, karge Heidelandschaft

Gewände schräge Führung des Mauereinschnitts bei Portalen und Fenstern; kann mit eingestellten Säulen und Figuren versehen sein (Gewände- oder Stufenportal)

Hallstattzeit frühe Eisenzeit (900–500 v. Chr.)

hellenisch vom antiken Hellas hergeleitet (Zeit Alexander d. Gr. bis Kaiser Augustus)

Hugenotten Anhänger des Protestanten Calvin (Kalvinisten)

Hypogäum unterirdischer Kultraum

Impluvium Dachöffnung im Atrium

Initiationsriten Einweihungsriten für Jugendliche oder Geheimbünde

Ionien kleinasiatische Küste mit den Inseln Chios und Samos

Isis ägyptische Göttin, Gemahlin des Osiris

Junones römische Muttergottheiten

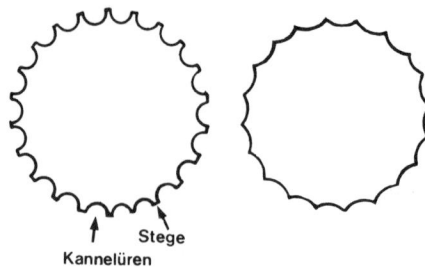

Kannelüren

Kannelüren senkrecht verlaufende, runde Auskehlungen an Säulenschäften und Pilastern (scharfkantig aneinanderstoßend oder durch Stege voneinander getrennt)

Kapitelsaal Versammlungssaal im Kloster

Karolinger fränkisches Königshaus, 751–987

Katharer die ›Reinen‹, asketische Sekte, seit Ende des 10. Jahrhunderts in Frankreich unter dem Namen ›Albigenser‹ bekannt

Kelten indogermanischer Volksstamm, ab Mitte des 5. vorchristlichen Jahrhunderts in Gallien

Kenotaph Scheingrab (griech: leeres Grab) für einen an einem anderem Ort Verstorbenen (Farbt. 10, Abb. 23)

Konverse Laienbruder

Kybele kleinasiatische Fruchtbarkeitsgöttin

Legat im Mittelalter päpstlicher Gesandter, meist ein Kardinal

Legionar römischer Soldat, zu einer Einheit von 4000–5000 Mann zu Fuß, ca. 300 Reitern und entsprechendem Troß gehörend

Lingua rustica volkstümliche, ländlich einfache Sprache

Luna Mondgöttin

Mandatum Steinbänke, Bänke für die Fußwaschung am Gründonnerstag

Manichäismus die von dem persischen Religionsstifter Mani im 3. Jahrhundert gestiftete dualistische Religion

Menhir senkrecht aufgerichteter, meist unbehauener Felsblock, zu Reihen oder Kreisen angeordnet. Steinzeit, Bezug zum Grabkult

Merowinger fränkische Könige, 486–751

Mesolithikum 10.–8. Jahrtausend v. Chr.

Meta Wendemarke auf der Spina im Zirkus

Mistral kalter, heftiger Nordwind, der bei klarem Wetter die Temperatur erheblich senkt

Mithras sein aus Persien stammender Kult, in dem in unterirdischen Grotten, den sogenannten Mithräen, die Tötung des Urstiers symbolisch wiederholt wurde, war von römischen Soldaten überall im Weltreich verbreitet.

Moustérien Zwischeneiszeit, 100000–ca. 50000 v. Chr.

Narthex Kirchenvorhalle

Nekropole griech. ›Totenstadt‹ der Prähistorie und der Antike

Neolithikum 6.–2. Jahrtausend v. Chr., Jungsteinzeit

Nuraghe sardischer Wehrturm aus mörtellos gefügten großen Felsblöcken, seit Ende der Jungstein- und Bronzezeit

Nymphäum Heiligtum der Quellgottheiten

Oppidum befestigte, ständig bewohnte Siedlung

Orchestra Halbrund im Zuschauerraum eines römischen Theaters

Paläolithikum Altsteinzeit, jüngere Altsteinzeit bis 10000 v. Chr.

Peristyl von Säulen umgebener Innenhof des antiken Hauses

Phokäa jonische Stadt in Kleinasien

Portal mit zwei Pilastern, Rundbogen, Fries und Kranzgesims

Pilaster flacher Wandpfeiler, wie eine Säule dekoriert

Plutarch griechischer Historiker und Philosoph, um 50 bis ca. 125 n. Chr.

Polis (Plural: Poleis) ursprünglich ›Burg‹, griechische Stadtgemeinde (auch ›Stadtstaat‹)

Porta decumana das dem eigenen Land zugekehrte Stadt- oder Lagertor

Porta praetoria das dem Feind zugekehrte Stadt- oder Lagertor

Portikus Säulenvorbau

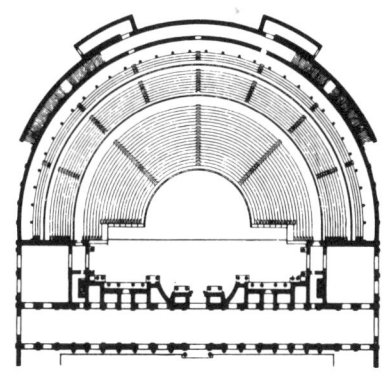

Römisches Theater

prähistorisch vorgeschichtlich

Pronaos Tempelvorhalle

Refektorium Eßsaal der Mönche

Sanktuarium Heiligtum

Silex Feuerstein

Sol Sonnengott

Solutréen letzte, vierte Eiszeit, Kultur des Jungpaläolithikums, Höhepunkt der Feuersteinbearbeitung

Spina Trennwand im Zirkus für die Wagenrennen

Stele freistehender Pfeiler (auch Platte) mit Relief oder Inschrift, in der Antike meist zum Grabkult gehörig

Synkretismus Verschmelzung verschiedener Religionen und Kulte

Talayot Steinturm auf den Balearen, s. Nuraghe

Tepidarium Raum mit lauwarmem Wasser in den Thermen

Thermen öffentliche Badeanlagen der Antike

Toga altrömisches Gewand, über der Tunika getragen

Torques offener Halsring aus Gold, Bronze, auch Eisen der Kelten. Latènezeit

transalpin jenseits der Alpen von Rom aus gesehen

Troubadour Minnesänger im französischen Mittelalter

Tumulus Großes Hügelgrab

Velum Zeltdach als Sonnen- und Regenschutz

Zyklopisches Mauerwerk aus großen polygonalen Blöcken ohne Mörtel gefügtes Mauerwerk

Raum für Reisenotizen
Anschriften neuer Freunde, Foto- u. Filmvermerke, neuentdeckte gute Restaurants, etc.

Praktische Reisehinweise

Planung der Reise, Standquartier und Reisezeit

Man kann sich natürlich für die Provence nur einige Tage, eine Woche oder auch zwei Zeit nehmen und wird dann, falls die Reise im Bus oder eigenen Wagen vor sich geht, immerhin die sogenannten Hauptsehenswürdigkeiten kennen, vor allem die bedeutenden römischen und romanischen Bauten und das Papstpalais in Avignon gesehen haben. Wer jedoch etwas mehr vom Geist dieses Landes wissen und verstehen will, müßte entweder wiederkommen oder sich mindestens drei Wochen Ferien dort gönnen.

Die *besten Reisezeiten* sind Frühjahr und Herbst. Mitte Juni beginnt der sehr heiße Sommer; die Winter sind, von plötzlichen Kälteeinbrüchen abgesehen, ziemlich mild. Jährliche Durchschnittstemperatur 15 Grad. April und Mai sind besonders schön, ebenso der September durch sein mildes Licht. Der Sternhimmel der Provence ist der klarste Europas.

Mit *Mistral* müssen Sie zu jeder Jahreszeit rechnen. Er möchte Ihnen die Haare vom Kopf reißen und Sie frieren machen. Die Temperatur sinkt dann manchmal in kürzester Zeit um 10 Grad. Und der Mistral kann tagelang wehen... Also Kopftuch, Mütze, Haarnetz oder Hut und jedenfalls ein wirklich warmes Kleidungsstück. Die Baskenmütze wurde zwar an der Atlantikküste erfunden, wird aber nicht zufällig viel in der Provence getragen.

Mit oder ohne Wagen – das bestimmt die *Wahl des Standquartiers*, für das man sich wenigstens 10 bis 14 Tage reservieren sollte. Avignon (93 000 Einwohner) und Arles (50 000 Einwohner) empfehlen sich besonders für den Reisenden, der auf öffentliche Verkehrsmittel angewiesen ist, und nicht zuletzt auch, weil sie selbst so viel Sehenswertes bieten, daß ein bis zwei Tage kaum ausreichen würden. Der Autoreisende wählt vielleicht besser das stille Saint-Rémy-de-Provence (rund 8000 Einwohner) am Fuß der landschaftlich reizvollen Alpilles oder auch eines der neuen Hotels, die in der unmittelbaren Nachbarschaft der Ruinenstadt Les Baux und in ihr entstanden sind, eventuell auch Beaucaire oder Villeneuve-lès-Avignon (9000 E.). Von jedem der genannten Orte aus ist in ganz- oder halbtägigen Ausflügen viel Bedeutendes zu erreichen.

Dann sollte man sich, wenn irgend möglich, noch einige Tage für die Camargue und einige für Aix-en-Provence, vielleicht auch einige für den Norden (Orange, Vaison-la-Romaine und Umgebung) vorbehalten. In der Camargue kommen eigentlich nur zwei Seebäder (mit schönem Sandstrand!) in Frage: das von vielen Deutschen besuchte, ja überlaufene Les Saintes-Maries-de-la-Mer und das stillere Le-Grau-du-Roi. Von beiden Orten aus kann man gut Aigues-Mortes erreichen und dabei die einzigartige Sumpf- und Wasserlandschaft der Camargue mit ihrer Tierwelt erleben.

Aix, mit keiner anderen provençalischen Stadt zu vergleichen, hat eine ganz besondere Atmosphäre. Hier locken außer der Umgebung mit der Sainte-Victoire und Entremont der Luberon und das nur etwa 30 km entfernte Marseille, wohin ein lebhafter Autobusverkehr besteht.

Obwohl Aix eine Stadt mit 115000 Einwohnern ist, wirkt sein Zentrum eigentümlich intim; es gilt als Kur- und Ferienort, und seine zahlreichen Museen lohnen auch bei weniger günstigem Wetter einen Aufenthalt.

In allen genannten Orten gibt es gute Ein-, Zwei- und Dreistern-Hotels.

Weihnachten in der Provence hat mancherlei Vorzüge, besonders für Autoreisende. Klare, nebel- und regenfreie, sonnige, wenn auch kühle Tage, die Landschaft in einzigartigem Licht und sanfter Farbigkeit. Stechginsterblüte, hier und da noch Rosen. Straßen und Städte ohne Fremdenverkehr, die Museen geheizt, die Kirchen allerdings gewöhnlich kälter als die Außentemperatur, doch jede mit einer liebevoll aufgebauten großen Krippenszene geschmückt. Nicht nur in Les Baux, Frigolet oder anderen hierfür berühmten Orten wird die Mitternachtsmesse am 24. 12. mit der Darbringung des Lammes durch die Hirten feierlich und rein provençalisch gestaltet. *Aber man muß gegen 22 Uhr in der meist eisigen Kirche anwesend sein, um einen Sitzplatz zu finden, bis 23 oder 23.30 Uhr auf den Beginn der Messe warten und bis gegen 1 Uhr ausharren. Warme Winterkleidung ist nicht nur hier zu empfehlen.*

Sehr schön ist die jährliche Ausstellung der Santons in Arles von Mitte Dezember bis Mitte Januar (geheizte Räume). In dieser Zeit findet fast täglich eine Veranstaltung statt, die die sich auf die provençalische Kultur bezieht.

Auskünfte und Anreise

Alle gewünschten **Auskünfte** erteilt das *Amtliche französische Verkehrsbüro:* Berliner Allee 26, *4 Düsseldorf* ☎ 0211/8 03 75

Westendstraße 12 und Kaiserstr. 12 (Informationsbüro), *6 Frankfurt/M.* ☎ 069/75 20 29

In Frankreich informiert das ›Syndicat d'Initiative‹ jeder Stadt. Es versendet auch Prospekte, Stadtpläne und Hotelverzeichnisse und vermittelt gegebenenfalls gegen geringe Gebühr selbst telefonisch an seinen Schaltern eine Unterkunft.

Hotelverzeichnisse und Prospekte über die Provence und die Camargue versenden auch: *Délégation Régionale du Tourisme* 372, Rue du Paradis *F 13008 Marseille*

und
Maison du Tourisme
Ancien Palais de l'Archevêché
35, Place de la République
F 13637 Arles

Internationale Flughäfen
Marseille-Marignane, Nizza, außerdem
Toulon-Hyères. Direktflüge nach Lyon und
Paris mit Anschlüssen nach allen französischen und ausländischen Flughäfen, besonders Hamburg und Frankfurt.

Sämtliche Auskünfte über **Eisenbahnreisen**
nach Frankreich erhalten Sie bei der *Generalvertretung der Französischen Eisenbahnen (SNCF):*

Deutschland
Rüsterstraße 11,
6000 Frankfurt/M. 1
✆ (069) 72 84 44

Schweiz
31 Effingerstraße, Postfach 2197
✆ (031) 25 11 01 und 02
CH-3001 Bern

3 rue du Mont-Blanc
✆ (022) 31 28 50 und 59
CH-1211 Genève 1

Zentralbahnhof
✆ (061) 22 50 32/33
CH-4000 Basel

Österreich
Opernring 1
✆ 57 24 06
A-1010 Wien 1
oder bei Ihrem Reisebüro.

Mit einer *Ferienkarte ›France Vacances‹*
können Sie, ohne einen Fahrschein zu lösen,
auf allen Strecken und in allen Zügen reisen,
so oft Sie wollen. Gültigkeitsdauer 7 Tage,
15 Tage oder ein Monat in der 1. oder 2.
Klasse. Weitere Auskünfte in Reisebüros
und auf Bahnhöfen.

Die Französischen Eisenbahnen bieten
verschiedene *Ermäßigungen,* z. B. für
Gruppen, aber auch für Alleinstehende, die
eine Reise von mehr als 5 Tagen machen.
Kinder reisen bis 4 Jahre frei. Von 4 bis 10
Jahren (4–12 Jahren im Internationalen Verkehr) zahlen sie nur 50 % des Erwachsenen-
Fahrpreises. – Auf die Ferienkarte ›France
Vacances‹ oder andere verbilligte Fahrkarten erhält man 10 % Ermäßigung bei *Tages-
oder Halbtags-Ausflugsfahrten* der Touristendienste der französischen Eisenbahnen
(Busse).

Seit 1980 wurde das ›*Billet de séjour*‹ statt
der Touristenfahrkarte für alle Personen
eingeführt, die eine Reise von mindestens
1000 km einschließlich der Rückfahrt in
Frankreich zurücklegen. Ermäßigung 25 %,
für Kinder zwischen 4 und 12 Jahren die
Hälfte dieses ermäßigten Preises. Der
Grenzübertritt muß bei Hin- und Rückreise
an einem Dienstag, Mittwoch, Donnerstag
oder Samstag stattfinden. Weiterreise und
Streckenunterbrechung an jedem beliebigen
Tag, Mindestaufenthalt 5 volle Tage, Rückfahrt also nicht vor dem 6. Tag.

Es lohnt sich, das ›Billet de séjour‹ zu kaufen, wenn die Gesamtstrecke mehr als 750
km beträgt, da nicht nur Hin- und Rückfahrt, sondern auch eine Rundreise damit
möglich ist.

Damen ab 60, Herren ab 62 Jahren können die ›*Carte Vermeil 50*‹ erwerben, für die
sie ein Jahr lang nach dem Tag ihrer Wahl

50 % Ermäßigung beim Billetkauf erhalten. Sie ist in jedem amtlichen deutschen Reisebüro erhältlich oder kann bei folgenden Reisebüros beantragt werden:

Hapag-Lloyd Reisebüro
Georgstr. 16
3000 Hannover 1

Essener Reisebüro
Haus der Technik, Hollestr. 1
4300 Essen

Deutsches Reisebüro
Deichmannhaus, Bahnhofsvorplatz
5000 Köln 1

Deutsches Reisebüro
Eschersheimer Landstr. 25–27
6000 Frankfurt/M.

Reisebüro Romminger, Württembergisches Reise- und Verkehrsbüro
Königstr. 20
7000 Stuttgart

Amtliches Bayerisches Reisebüro
Hauptbahnhof
8000 München

Mit dieser Grundkarte können Fahrausweise für einfache Fahrt, Hin- und Rückfahrt oder Rundreisen, 1. oder 2. Klasse, für alle Züge der SNCF schon in amtlichen Reisebüros *in Deutschland* ausgestellt werden. Eventuelle Zuschläge sind voll zu zahlen.

In Frankreich ist die Carte Vermeil 50 in allen Bahnhöfen käuflich, die auch die ermäßigten Fahrscheine ausstellen, aber die dort gelösten Billets unterliegen *Benutzungsbeschränkungen*, die im ›Kalendarium Vermeil‹ angegeben sind, das mit der Grundkarte ausgehändigt wird; z. B. darf nur an den im Kalendarium blau gekennzeichneten Tagen gereist werden. Dagegen können die außerhalb Frankreichs gelösten ermäßigten Fahrausweise *an allen Tagen benutzt werden.*

Für Reisende in *Autoreisezügen* ist kein Mindestaufenthalt vorgeschrieben. Bestimmte Züge können einem besonderen Zuschlag unterliegen. Die Geltungsdauer von zwei Monaten kann gegen Zahlung eines Zuschlages von 10 % verlängert werden.

Autoreisende, die gern die von deutschen und französischen Bahnhöfen abgehenden *Autoreisezüge* nach Avignon, Narbonne oder St. Raphael benutzen, können z. Z. nicht von der ›Carte Vermeil‹ Gebrauch machen. Die Autoreisezüge Straßburg – Avignon und Metz – Avignon sind insofern zu empfehlen, als die Anreise bis zum Abfahrtsbahnhof meist nur einige Fahrstunden auf deutschen Autobahnen beträgt und am Tage gemacht werden kann. Allerdings ist frühe Bestellung der Fahrkarten bei der Deutschen Bundesbahn oder in einem Reisebüro dringend anzuraten.

Verleih von Fahrrädern (SNCF-Dienst Train + Vélo) in mehr als 120 Bahnhöfen für halbe oder ganze Tage.

Leihwagen ohne Fahrer zu vermitteln gehört zu den Kundendiensten der S.N.C.F., der französischen Eisenbahnen. In Aix-en-Provence, in Arles, Avignon, Nîmes, Orange und Marseille gibt es das ›Auto am Bahnhof‹.

Autobusse verbinden auch die kleinen Orte mit den größeren Städten wie bei uns. Natürlich fahren sie einige Umwege, um möglichst viele Ortschaften zu berühren. Doch bieten sie dadurch Gelegenheit, Land und Leute kennenzulernen. Von Städten wie Aix, Nîmes, Avignon, Arles und Orange kann man per Bus so ziemlich an alle sehenswerten Orte gelangen. Oft hat man die Wahl, Zug oder Autobus zu benutzen, zumal am Bahnhof auch gewöhnlich die Haupthaltestelle ist.

Die französischen Eisenbahnen unterhalten für große Touristenstrecken einen ›Europabus‹. Für den Provence-Reisenden ist besonders die Camargue-Route des Europabus interessant. Auf einem Tagesausflug, der in Avignon beginnt und dorthin zurückführt, sieht man Tarascon, Aigues-Mortes, Les Saintes-Maries-de-la-Mer und Arles. Um Arles auch nur annähernd kennenzulernen, wird die dafür verbleibende Zeit natürlich zu kurz sein, von Tarascon und der Camargue jedoch kann man auf einer solchen Fahrt durchaus einen Eindruck gewinnen.

Von Aix, Arles, Avignon, Carpentras und Nîmes aus veranstalten die französischen Eisenbahnen Tages- und Halbtagesausflüge.

Wichtige Tips

Die *Banken* sind gewöhnlich von montags bis freitags vor- und nachmittags geöffnet. In kleinen Orten jedoch, in denen samstags Markt ist, sind sie häufig an diesem Tag geöffnet und dafür montags den ganzen Tag über geschlossen. Es empfiehlt sich in Städten, wo mehrere Banken meist dicht beieinander liegen, vor dem Geldwechsel die Kurse zu vergleichen. Zwei und drei Euroschecks werden für die gleiche Gebühr ein-

gelöst wie nur einer. Der Eintausch von deutschem Bargeld ist nicht ungünstig, weil Euroschecks sowohl in Deutschland wie in Frankreich mit Gebühren belastet werden.

Das *Syndicat d'Initiative* jedes Ortes mit Fremdenverkehr wird gewöhnlich an Ihrem Weg liegen, am Hauptplatz oder in der Hauptstraße. Erbitten Sie sich dort regelmäßig einen Werbeprospekt des Städtchens. Er wird immer einen Stadtplan enthalten, der es Ihnen erleichtert, die Sehenswürdigkeiten schnell zu finden, wird Sie über die z. Z. geltenden Öffnungszeiten informieren und Ihnen oft auch anderes Wissenswertes vermitteln.

Denken Sie daran, daß *dienstags* so gut wie alle Museen, Schlösser usw. *geschlossen* sind. Planen Sie für diesen Tag am besten gleich Kirchenbesuche oder Ausflüge.

Wollen Sie *Städte* wie Avignon, Arles oder Nîmes in größerer Ruhe besichtigen, so gehen Sie *sonntags* dorthin, wenn die Straßen menschenleer, die Parkplätze unbesetzt und die Hotelzimmer von Geschäftsreisenden frei sind. Die Altstadt Avignons ist jetzt übrigens Fußgängerzone geworden und die Tiefgarage beim Papstpalast endlich fertiggestellt. Der große Platz vor dem Palast ist nun sehr schön. Eine ›Spielzeugeisenbahn‹ führt auf die Anlagen des Domfelsens hinauf und ermöglicht es so, ohne Anstrengung die Aussicht auf die Rhône und die Landschaft bis zum Ventoux zu genießen.

Falls Sie erst abends Ihre Hauptmahlzeiten einnehmen und nicht in einem Restaurant Mittag essen wollen, so benutzen Sie die Stunden zwischen 12 und 14.30 Uhr zur Fahrt auf den dann fühlbar leeren Landstraßen, meiden jedoch die kleinen wie die größeren Städte in diesen Stunden, da dann jeder Berufstätige zu Fuß, Fahrrad oder Wagen unterwegs ist, um zu Tisch zu gehen oder zur Arbeit zurückzukehren. Alle Sehenswürdigkeiten sind sowieso mindestens zwischen 12 und 14 Uhr geschlossen. Zwischen 14.30 und 17 Uhr ist der Verkehr in den Städten verhältnismäßig gering und die meisten Museen noch geöffnet. Danach nimmt er wieder zu, zumal die Geschäfte größtenteils bis 19.30 Uhr offenbleiben. Die vielen, stets sehr engen Einbahnstraßen in den mittelalterlichen Städten mit den äußerst schmalen Trottoirs ermüden den Ortsfremden in den Zeiten des Hauptverkehrs sehr.

Nehmen Sie eine gutleuchtende große *Taschenlampe* mit auf die Reise zum Besuch von Krypten und Kirchen. In Saint-Honorat in Arles z. B. oder in Les Saintes-Maries-de-la-Mer müßten Sie sonst auf die schönsten Stücke verzichten. Kaum weniger wünschenswert ist ein gutes *Fernglas* zur Betrachtung von Kapitellen und Friesen an den Kirchenwänden.

Hotels und ›Essen unterwegs‹

Die amtlichen französischen Verkehrsbüros in Deutschland versenden auf Wunsch Verzeichnisse der staatlich geprüften Hotels, in denen Bettenzahl, Komfort, Preise für Übernachtungen mit Frühstück, Pension und Halbpension usw. genau angegeben sind. Man fordere am besten dort die einzelnen Verzeichnisse der Gegenden, die man besuchen will, an, z. B. ›Vaucluse‹ oder ›Provence-Côte d'Azur – Alpes du Sud‹. Die Listen erscheinen jedes Jahr neu, und ihre Preise sind mehr oder weniger für das betreffende Jahr verbindlich. In ganz Frank-

reich sind diese staatlich geprüften Hotels an einem achteckigen Schild kenntlich, das in der Mitte ein großes weißes ›H‹ trägt, links davon die Jahreszahl und rechts die Anzahl der Sterne, die den Gütegrad der Einstufung bestimmen. Sterne und Jahreszahl sind rot, über dem weißen ›H‹ steht in blauer Schrift ›Hôtel de Tourisme‹.

Außerdem gibt es, ebenfalls bei den amtlichen französischen Reisebüros, eine Liste der ›Logis de France‹, die vor allem einfache, aber gleichfalls gut geführte Gasthöfe nennt. Wenn Sie Ihre Reise anhand dieser Verzeichnisse planen, sind Sie vor unangenehmen Erfahrungen mit Hotels so gut wie sicher.

Natürlich kann man sich bei der Hotelwahl unterwegs auch an ADAC-, Touringclub- und ähnlichen Schildern ungefähr orientieren. Immer jedoch tut man gut daran, darauf zu achten, daß die Jahreszahl nicht veraltet ist.

Halbpension ab drei Tage Aufenthalt ist allgemein üblich, und man fährt meist gut dabei. Man kann jedoch oft auch für nur eine Übernachtung einen Gesamtpreis für Abendessen, Bett und Frühstück vereinbaren, besonders außerhalb der eigentlichen Saison, d. h. der Hochsommermonate, in denen der Franzose reist. Daß mindestens eine Hauptmahlzeit im Hotel eingenommen wird, ist, außer in den Hotel garni, sowieso obligatorisch. Kann sie der Wirt nach seiner eigenen Wahl zusammenstellen, so ist das meist nicht nur für ihn, sondern auch für den Gast günstig.

Fermeture annuelle‹ ist ab 1. Oktober nicht selten die lapidare Mitteilung an Reisende, daß der betreffende Hotelier nun seinerseits Ferien macht und sein Haus geschlossen hält. *Fermeture hebdomadaire‹*

bezeichnet den wöchentlichen Ruhetag der Restaurants.

Ebenso pflegt der ›*Wein des Hauses*‹, der auch zugleich der Wein der Landschaft ist, vorzüglicher und preiswerter zu sein als jeder sonst noch auf der Karte angebotene. Das ist ein ›point d'honneur‹ für jeden Wirt. Französische Gäste wählen ihn normalerweise.

Trinkgeld und Taxen sind allgemein im Preis inbegriffen, doch gibt man zum Schluß der Bedienung noch einen kleinen Betrag zwischen 3 und 5 % der Rechnung, den Leistungen entsprechend. Alles Verzehrte erscheint erst auf der Schlußrechnung, Getränke an der Bar ausgenommen.

Essen unterwegs: Wenn Sie in einem Zwei-, Drei- oder gar Viersternhotel wohnen, sollte Sie das nicht hindern, gelegentlich auch im *Restaurant* eines Hauses einzukehren, das vielleicht nur einen Stern aufweist. Sie werden meist überrascht sein, wie gut Sie dort essen, wo Madame oder Monsieur selbst kocht, und wie sauber und appetitlich auch hier das Essen serviert wird. In solchen Lokalen lernen Sie die Nationalspeisen kennen, von denen man in den großen Hotels oft glaubt, sie seien einem internationalen Publikum nicht zuzumuten.

Im übrigen gilt in der Provence wie überall die Faustregel: wo viele Einheimische essen, kann es weder schlecht noch zu teuer sein. In den kleinen Restaurants ist ein einfacher einheimischer Wein oft im Preis inbegriffen, und man kann dabei zwischen Rosé oder Rotwein wählen.

Wollen Sie sich lieber selbst ein *Picknick* ausrichten, so achten Sie darauf, daß in kleineren Orten nach spätestens 12.30 Uhr selten noch frisches Brot aufzutreiben ist und daß der Metzger oft schon um 12 Uhr schließt. Bei ihm bekommen Sie eigentlich immer frischen ›paté‹, eine Köstlichkeit, die gut zuzubereiten für ihn Ehrensache ist, und meist auch eine gute Scheibe mit Provencekräutern zubereiteten Braten. Die Würste sind nicht unbedingt nach unserem Geschmack, der Schinken ausgezeichnet. In den Selbstbedienungsläden finden Sie Getränke aller Art, auch fertige Süßspeisen, Joghurt, Obst, Käse usw. Auch die Franzosen stellen sich immer mehr auf Fertiggerichte um.

Sonntagsvormittags können Sie sowohl frisches Brot wie alle anderen Lebensmittel kaufen, ja, vielerorts wird sogar Markt gehalten. In Fleischerläden gibt es an diesem Tag nicht selten auch frischgebratene Hühnchen, warme Fleischpasteten und dgl. Ab Mittag bleiben dann die Läden geschlossen.

Montags dagegen gibt es mitunter nicht einmal frisches Brot oder doch nur in den Morgenstunden, und viele Läden, besonders die Fleischer, halten überhaupt geschlossen, auch die Selbstbedienungsläden teilweise. Die *Restaurants der Hotels* haben dann gewöhnlich ›Ruhetag‹, d. h., sie geben nur an Hausgäste die vereinbarten Mahlzeiten. Für den Montag ist also in bezug auf Mahlzeiten eine Vorausplanung nötig.

Berühmte provençalische Weine
Der Begriff *Côtes-du-Rhône* umfaßt die Weine von sechs Landschaften: Vaucluse, Drôme, Gard, Ardèche, Rhône und Loire. Er gilt für Rot-, Weiß- und Roséweine.
Rotwein: Châteauneuf-du-Pape, Rasteau (zu Wild und Käse), Bandol.
Rosé: Tavel (zu Vorspeisen, weißem Fleisch, Geflügel).
Weißwein: Cassis (zu Muscheln und Fisch), Beaumes de Venise (Muskatwein als Apéritif oder als Dessert zu Zwischengerichten),

Rasteau (Süßwein als Apéritif, long drink oder als Dessert zu trockenem Gebäck), Palette.

In der Camargue werden die sogenannten ›Sandweine‹ angebaut, unter denen der herbe rote Saint-Saturnin empfehlenswert ist. Aber im allgemeinen gilt das schon für jeden gepflegten Landwein, ›Vin de Pays‹. Die Abkürzung ›V.D.Q.S.‹ steht für ›Vins délimités de qualité supérieure‹, Weine von beschränkter Menge und von gehobener Qualität. Daß ein ›A.C.‹, ›Appelation contrôlée‹, eine kontrollierte Herkunft des Gewächses bedeutet, weiß man im allgemeinen auch in Deutschland. Spitzenweine sind die der Domänen und Schlösser.

Einkäufe

Die Provence hat eine große Anzahl Künstler und Kunsthandwerker angelockt, deren kleine Läden immer mit einem Schild ›Entrée libre‹ versehen sind und mitunter in winzigen weltabgeschiedenen Nestern liegen. Da sind dann ungewöhnlich schöne Fotos, handgedruckte Stoffe, Gegenstände aus Olivenholz, Schmiedeeisen und vor allem meist hervorragende Keramik zu finden. Les Baux ist heute schon fast ein Künstler- und Kunsthändlerdorf mit den entsprechenden Preisen; in Städten wie Saint-Rémy, Gordes und Bonnieux gibt es bereits richtige Bildergalerien, die von modernster Grafik bis zu afrikanischem Schmuck und aparten Stoffen Dinge anbieten, die den höchsten Ansprüchen genügen; in der Oberstadt von Vaison-la-Romaine liegt in den mittelalterlichen Häusern Atelier neben Atelier mit schönem käuflichen Kunsthandwerk.

Selbstverständlich wird man provençalische Kräuter mitbringen, deren Würzkraft alle bei uns wachsenden übertrifft. Salbei, Thymian, Rosmarin, Majoran und Lorbeer ist die klassische Mischung.

In Les Saintes-Maries-de-la-Mer kann man die Mischungen beutelweise kaufen, sonst nicht überall in größeren Mengen. In Apt findet man Kräuter des Luberon in einem kleinen Spezialgeschäft dicht bei der Kathedrale.

Lavendel wird wie im 17. und 18. Jahrhundert noch immer in reizenden kleinen, hübsch bedruckten ›sachets‹ verkauft, kleinen Säckchen, die man zwischen die Wäsche legt, um ihr frischen Duft zu verleihen.

Die ›Santons‹ für die Weihnachtskrippen, die kleinen, für die Provence typischen Figürchen aus dem bäuerlichen Leben, werden heute leider auch schon aus Kunststoff gepreßt. Es gibt jedoch daneben auch die handgemalten aus Ton nach den überlieferten Modellen. Die alten echten werden natürlich bereits als Antiquitäten mit entsprechenden Preisen gehandelt.

Feste, Theater und Musik

Am *1. Mai* wurde früher das Fest der Gardians, der berittenen Stierhirten der Camargue, in Arles mit Messe und Segnung der Pferde gefeiert. Wegen der heute üblichen Gewerkschaftskundgebungen wird es jetzt ca. eine Woche früher gefeiert. Auskunft erteilt das Syndicat d'Initiative in Arles.

1. Mai: Ausritt des ›Carri‹ in Pernes-les-Fontaines (Vaucluse). Hinter einer Reiterschar ziehen mit Musik der ›Bauernkönig‹ und sein ›Statthalter‹ dreimal um die Stadt.

24. und 25. Mai: Wallfahrt der Zigeuner nach Les Saintes-Maries-de-la-Mer.

Donnerstag vor Pfingsten bis Pfingstmontag: Stierkämpfe in Nîmes mit Tötung des Stieres.

Pfingstsonntag und -montag: Karnevalartiger Umzug in Apt.

24. Juni: Johannisfeuer auf der Montagne Sainte Victoire.

Letzter Junisonntag: Fest der Tarasque in Tarascon.

Juni bis September: Stierkämpfe in Nîmes.

1. Sonntag im Juli: Internationales Folklore-Festival in Vaison-la-Romaine.

Mitte Juli: Antiquitätenmesse in Aix.

Juli bis September: Stierkämpfe in Arles mit Tötung des Stiers.

Nacht vom 9. zum 10. Juli: Fest von Notre-Dame-de-Santé mit nächtlichem Corso in Carpentras.

29. Juli: Zweites Fest der Tarasque in Tarascon, Prozession der hl. Martha.

Letzter Julisonntag: ›Virginenco‹-Fest in Les Saintes-Maries-de-la-Mer.

In den Hochsommermonaten, hauptsächlich im *Juli und August,* finden in Aix, Orange, Avignon und Arles Festivals statt, bei denen Opern-, Theater- und Ballettaufführungen sowie Symphoniekonzerte von internationalem Rang in römischen Arenen oder mittelalterlichen Kirchen und Kreuzgängen geboten werden. Programme, auch schriftlich, durch die betreffenden Syndicats d'Initiative, die auch Karten- und Quartierbestellungen entgegennehmen.

24. Dezember: Mitternachtsmesse der Hirten in Les Baux.

Es empfiehlt sich, vorher schriftlich beim Syndicat d'Initiative der betreffenden Stadt anzufragen, ob und wann das Fest tatsächlich stattfindet.

Museen

Die bedeutendsten provençalischen Museen befinden sich in Aix (Musée Granet), Avignon (Musée Calvet), Arles (Musée d'art chrétien, Musée d'art païen und Musée Réattu), Nîmes (Musée archéologique), Vaison-la-Romaine (Musée municipal). Die Museen von Aix und Avignon sind jeden Dienstag geschlossen, das in Nîmes am Sonntagvormittag; die Museen in Arles und Vaison sind täglich geöffnet.

Zu erwähnen sind noch einige *naturwissenschaftliche Museen,* so das in Aix, in Nîmes und das der Camargue in Les Saintes-Maries-de-la-Mer. Sehr sehenswert und einen Umweg auch für den sonst nicht naturwissenschaftlich besonders Interessierten lohnend ist die Arbeitsstätte des bedeutenden Insektenforschers Jean-Henri Fabre (Abb. 122) in Sérignan. Geöffnet von 9–11.30 und 14–18 Uhr (16 Uhr vom 1. Oktober bis 31. März), montags geschlossen.

Zwischen 12 und 14 Uhr bleiben sämtliche Museen geschlossen. Im allgemeinen kann man überall mit einer *Besuchszeit* von 9–12 Uhr und 14–16 Uhr rechnen. Je nach Bedeutung der betreffenden Sammlung sind die Öffnungszeiten auf 10–12 Uhr gekürzt oder bis 17, 18 oder sogar bis 19 Uhr (im Sommer) verlängert, besonders in Arles.

Hier empfiehlt sich auch der Kauf einer Sammelkarte für alle Sehenswürdigkeiten. Sie ist so billig, daß man, auch wenn man einige der Eintrittsbillets nicht benutzt, finanziell günstig und jedenfalls bequemer fährt. Sie gilt beliebig lange. Man braucht also nicht alles an einem Tag zu besichtigen, kann sich Zeit lassen und dies und jenes auf mehrere Tage verteilen.

Am 1. Mai sind sämtliche Museen geschlossen.

Aix-en-Provence
Musée Granet
Im Erdgeschoß sind die einzigartigen keltischen Plastiken aus Entremont (3. und 2. Jh. v. Chr.; Abb. 11) vorbildlich ausgestellt. – In den oberen Sälen französische Maler, u. a. La Tour, Greuze, David, Ingres und provençalische Schule, außerdem italienische, flämische und holländische Meister (ein Selbstporträt Rembrandts), Plastik und Bilder der Renaissance, des 17. und 18. Jh.
Atélier Paul Cézanne
10–12 Uhr und 14.30–17.30 Uhr geöffnet; dienstags, feiertags und im November geschlossen.
Musée des Tapisseries
Wandteppiche des 16.–18. Jahrhunderts. 15. 6.–15. 10. von 10–12 Uhr und 15–18 Uhr, 16. 10.–14. 4. von 10–12 Uhr und 14–17 Uhr, dienstags geschlossen.
Bibliothèque Méjanes
Eine der bedeutendsten Bibliotheken Frankreichs mit 300000 Bänden, Handschriften usw. Sonntags und montags geschlossen.
Musée du Vieil Aix
Folklore. 10–12 Uhr, 14–18 Uhr, montags geschlossen.

Musée bibliographique et archéologique Paul Arbaud
Sammlung von Fayencen und Büchern über die Provence. Montags, mittwochs und freitags geschlossen.
Fondation Vasarély
4 km westlich von Aix. 10–17 Uhr, dienstags und am 25. 12. geschlossen.
Oppidum von Entremont
Nördlich der Stadt. Dienstags geschlossen.

Apt
Musée archéologique
Interessantes kleines Museum mit Funden aus der prähistorischen, keltischen und römischen Periode. Nahe bei der Kathedrale. Dienstags geschlossen.

Arles
Musée Lapidaire d'art chrétien
Frühchristliche Kunst, Sarkophage (Abb. 45), unterirdische Galerie.
Musée Lapidaire d'art païen
Römische Kunst, Sarkophage (Farbt. 8, Abb. 19).
Musée Réattu
Gemäldegalerie der Stadt. Interessant die Säle mit Arbeiten von Picasso, Gauguin, Lurçat, Bourdelle, Zadkine.
Museon Arlaten
Von Frédéric Mistral gegründet. Folklore, 33 Säle. Montags geschlossen und von Oktober–Juni)

Avignon
Das Museum *Petit Palais*, das die italienische Gemäldesammlung des Marquis Campana di Cavelli aufgenommen hat, darf als eines der bedeutendsten Museen seiner Art in Frankreich gelten. Es zeigt die Entwicklung frühitalienischer Gotik (13.–15. Jh.) und besitzt u. a. Bilder von Botticelli und Carpaccio, in den Sälen XVII und XVIII

aber auch Werke der Maler und Bildhauer Avignons aus dem 15. Jahrhundert (Farbt. 18) sowie ein Retabel von Enguerrand-Charonton. Das Museum ist hauptsächlich von überregionalem Interesse. Dienstags geschlossen.

Musée Calvet
Schule von Avignon (14.–16. Jh.), französische Malerei vom 16.–20.; außerdem Spanier, Italiener, Flamen, Holländer, Deutsche. Berühmte Sammlung von Schmiedeeisenarbeiten. In der archäologischen Abteilung (Abb. 24, 25) 13 Stelen der steinzeitlichen Totengöttin. Dienstags geschlossen.

Musée lapidaire
Römische (Abb. 18), gallisch-römische, mittelalterliche und Renaissance-Plastik; ›Tarasque von Noves‹ (Abb. 7, 8). Evtl. noch wegen Umbaus geschlossen, im Syndicat d'Initiative nachfragen.

Musée Théodore Aubanel
Bücher und Dokumente vom 13.–20. Jahrhundert. Provençalische Möbel und Bilder von Mignard, Fragonard, Guardi usw. Sonntags, an Festtagen und im August geschlossen, sonst von 9–11 Uhr geöffnet.

Musée Requiem
Enthält die bedeutende naturwissenschaftliche Bibliothek des Stifters und ein Herbarium mit über zweihunderttausend Pflanzen aus aller Welt. Nur Fachleuten auf Anfrage zugänglich.

Beaucaire

Musée du Vieux Beaucaire
Im Sommer dienstags und freitags von 14–17.30 Uhr geöffnet.

Camargue

Museon Camarguen (mit dem *Parc Naturel Régional de Camargue*)
Entwicklung der Camargue von der Prähistorie bis zur Gegenwart. Prospekte vom Centre d'Information de Ginès, Pont de Gau, 1340 Les Saintes-Maries-de-la-Mer, ∅ (90) 97 86 32.

Carpentras

Am Boulevard d'Albin erhält man im Hôtel d'Allemagne die Eintrittskarte für die *vier Museen* der Stadt. 10–12 Uhr, 14–18 Uhr, mittwochs geschlossen.
Sehenswert ist auch die *Synagoge:* montags bis freitags vormittags geöffnet (Abb. 105).

Cavaillon

Musée archéologique
Interessante prähistorische und keltische Funde. In der Kapelle des alten Hospitals (18. Jh.). 9–12 Uhr und 14–19 Uhr geöffnet, dienstags geschlossen.

Alte Synagoge
9–12 Uhr und 14–18 Uhr, dienstags geschlossen.

Gordes

Musée Vasarély
Werke von Victor Vasarély. 10–12 Uhr und 14–18 Uhr, dienstags geschlossen.

Musée du Vitrail
Route de St. Pantaléon. Täglich 10–12 Uhr und 14–18 Uhr. Geschichte des Glases und der Kirchenfenster. – Werke von Frédérique Duran. Verbunden mit der Besichtigung der Ölmühle ›Le moulin des Bouillons‹ aus dem 16. Jahrhundert der Seigneurs de Gordes (Farbt. 37).

Le Pègue

Östlich von Vaison, nahe Nyons. Funde der frühen Hallstattzeit und griechischer Keramik aus Marseille ab 6. Jahrhundert v. Chr. (s. Fig. S. 50).

Les Baux
Musée lapidaire

L'Isle-sur-la-Sorgue
Die *Musée-Bibliothèque René Char,* die im Herbst 1982 eröffnet wurde, zeigt zahlreiche literarische Dokumente dieses bedeutenden französischen Lyrikers (geb. 1907 in L'Isle-sur-la Sorgue; Abb. 124): Manuskripte, Briefe und seine Bücher, die von prominenten Künstlern, u. a. von Picasso, ausgestattet und mit Illustrationen versehen wurden.

Nîmes
Musée archéologique
Sehr interessante keltische und römische Funde (Abb. 10). Medaillenkabinett mit griechischen, römischen, keltisch-römischen und mittelalterlichen Münzen. Sonntagvormittags geschlossen.

Musée des Antiques im Maison Carée
Römische Plastik und Mosaiken (Abb. 27, 28, 35). Von Palmsonntag bis 30. September täglich vor- und nachmittags geöffnet, 12–14 Uhr geschlossen.

Musée des Beaux-Arts
Bilder der italienischen, spanischen, flämischen und holländischen Schule (Brueghel, Rubens), ferner Mignard, Boucher, Natoire, Prud'hon, Pradier, Rodin, Bourdelle). Gallo-römisches Mosaik, die Hochzeit der Admete darstellend.
Dienstags geschlossen und mittags von 12–14 Uhr.

Musée du Vieux Nîmes
Folklore, Geschichte des Protestantismus in Nîmes und Umgebung. Samstag- und Sonntagnachmittags geschlossen.

Orange
Musée de la ville
Kleines Museum gegenüber dem Theater, interessant durch den römischen Katasterplan. 12–14 Uhr geschlossen.

Saint-Rémy-de-Provence
Hôtel de Sade
Wichtig als Ergänzung zum Besuch der Ausgrabungen von Glanum. Gallo-griechische und gallo-römische Funde aus Glanum und St-Blaise. Einstündige Führung samstags- und sonntagvormittags von 10 bis 12 Uhr, evtl. auch an anderen Tagen, dienstags geschlossen.

Sault
Musée archéologique et géologique
Nur vom 15. 6. bis 15. 9. von 14–17 Uhr geöffnet, mittwochs geschlossen.

Vaison-la-Romaine
Das *Musée municipal* im Ausgrabungsgelände von *Puymin* enthält sehenswerte römische Funde und die Originale der in den Anlagen aufgestellten Kopien. Täglich geöffnet.

Villeneuve-lès-Avignon
Im *Musée de l'Hospice* das Meisterwerk von Enguerrand Charonton ›Krönung der Jungfrau‹, 1453 (Farbt. 22). Dienstags geschlossen.

Sehenswürdigkeiten nach Epochen

Für diejenigen, die sich für eines der in diesem Buch behandelten Themen besonders interessieren, ist im folgenden kurz zusammengefaßt, wo sich Bauten, Skulpturen, Bilder oder Museumsstücke befinden, die in der betreffenden Epoche entstanden sind, ohne daß diese Liste als vollständig gelten darf.

Bevor die Römer kamen

Museen von Avignon (Calvet, Musée lapidaire), Aix (Granet), Nîmes (Archäologisches Museum), Apt, Cavaillon, St-Rémy, Sault. Steinzeitgräber bei Fontvieille (Castellet und Gordes), Felsen von Buoux, Grottes de Calès, Bories des Village Noir bei Gordes und Claparèdes (Luberon), Dolmen bei Ménerbes (Luberon), Les Baux (oppidum Bringasses), Entremont bei Aix, Glanum bei St-Rémy, griechische Ausgrabungen bei St-Blaise, oppidum Nages bei Nîmes, Quellheiligtum im Val des Nymphes. Ferner: keltische Funde im Musée Borély, Marseille.

Die römische Provence

Funde in allen archäologischen Museen. Bedeutende Bauten in Arles, Orange, Nîmes, Vaison, Pont du Gard, St-Rémy. Brücken: Pont Flavien, Pont Julien, Pont Romain in Vaison. Carpentras (Gefangenenrelief), Cavaillon (Torbogen), Aquäducs de Barbegal mit Wassermühlen (10 km südlich von Fontvieille), Muschelaltar bei Fontvieille, Tempelruine bei Château-Bas, Vernègues, Mazan (Sarkophage), die ›Trémaïe‹ am Osthang von Les Baux. Mithrasrelief bei Bourg-Saint-Andéol an den Quellen des Tourne. Museum in Le Pègue.

Die sterbende Antike

Vaison (Kathedrale, St-Quenin), Arles (Musée d'art chrétien und d'art païen, Alyscamps), Aix (Kathedrale, Seitentor und Taufkapelle), Venasque (Taufkapelle und N.D. de-la-Vie), Cadenet (Taufbecken), Apt (Kathedrale: Seitenaltar, Krypta), Montmajour (St-Pierre), N.D. d'Aubune, St-Symphorien bei Buoux, Kirchen von La-Garde-Adhémar, St-Restitut, St-Paul-Trois-Châteaux, St-Gabriel, St-Sépulcre bei St-Restitut, St-Trinit, St-Christol. Unterirdische Abtei von St-Roman bei Beaucaire.

Das hohe Mittelalter

Kathedralen von Aix, Avignon, Vaison, Cavaillon, Apt, Carpentras, St-Trophime in Arles. Kirchen von Les Saintes-Maries-de-la-Mer, St-Gilles, St-Restitut, St-Paul-Trois-Châteaux, La Garde-Adhémar, St-Marthe (Tarascon), Le Thor, St-Christol, Aigues-Mortes, Graveson (Chor), St-Andiol. Wehrkirchen: Les Saintes-Maries-de-la-Mer, Grambois (nordöstlich Pertuis). Kapellen: St-Gabriel, N-D de l'Ortiguière, N-D d'Aubune, St-Bénézet (Avignon), St-Sixte bei Eygalières, St-Croix bei Montmajour (Akustik!), St-Marcellin am Friedhof von Boulbon. Klöster: Montmajour, St-Paul de Mausole bei St-Rémy, Sénanque, Silvacane, Le Thoronet. Burgen: Les Baux, Aigues-Mortes, Tarascon, Villeneuve. – Von der D 986 zwischen Beaucaire und Pont du Gard leicht erreichbar die romanischen Kirchen von Montfrin, Théziers, St-Bonnet-du Gard. Romanischer Abendmahlfries an der Außenwand der N-D des Pommiers in Beaucaire.

Das Jahrhundert der Päpste in Avignon

Gotik des 14. Jahrhunderts in Kirchen, an Adelshôtels und im Papstpalast in Avignon, desgleichen in Villeneuve-lès-Avignon. Fontaine-de-Vaucluse (Petrarca). Schöner

Saint-Christophe mit Jesuskind aus dem 14. Jahrhundert am Ende eines Sträßchens in Boulbon. Beaucaire: La Croix couverte (1400 bis 1410).

Juden in der Provence

Synagogen von Cavaillon und Carpentras, Salon (Grab des Nostradamus in St-Laurent, dritte Kapelle links, und Haus des Nostradamus, nachmittags geöffnet, dienstags geschlossen).

Die französische Provence

Aix (Adelshôtels, Brunnen, St. Marie-Madeleine, Pavillon de Vendôme, 16.–18. Jh.; Musée des Tapisseries mit 19 Wandteppichen des 17. und 18. Jh.). Schloß Grignan (16.–17. Jh.). Château de Barbentane (1770, vor- und nachmittags geöffnet). Schlösser des Luberon: Ansouis, Lourmarin, La Tour d'Aigues. Viviers (Maison des Chevaliers, Renaissance), Pavillon de la Reine Jeanne bei Les Baux (Renaissance), Adelshôtels in Les Baux (16. u. 17. Jh.), Brunnen in Pernes-les Fontaines (16. u. 17. Jh.), Château de la Barben bei Salon (16./17. Jh., ursprünglich mittelalterliche Burg), le Duché in Uzès (16.–18. Jh.), Mas-de-la-Brune bei Eygalières (16. Jh.), Carpentras (Palais de Justice, 17. Jh. und Hôtel-Dieu, 18. Jh.), Nîmes (Jardin de la Fontaine, 18. Jh.), Beaucaire (L'Hôtel de Ville, 17. Jh.). Frigolet (Chapelle Notre-Dame-du-Bon-Remède, 17. Jh.). Hôtel de Ville in Beaucaire. Sämtliche Museen.

Moderne Kunst (19. und 20. Jh.)

Museen von Nîmes, Aix und Arles (Réattu). In Arles zahlreiche Arbeiten von Picasso, Gauguin, Lurçat, Bourdelle, Zadkine im Musée Réattu. Van Gogh und Cézanne fehlen auch hier. Die Zelle van Goghs in St-Rémy im Hospital von Saint-Paul-de-Mausole wurde kürzlich zugemauert. Vasarélys Didaktisches Museum in Gordes und die 1976 eröffnete Fondation Vasarély in Aix. Bei Gordes an der Route de St-Pantaléon das Musée du Vitrail mit Geschichte des Glases und der Glasmalerei und neuen Glasarbeiten von Frédérique Duran.

Literaturverzeichnis (Auswahl)

Arbaut, Joseph d': La bête du Vaccarès, Paris 1969

Barruol, Guy: Provence Romane II, l'Haute-Provence, Zodiaque, La Pierre-qui-vire (Yonne), 1977

Bechtle, Wolfgang: Provence und Camargue

Bécriaux, Henri: Avignon

Beigbeder, Olivier: Lexique des Symboles, Zodiaque, La Pierre-qui-vire (Yonne), 1972

Braunfels, Wolfgang: Abendländische Klosterbaukunst, Köln 1969

Braunfels, Wolfgang: Abendländische Stadtbaukunst, Köln 1977

Castro, Americo: Spanien, Vision und Wirklichkeit, Köln 1957

Char, René: Gedichte, Schriften zur bildenden Kunst, Zürich 1963

Chevallier, Raymond: Die Römische Provence. Die Provinz Gallia Narbonensis, Zürich und Freiburg 1979

Clébert, Jean-Paul: Provence Antique I und II, Paris 1966 und 1970

Cles-Reden, Sibylle von: Die Spur der Zyklopen, Köln 1960

Daudet, Alphonse: Briefe aus meiner Mühle, Stuttgart

Dimier, M.-Anselme; Porcher, Jean: L'Art Cistercien. Zodiaque. La Pierre-qui-vire (Yonne) 1972

Duby, Georges: Der heilige Bernhard und die Kunst der Zisterzienser, Stuttgart 1981

Duval, Paul-Marie: Gallien. Leben und Kultur in römischer Zeit, Stuttgart 1979

Duval, Paul-Marie: Die Kelten, München 1978

Eckstein, Hans: Die Romanische Architektur, Köln 1975

Evans, Joan (Hrsg.): Blüte des Mittelalters. Die Welt der Ritter und Mönche, München 1980

Fabre, Jean-Henri: Das offenbare Geheimnis. Aus dem Lebenswerk des Insektenforschers. Hrsg. von K. Guggenheim und A. Portmann, Zürich 1961

Gabrieli: Die Kreuzzüge aus arabischer Sicht, München 1975

Gallien in der Spätantike – Von Kaiser Constantin zu Frankenkönig Childerich. Römisch-Germanisches Zentralmuseum, Mainz. Mainz 1980

Grant, Michael: Rom, Porträt einer Weltkultur, Kindler Kulturgeschichte Europas Band 4, München 1975

Heer, Friedrich: Mittelalter, Kindlers Kulturgeschichte Europas, Bd. 6, München 1983

Henze, Anton: Römische Amphitheater und Stadien, Zürich 1981

Herm, Gerhard: Die Kelten, Reinbek bei Hamburg 1977

Hönle, Augusta und Henze, Anton: Römische Amphitheater und Stadien, Zürich 1981

Lyall, Archibald: Midi, München 1972

Maier, Franz Georg: Die Verwandlung der Mittelmeerwelt, Fischers Weltgeschichte Bd. 9, Frankfurt 1968

McKay, Alexander G.: Römische Häuser, Villen und Paläste, Zürich 1980

Messerer, Wilhelm: Romanische Plastik in Frankreich, Köln 1969

Nack, Emil: Die Germanen, Kindlers Kulturgeschichte Europas Bd. 7, 1983

Pernoud, Régine: Die Kreuzzüge in Augenzeugenberichten, München 1972

Pernoud, George und Flaissier, Sabine: Die französische Revolution in Augenzeugenberichten, München 1976

Pézet, Maurice: Durance et Luberon, 1969, Horizons de France

Pirenne, Henri: Mahomet und Karl der Große

Pobé, Marcel und Roubier, Jean (Hrsg.): Kelten – Römer. Olten 1958

Powell, T. G. E.: Die Kelten, Köln 1959

Rèmy, Mylène; Girard, Luc und Breton, Marie: Provence, Paris 1981

Riché, Pierre: Die Welt der Karolinger, Stuttgart 1981

Rouquette, Jean-Maurice: Provence Romane I, La Provence Rhoddannienne 1974, Zodiaque, Abbaye Sainte Marie de la Pierre-qui-vire (Yonne)

Rupprecht, Bernhard und Hirmer, Max und Albert: Romanische Skulptur in Frankreich, München 1975

Sade, Donatien Alphonse François de, Marquis: Ausgewählte Werke, Bd. 6, Frankfurt/Main 1972

Sade, Donatien Alphonse François de, Marquis: Briefe, Frankfurt 1965

Madame de Sévigné: Lettres choisies, Paris 1967

Souchal, François: Das Hohe Mittelalter, Baden-Baden 1968

Suchier, Hermann und Birch-Hirschfeld, Adolf: Geschichte der Französischen Literatur von den ältesten Zeiten bis zur Gegenwart. Erster und Zweiter Band, Leipzig und Wien 1913

Theisen, Josef: Geschichte der französischen Literatur, Stuttgart 1964

Tuchman, Barbara: Der ferne Spiegel. Das dramatische 14. Jahrhundert. München 1982

Varagnac, A., A. D. Tolédano et G. Fabre: L'Art Gaulois, 1956, Zodiaque, Abbaye Sainte Marie de la Pierre-qui-vire (Yonne)

Vautravers, Constant: Provence. Paris 1974

Vogt, Joseph: Die Spätantike. Der Niedergang Roms, Metamorphose der antiken Kultur, Kindlers Kulturgeschichte Europas, Band 5. München 1976

Sehr nützlich waren mir bei diesem Buch die zahlreichen sachkundigen Hinweise und Korrekturen des Archäologen Dr. Ludwig Pauli, München, Autor des hervorragenden Werkes ›Die Alpen in Frühzeit und Mittelalter‹; und ebenfalls die unermüdliche Hilfe des Verlagslektors Werner Preuß beim Auffinden und der Auswahl des Bildmaterials. Ihnen beiden gilt mein besonders herzlicher Dank.   I. T.

Abbildungsnachweis

Farbtafeln und Schwarzweiß-Abbildungen

Alinari, Florenz   Abb. 39, 41
M. Atzinger, Avignon   Abb. 29, 111, 126
The Baltimore Museum of Art: The Cone Collection, formed by Dr. Claribel Cone and Miss Etta Cone of Baltimore, Maryland. BMA 1950. 196   Farbt. 42
Anthony Verlag, Starnberg   Umschlagvorderseite, Farbt. 6, 14, 29
Auguste Allemand, Orsay   Abb. 57
Photo Archives Editions Arthaud, Paris   Abb. 4, 54, 90, 99, 105, 108, 110, 113–115
Bildarchiv Preußischer Kulturbesitz, Berlin   Abb. 36
Bildverlag Merten, Saarburg   Abb. 34
Bayerische Staatsgemäldesammlungen, München/Artothek, Planegg   Farbt. 45
The British Library, London   Farbt. 17
F. Bruckmann Verlag, München   Abb. 38
CIM, Macon   Abb. 49
Fridmar Damm, Köln   Farbt. 33
Jean Dieuzaide/YAN, Toulouse   Abb. 32
Edition SL   Abb. 43
Henry Ely, Aix-en Provende   Abb. 11
J.-H. Fabre, Das offenbare Geheimnis, Artemis Verlag, Zürich und Stuttgart 1961   Abb. 122
Wolfgang Fritz, Köln   Farbt. 34; Abb. 107
Georges Gaud, Moisenay-Maincy   Farbt. 18
Photographie Giraudon, Paris   Farbt. 5, 8, 15, 20–23, 30, 43, 44; Abb. 121

M. und A. Golfetto, Feldmeilen   Abb. 33
Rainer Goldammer, Meckenheim   Abb. 1, 13, 26, 45, 48, 76, 77
Barnim Heiderich, Aachen   Umschlagklappe vorn, Farbt. 1, 2, 16
Heinz Held, Köln   Abb. 116
Hirmer Bildarchiv, München   Abb. 63–65, 68, 72
Historia-Photo Charlotte Fremke, Hamburg   Abb. 118
Gerhard Kerff, Hamburg   Farbt. 4, 27; Abb. 3
Joachim Kinkelin, Worms, (M. Mehlig, U. Schneiders)   Farbt. 12, 24, 26, 35
Leonard von Matt, Buochs   Abb. 40
Wolfgang Müller, Oberried   Farbt. 7, 19, 28, 31; Abb. 91
Musée Borély, Marseille   Abb. 6
Musée Calvet, Avignon   Abb. 7, 12, 24, 25
Musée du Louvre, Paris   Farbt. 46
Musée archéologique, Nîmes   Abb. 10
State Museum Kröller-Müller, Otterlo, Niederlande   Umschlagrückseite
Harald Neifeind, Göttingen   Farbt. 32; Abb. 89, 92
Werner Neumeister, München   Abb. 42, 56, 59, 66, 96, 97, 106
Fritz Novotny, Paul Cézanne, Phaidon-Verlag, Wien 1937   Abb. 123
Photo Barral, Les Baux   Abb. 95
Pierre Ricou, Mane   Farbt. 39–41
Jean Roubier, Paris/Walter-Verlag AG, Olten   Abb. 2, 9

Toni Schneiders, Lindau   Farbt. 3, 9, 10
Peter Stähli-Bossert, Gsteigwiler   Abb. 102
Werner Stuhler, Hergensweiler   Farbt. 13, 25;
   Abb. 21–23, 27, 28, 30, 31, 35, 44, 46, 51, 55,
   67, 69–71, 73, 86, 88, 93, 94, 98, 101, 103, 104,
   109, 112
Ullstein Bilderdienst, Berlin   Abb. 117,
   119–121, 125
H. Roger Viollet, Paris   Abb. 124
Zodiaque (Belzeaux-Zodiaque, Franceschi-Zo-
   diaque), Saint-Léger Vauban   Abb. 5, 8,
   14–17, 47, 50, 52, 53, 58, 61, 62, 74, 75, 78–85,
   87, 100

Zeichnungen und Pläne im Text
(Die Zahlen bezeichnen die Seiten im Buch)

Alinari-Giraudon, Florenz–Paris   263
Editions Arthaud, Paris   16, 178, 211 (oben),
   238, 259, 260
Walter Ammann, Baustilkunde, Benteli-Verlag,
   Bern 1963   295 oben
Biblioteca Apostolica Vaticana, Rom   68
Wolfgang Braunfels, Abendländische Kloster-
   baukunst, Köln 1969   167
Caisse Nationale des Monuments Historiques,
   Paris   188
Jean-Paul Clébert, Provence Antique Bd. II,
   Paris 1970   70, 107, 108
Sibylle von Reden, Die Spur der Zyklopen, Köln
   1960   19
Courtauld Art Institute, London   267
Paul-Marie Duval, Gallien – Leben und Kultur in
   römischer Zeit, Philipp Reclam jun., Stuttgart
   1979   73, 99
J. H. Fabre, Die Schmalbiene und ihr Erbfeind,
   Stuttgart 1914   276
Giraudon, Paris   215, 267

Arnold Heiderich, Köln   9, 19, 26, 27, 30, 51,
   52, 57, 66, 76, 78, 79, 97, 109, 110, 111, 115,
   116, 168, 169, 170, 179, 214, 257, 258, 291
Hirmer Bildarchiv, München   75
Gerhard Kapitzke, Hannover   284, 285, 286
Charles H. Lagrand, Universität Marseille   50
Hans Koepf, Baukunst in fünf Jahrtausenden,
   W. Kohlhammer Verlag, Stuttgart 1954   292
   rechts, 295 unten
Hans Koepf, Bildwörterbuch der Architektur,
   Alfred Kröner Verlag, Stuttgart 1974   292
   links
Kunstmuseum Basel, Kupferstichkabinett   268
Merian Europa, Neunundachtzig der schönsten
   Städtebilder aus der Archontologie und den
   Topographien, Bärenreiter Verlag/Johannes
   Stauda Verlag, Kassel 1965   224
Wilhelm Messerer, Romanische Plastik in Frank-
   reich, Köln 1964   163, 166
Michelin, Provence avec carte touristique, Paris
   1971   98, 164, 226, 227
Musée Calvet, Avignon   230, 232
Musée Lapidaire d'Art chrétien, Arles   113, 114
Musée des Tapisseries, Aix-en-Provence   266
Museum zu Allerheiligen, Schaffhausen   67
Museum Boymans-van Beuningen, Rotter-
   dam   271
Mylène Remy, Luc Girard und Marie Breton,
   Provence, Arthaud, Paris 1981   162, 213
Jean Roubier, Paris/Walter-Verlag, Olten und
   Freiburg im Breisgau   72, 103
Stedelijk Museum, Amsterdam   270
Werner Stuhler, Hergensweiler   265
Hermann Suchier und Adolf Birch-Hirschfeld,
   Geschichte der französischen Literatur Bd. I
   und Bd. II, Leipzig–Wien 1913   12, 13, 14
   oben, 15, 119, 126, 185, 186, 190, 210, 211
   unten, 212, 217, 263, 278
Ullstein Bilderdienst, Berlin   14 unten, 222, 281
© ARAPB, Brüssel/VG-BILD-KUNST, Bonn
   1985   272
Zodiaque, Saint-Léger Vauban   172, 175, 181

Register

Personen

Adhémar, Haus   262, 264
Ägidius, hl.   127
Agobard   235
Agoult-Simiane, Herren von   172
Agrippa   62, 66, 70, 76, 77, 119 (Abb. 38)
Albertet   12
Albigenser   127, 128, 189, 210, 219, 239, 262, 277, 283
Albion   53
Alkuin   118
Allobroges   56, 64
Andreas von Ungarn   223
Anjou, Haus   190, 219, 237
Antoninus Pius, Kaiser   75
Aphrodite   122
Apollon   54, 63 (Abb. 14, 27)
Araber   11, 118, 122
Arbaud, Joseph d'   **277**
Aristarche   32
Arnaut de Cervole   **226 f.**
Artemis   32, 100
Artois, Graf von   190
Atzeni, Enrico   24
Augustin, hl.   191
Augustus, Kaiser   11, 30, 63, 65, 66, 71, 75, 76, 77, 229 (Abb. 30, 39)
Ausonius   101
Auspizius, hl.   173
Aygulf, hl.   283

Balthasar, König   209
Baroncelli, Pietro   231
Barral von Marseille   189
Barras, Graf   282
Barruol, Guy   172

Baux, Familie des   282, 283
–, Alix   212
–, Azalais   213
–, Barral   213
–, Bérengère   212
–, Bertrand   185
–, Jeanne Gräfin von Provence   223
–, Raymond   214, 227
Beatrice, Königin   260
Beatrix von Die   210
Beaufort, Familie   282
Bechtle, Wolfgang   288
Bécriaux, Henri   234
Beigbeder, Olivier   165, 170
Benedikt XII., Papst   223, **225**, 229, 231
Benedikt von Nursia, hl.   182, 183
Benediktiner   123, 175, 182, 225
Bénézet, hl.   230
Benoît, Fernand   23, 60, 63
Bergson, Henri   276
Bernhard von Clairvaux, hl.   183, 184, **186 f.**, 189
Bernhard von Ventadour   12, 209
Berno von Baume   185
Bertrand de Born   209
Birgitta von Schweden, hl.   221
Blacas, Chevalier de   259
Blacas d'Aulps   259
Boethius von Carpentras, Bischof   116, 117, 168
Bona Dea   97
Borghese, Pauline   257
Borghese, Scipione   231, 234
Bosco, Henri   268
Bouloumié, Bernard   51
Bourbonen   258
Braque, Georges   274, 279
Braunfels, Wolfgang   184, 186, 191
Brune, Marschall   231

Orte

Von Ingeborg Tetzlaff erschienen weiterhin in unserem Verlag:

Licht der Provence

253 Seiten mit 14 Farb- und 42 Schwarzweiß-Fotos, Register (DuMont Landschaftsführer)

»Ein schönes Buch mit ausnahmslos subtilen Fotos, ›ein Lesebuch für Leute, die in die Provence verliebt sind‹.
Ingeborg Tetzlaff vermittelt dem Leser einen umfassenden Begriff von der geschichtlichen Bedeutung dieser faszinierenden Natur- und Kulturlandschaft, von ihrem poetischen Geist und ihrem reichen künstlerischen Erbe.« *Mannheimer Morgen*

Malta und Gozo

Die goldenen Felseninseln – Urzeittempel und Malteserburgen
224 Seiten mit 24 farbigen und 116 einfarbigen Abbildungen, 63 Plänen und Zeichnungen, Literaturhinweisen, 16 Seiten praktischen Reisehinweisen, Register
(DuMont Kunst-Reiseführer)

Romanische Kapitelle in Frankreich

Löwe und Schlange, Sirene und Engel
144 Seiten mit 100 einfarbigen Abbildungen (DuMont Taschenbücher, Band 38)

»Ein prächtiges Bilderbuch, in dem man immer wieder blättert – ist doch die romanische Kunst die phantasievollste, erfindungsreichste und eine an Poesie unübertreffliche Periode der abendländischen Zivilisation.« *Basler Nachrichten*

Romanische Portale in Frankreich

Waage und Schwert, Schlüssel und Schrift
139 Seiten mit 104 einfarbigen Abbildungen (DuMont Taschenbücher, Band 56)

Griechische Vasenbilder

Die Themen, Symbole, Zweck und Form
Über Kult, Verbreitung und Ausstrahlung
152 Seiten mit 8 farbigen und 107 einfarbigen Abbildungen, Tabelle der Vasenformen, Bildregister (DuMont Taschenbücher, Band 89)

Bitte beachten Sie auch folgende DuMont Kunst-Reiseführer zu Frankreich:

Burgund

Kunst, Geschichte, Landschaft. Burgen, Klöster und Kathedralen im Herzen Frankreichs: Das Land um Dijon, Auxerre, Nevers, Autun und Tournus
Von Klaus Bußmann. 312 Seiten mit 32 farbigen und 182 einfarbigen Abbildungen, 66 Zeichnungen, Karten und Plänen, 15 Seiten praktischen Reisehinweisen, Literaturverzeichnis, Orts- und Namenregister

Savoyen

Zwischen Montblanc und Rhône – Natur und Kunst in den französischen Alpen
Von Ruth und Jean Yves Mariotte. 256 Seiten mit 34 farbigen und 85 einfarbigen Abbildungen, 87 Zeichnungen, Plänen und Stichen, 16 Seiten praktischen Reisehinweisen, Register, Zeittafel

Auvergne und Zentralmassiv

Entdeckungsreisen von Clermont-Ferrand über die Vulkane und Schluchten des Zentralmassivs zum Cevennen Nationalpark
Von Ulrich Rosenbaum. 248 Seiten mit 36 farbigen und 97 einfarbigen Abbildungen, 45 Karten und Zeichnungen, 16 Seiten praktischen Reisehinweisen, Register

Côte d'Azur

Frankreichs Mittelmeerküste von Marseille bis Menton
Von Rolf Legler. 357 Seiten mit 45 farbigen und 150 einfarbigen Abbildungen, 106 Karten und Zeichnungen, 44 Seiten praktischen Reisehinweisen, Register

Languedoc-Roussillon

Von der Rhône bis zu den Pyrenäen
Von Rolf Legler. 352 Seiten mit 48 farbigen und 145 einfarbigen Abbildungen, 102 Karten und Zeichnungen, 16 Seiten praktischen Reisehinweisen, Register

Südwest-Frankreich

Vom Zentralmassiv zu den Pyrenäen – Kunst, Kultur und Geschichte
Von Rolf Legler. 288 Seiten mit 30 farbigen und 122 einfarbigen Abbildungen, 71 Zeichnungen und Plänen, Literaturhinweisen, 16 Seiten praktischen Reisehinweisen, Register

DuMont Kunst-Reiseführer

»Kunst- und kulturgeschichtlich Interessierten sind die DuMont Kunst-Reiseführer unentbehrliche Reisebegleiter geworden. Denn sie vermitteln, Text und Bild meist trefflich kombiniert, fundierte Einführungen in Geschichte und Kultur der jeweiligen Länder oder Städte, und sie erweisen sich gleichzeitig als praktische Führer.«

Süddeutsche Zeitung

Alle Titel in dieser Reihe:

- Ägypten und Sinai
- Entdeckungsreisen in Ägypten 1815–1819
- Algerien
- Reisen in Arabia Deserta
- Entdeckungsreisen in Südarabien
- Belgien
- Bulgarien
- Bundesrepublik Deutschland
- Das Bergische Land
- Bodensee und Oberschwaben
- Die Eifel
- Franken
- Hessen
- Köln
- Kölns romanische Kirchen
- Die Mosel
- München
- Münster und das Münsterland
- Zwischen Neckar und Donau
- Der Niederrhein
- Oberbayern
- Oberpfalz, Bayerischer Wald, Niederbayern
- Ostfriesland
- Die Pfalz
- Der Rhein von Mainz bis Köln
- Das Ruhrgebiet
- Schleswig-Holstein
- Der Schwarzwald und das Oberrheinland
- Sylt, Helgoland, Amrum, Föhr

- Der Westerwald
- Östliches Westfalen
- Württemberg-Hohenzollern
- DDR
- Dänemark
- Frankreich
- Auvergne und Zentralmassiv
- Die Bretagne
- Burgund
- Côte d'Azur
- Das Elsaß
- Frankreich für Pferdefreunde
- Frankreichs gotische Kathedralen
- Korsika
- Languedoc-Roussillon
- Das Tal der Loire
- Die Normandie
- Paris und die Ile de France
- Périgord und Atlantikküste
- Das Poitou
- Drei Jahrtausende Provence
- Licht der Provence
- Savoyen
- Südwest-Frankreich
- Griechenland
- Hellas
- Athen
- Die griechischen Inseln
- Alte Kirchen und Klöster Griechenlands
- Tempel und Stätten der Götter Griechenlands
- Kreta
- Rhodos

- Großbritannien
- Englische Kathedralen
- Die Kanalinseln und die Insel Wight
- Schottland
- Süd-England
- Wales
- Guatemala
- Das Heilige Land
- Holland
- Indien
- Ladakh und Zanskar
- Indonesien
- Bali
- Iran
- Irland
- Italien
- Elba
- Das etruskische Italien
- Florenz
- Ober-Italien
- Die italienische Riviera
- Von Pavia nach Rom
- Rom
- Das antike Rom
- Sardinien
- Sizilien
- Südtirol
- Toscana
- Venedig
- Japan
- Nippon
- Der Jemen
- Jordanien
- Jugoslawien
- Kenya
- Luxemburg
- Malta und Gozo
- Marokko
- Mexiko
- Unbekanntes Mexiko

- Nepal
- Österreich
- Kärnten und Steiermark
- Salzburg, Salzkammergut, Oberösterreich
- Tirol
- Wien und Umgebung
- Pakistan
- Papua-Neuguinea
- Portugal
- Rumänien
- Die Sahara
- Sahel: Senegal, Mauretanien, Mali, Niger
- Die Schweiz
- Skandinavien
- Sowjetunion
- Kunst in Rußland
- Sowjetischer Orient
- Spanien
- Die Kanarischen Inseln
- Katalonien
- Mallorca – Menorca
- Südspanien für Pferdefreunde
- Zentral-Spanien
- Sudan
- Südamerika
- Syrien
- Thailand und Burma
- Tunesien
- Türkei
- USA – Der Südwesten

»Diese Einführungen in Kunst, Kultur, Geschichte und Landschaft eines Landes gehören zum Besten, was man heute zur Vorbereitung einer Reise in die Hand nehmen kann. Der Informationswert liegt sehr hoch, die vielen Abbildungen geben Anregung und Erinnerung. Selbst auf einen Teil mit mehr praktischen Hinweisen wurde nicht verzichtet.«

Literaturreport

Alle Bände mit vielen, zum Teil farbigen Abbildungen; dazu Zeichnungen, Karten, Grundrisse, praktische Reisehinweise.

»Richtig reisen«